卑鄙的聖人

曹操2

王曉磊——著

鎮壓黃巾起義，理想破滅

目錄

【推薦序】

亦黑亦白，亦正亦邪的曹操

果子離

曹操是複雜的人，是富有爭議的人物，集多種面貌於一身，評價兩極，性格多樣，以他為主角的傳記、文學作品很多，以致到如今近兩千年來蓋棺還不一定能論定。

說曹操，曹操就到，但到的是哪個曹操？是文采翩翩、才華洋溢的曹操？還是金戈鐵馬、衝鋒陷陣的曹操？是雍容大度、豪氣沖天的曹操，還是陰刻殘酷、殺人不眨眼的曹操？是工於心計、深藏不露的曹操，還是浪漫多情、個性率直的曹操？

看待曹操像瞎子摸象，以為大象長得像自己摸到的那一塊。很難用好人或壞人，黑或白的二分法來評斷一個人，何況曹操這種多面向的人。曹操的評價難定，有人把他當聖人捧上了天，有人視他為小人踩踏於地。怎麼會這樣呢？

曹操出身於宦官之家，又出身於宦官之家。他的祖父曹騰是個宦官。雖是宦官，但官可大了，他做到中常侍、大長秋——這已是宦官的最高職位了。此外還封了侯。宦官居然封侯，權勢之大、地位之尊，由此可見。

說曹操是曹騰的孫子，但等等，宦官怎麼會有後代呢？這就是曹騰厲害的地方。

東漢後期一百多年，皇帝大都短命，最長壽的漢靈帝，不過三十六歲。因此繼位的皇帝多半年紀很小。娃娃皇帝無力施政，大權落於外戚，也就是母后的娘家親戚身上。皇帝長大，要拿回權力，外戚不還，皇帝就和最親近的宦官結合，扳倒外戚。宦官得勢後，反過來耀武揚威，尾大不掉，直到皇帝又英年早逝，新的小皇帝登基，外戚再起，與宦官爭鬥，如是惡性循環。

曹騰便是幫漢桓帝擊倒外戚的有功人士，皇帝感謝他，為他開後門，讓他可合法收養養子，這養子就是曹操的父親曹嵩。曹嵩官至太尉，雖然這是巨資買來的官。

因此曹操生在優渥的家境裡，且熟悉官場，政治種子從小就已萌芽。但曹操又是宦官之後，不太光采。

成長於這樣的家庭，曹操有良好的受教育機會，奠定學識基礎，另一方面對於人情世故頗有體會，而能權變機靈，注重現實。

少年曹操入京讀書，受的是儒家正統教育，但宦官和士大夫誓不兩立，前有兩次黨錮之禍，儒家士大夫遭到大整肅，曹操身為宦官的孫子，在學校想必挨到不少不友善的眼光，感覺並不好受。但曹操並未站在當權的宦官那邊，甚至於曾經向天借膽，行刺當紅的宦官張讓——就是讓靈帝喊出「張常侍是我公（張讓是我爸）」，地位等同於太上皇的張讓。曹操年少輕狂，仗著一身武藝，某夜持手戟潛入張讓宅中，不料被察覺，於是揮舞手戟，退回庭院，翻牆逃走。

這事記載於《異同雜語》（《三國志》裴松之注引），有點爭議的是，從原文「太祖嘗私入中常侍室，讓覺之；乃舞手戟於庭，逾垣而出」看來，並未明確點明曹操是為行刺而潛入張讓住宅。舞動的手戟未必是他隨身攜帶用來刺殺的武器。但不論如何，曹操少年時期即養成大膽叛逆的習性，勇敢不畏的個性。

曹操的勇於行動，多年後在反董卓行動中更充分顯現出來。

董卓領兵入京，控制朝廷，成為公敵。反董卓聯盟成立。聯軍舉行同盟會議，史書正式記載的與會者有袁術、袁紹等十餘人，曹操也參加了，但不在名單內，可見曹操當時多麼不成氣候，他只是陳留郡太守張邈的部屬。但真正肯戰能打的，就是曹操。

反董聯盟各軍頭坐擁重兵，各懷鬼胎，誰也不敢出兵打仗，只知打屁喝酒，彷彿在開歡樂聯誼會。曹操血氣方剛，看不過去，自告奮勇出擊，但因兵力薄弱，鎩羽而歸，曹操還被流箭射中，差點喪命。他這種不畏強敵的膽識，正是日後爭霸的本錢。

在反董卓一事之中，有家世有聲望的袁紹卻像紙老虎一般，這些弱點在曹操眼裡暴露無遺。十年後，曹操和袁紹在官渡對決，曹操迎戰實力強大多倍的袁紹，展現出來的戰鬥力，意志力，分析力，決斷力，令人刮目相看。反過來，身家背景很好的袁紹，相對之下，性情遲鈍而多疑，寬而不斷，好謀而少決，而這些缺點，曹操及其謀臣看得一清二楚，簡單講就是袁紹被曹操陣營看破手腳。果然在官渡之戰，袁紹一次又一次，剛愎自用，用錯了人，用錯了策略。

所謂「不怕神一樣的對手，只怕豬一樣的隊友。」但其實最怕的是，豬一樣的領導者，把神一樣的隊友當成豬，把豬一樣的隊友當成神，袁紹就是。他的麾下人才濟濟，沮授、田豐、張郃、許攸講的話，他都不聽，偏聽郭圖這幾個成事不足敗事有餘者的爛意見。

其中對袁紹殺傷力最大的是許攸的出走。

官渡之戰，曹操逆轉勝，糧食是關鍵。在官渡對峙數月之後，曹操糧盡援絕，兵乏馬困。許攸建議袁紹轉移戰場，直撲曹操的大本營許都，袁紹不理。此時許攸家族有人違法被捕，許攸一怒，投奔曹操。

許攸向曹操獻策：袁紹上萬輛輜重車在烏巢，戒備鬆懈，若襲擊，焚毀他們的輜重和物資，袁紹不戰自敗。

一連串的失誤，袁紹慘敗。事後曹操從袁紹那邊搜出一堆降書，好多部將測風向，有叛意，但他看也不看，全燒了。或許多少有策略的考量，但若無寬容大度，也做不到。

曹操就是這樣矛盾性格的統合體，亦黑亦白，亦正亦邪。他性忌，殘忍，嗜殺，彷彿別人的命不是命。他徐州屠城，殺男女數十萬人；官渡之戰後，活埋降兵數萬人。他殺皇后，殺臣子，殺神醫，呂宅滅門血案殺一家八口。有時候卻又寬容大度，原諒背叛者。

曹操最迷人的是，政治軍事成就之外，還有藝術家的靈魂。他是文學家，所寫的四言詩被譽為《詩經》以後四言詩的另一高峰。他多才多藝，圍棋、書法、音樂，無不精通。

曹操是謎樣的人物，史家透過各個角度敘述、詮釋，希望還曹操一個本來面目，但曹操的深藏心思、曲折心事，有多少人能看得清、看得懂？恐怕也是個謎。

嶄露頭角

超越老狐狸的方法就是比他更奸巧

翻開中國歷史，只要是小皇帝即位，常常伴隨著宦官和外戚專權，引發禍亂，甚至亡國。東漢末年幾乎都是小皇帝掛名當政（竟然有出生百日就登基的，漢獻帝劉協即位時也才九歲），且輪替快速，朝綱自然更加破敗。外戚和宦官專權之弊，大抵也是因為皇帝年少懵懂，母后自然會聯合外戚掌權，鞏固勢力。待小皇帝慢慢長大進入叛逆期，青少年不都討厭父母管東管西，「你們誆我那麼久，誰說了算啊？」小皇帝就開始拉攏悉心照顧起居，總是隨侍在側的宦官來對抗長輩團，於是外戚和宦官對立就開始了！而朝中的士大夫往往看不起宦官，因為他們是「不完整」的男人，外加常在皇帝身邊搬弄是非。（事實上，常是宦官要幫皇帝做一些見不得人的「髒活」，例如羅織罪名將皇帝討厭的諫臣害死，但不能罵皇上，只好怪他旁邊那位。）曹操的爺爺是宦官，父親曹嵩又經常在朝堂鑽營，為了自己，也為了替曹操謀取官位，因此曹操自然也背負了這種原罪，這之後也成為曹操必須「挾天子以令諸侯」的主因。

曹操經歷人生第一波起伏後也來到三十歲了，終於重返京師當官。雖然議郎是個沒有實權的小官，但曹操一直想擺脫父親那種阿諛諂媚、仰人鼻息的官場存活術，他努力地想要成為「治世之能臣」，但荒淫無道的君主、作惡多端的十常侍和混亂的官場生態卻一次又一次的打擊他，他萌生是否該放棄「治世能臣」這條路？漢靈帝駕崩後，他當上典軍校尉，和何進、袁紹等人一起謀劃扳倒十常侍，但曹操逐漸發現袁紹另有目的。先前再三抗詔卻賣力招納匈奴兵的惡狼董卓，在袁紹的兵臨洛陽、威逼何后殺十常侍的計畫下叩關京師，又如何掀起滔天巨浪？

且看曹操如何藉由一隻誤闖御園的狗，剷除了眾老臣彈劾不了的奸臣許馘！看他口無遮攔得罪權臣朱儁（朱儁比曹操面貌更醜陋且更矮小，曹操素有「外貌協會」的毛病，包括後來的龐統和張松的應對皆如此），卻又不著痕跡地力挽狂瀾，讓朱儁不但不記恨，還在黃巾之亂時推薦曹操領軍平叛，更將自己帶兵的統御心得傾囊相授。後來曹操出任濟南相，又是如何用計一口氣罷免八個昏官？

曹操辭官隱居期間，逐漸體認「治世能臣」行不通，確保曹家經濟命脈，內心交戰後，轉而走向「亂世奸雄」的道路。曹嵩要花一億買太尉之官，曹操親自護送這次運鈔行動，並且展現了高度領導魅力，讓隨行的運鈔人員不會私吞甚至叛變。另一方面，老狐狸曹嵩的任官哲學，如何在混亂詭譎的官場中，經由算計取得地位，遭難時還能安全下莊，明哲保身。而曹操又如何在人多嘴雜的何進府中，不隨眾落入殺十常侍的激情中，與荀攸、蒯越、田豐等人先冷靜分析利弊得失，再行動作。從這樣的互動，可以知道曹操是個既有想法，又能廣納建言的人，這也是他的成功主因之一。

讓我們跟隨曹操的步伐，踏進即將掀起風暴的洛陽城吧！

第一章

新一輪宮廷鬥爭開始了

曹操返京

漢靈帝光和三年（公元一八〇年），弄權多年的大宦官王甫覆滅後，二十六歲的曹操也因通曉古學，再次受到朝廷徵召，即將分別家鄉的妻兒，前往洛陽擔任議郎——給漢靈帝劉宏充任顧問，名義上雖說光鮮氣派，卻是個毫無實權的職位。

離開老家沛國譙郡①的前一天，曹操逗了一會兒襁褓中的兒子曹昂，實在是閒得無聊，便拉著弟弟曹德，又找來好友丁沖蹴鞠。

「我這次前往洛陽，什麼時候再回來可就說不準啦，來來來，咱們盡興踢一會兒！」儘管正值深秋時節，但曹操奔來跑去，半個時辰後已是汗流浹背，渾身痠痛。眼見繡球好像箭似地劃過天際，曹操瞅準機會，又來了一個「倒踢紫金冠」。

曹德可慌了神，邁著小碎步追出去老遠，還是沒接住，球一股腦兒翻進林子裡不見了。秦宜祿與樓異兩個僕人見了，趕緊跑進林子裡尋找。丁沖乾脆就放棄了，喘著粗氣往地上一坐，從懷裡掏出酒來玩命灌。曹操解開衣服，叉著腰哈哈大笑：「你們這幫人差遠了！」

曹德喘息著搖搖頭：「都是奔三十歲的人了，體力不及少年時。」曹操其實也有些喘，卻兀自挺著腰桿道：「別說喪氣話……子曰『三十而立』，那還是建功立業的年紀；此番出任議郎，我還要從頭做起。」

在林子邊的樹蔭下，丁氏和卞氏兩位夫人坐著閒話。

丁氏懷裡抱著出生不到半年的兒子曹昂，其實這孩子不是她親生的，他的生母劉氏乃是丁氏夫人的丫鬟、曹操的小妾，為了生這個兒子難產死了，臨死前把小曹昂託付給了丁氏。丁氏細心照顧，真把他當成了親骨肉，無奈就是缺一口奶罷了。卞氏歌姬出身，氣質比那位賢妻良母的丁氏要活潑得多，她搧著團扇，氣定神閒地看著他們幾個蹴鞠。

曹操又把繡球踢丟了，便信步來到她們身邊道：「熱死了……哎呀！這幫傢伙不行呀！」丁氏耷拉著眼睛道：「人家根本就不會蹴鞠，出來就是為了陪你解悶的，你還挑三揀四。如今家裡產業也多了，公爹這一封信，德兒兄弟又置房子又置地的，你也不知道幫幫忙，明天要走了還不幹點好事。大熱天還把他們拉出來陪你遭罪，真不把麻煩當回事兒！」說著她拍了拍懷裡的孩子，「昂兒昂兒聽娘說，長大了不學你爹爹……」

一旁的卞氏笑道：「姐姐，他都要走了，您就饒了他吧！」

曹操撩起衣角擦擦頭上的汗，丁氏見了又道：「你也太不知道疼人了，都是當爹的人了，一點兒正經都沒有，衣服是叫你擦汗使的？不是你洗的你永遠也不上心。」

---

① 今安徽亳州。

曹操皺眉道：「妳這是幹嘛呀？在家教訓我兩句也就算了，出門一趟妳還這麼多話，我不就擦擦汗嗎？」丁氏只管孩子不再理他，卞氏卻道：「夫君，你也真不曉事，姐姐是捨不得你走啊！」

曹操默默蹲下來，歎了口氣。皇帝劉宏在宦官王甫的鼓動下廢宋皇后，改立何后，宋氏被冠上了巫蠱謀反的罪名，曹家因為與宋氏結親而跟著倒霉；一門士人無論少長全部罷官不說，曹操的三個本家叔叔曹熾、曹鼎、曹胤相繼亡故。最後因為他父親曹嵩買通大宦官曹節相助，才算是平了冤案。朝廷又因為曹操通曉《詩經》，以能明古學，徵他入朝為議郎，這其中橋玄幫了很大的忙。如今他也是當爹的人了，仕途的希望卻依舊渺茫。

丁氏夫人聽他歎氣，抬頭道：「如今這年月更比不得當初，當初咱們家那麼多大官，如今只有公爹一人，又不得勢力了。你這個小小議郎不好當。」

「學好文武藝，貨賣帝王家。孔子尚說待價而沽，我這等歲數無論如何也要謀個前程才是。」曹操拿衣服當扇子搧著。

「我說不叫你去了嗎？」丁氏白了他一眼，「我是叫你小心！你再像過去一樣招出禍事來，我們這一大家子可怎麼辦好？我那死去的妹妹呀……」

曹操聽她哭劉氏，連忙勸道：「妳這是怎麼鬧的？教訓我怎麼把妳自己教訓哭了？」卞氏也道：「姐姐莫哭，公爹不已經官復原職了嗎？咱夫君又是有本事的，何愁將來沒有個好前程？咱們就在家盼著他好唄！他就算成不了氣候那也是命，急也急不得！他是什麼脾氣，到了外面自己都管不了自己，咱著急又有什麼用？好男兒志在四方，叫他出去闖唄！」

曹操笑了，對丁氏道：「我說大奶奶，妳聽見沒有，妳這妹子見識多高。有此賢妻，丈夫何愁不死於諫？」

「別胡說八道！」倆老婆都把眉毛立起來了。說話間曹德也走過來了，空著手還是沒找到球，搖頭道：「阿瞞你可真行！這哪是蹴鞠呀，成了捉迷藏了，我可不找了。我看算了吧，明兒你就要啟程了，回去早早歇著。」曹操站起身瞅瞅弟弟，道：「子疾，你說說，我這議郎應該怎麼個當法？」

「我又不當官，管你那麼多？」

「兄弟，你是不當官，但是你讀書比我讀得多。你說這有沒有專門給當官的人看的書？」

「當官的人看的書……」曹德笑了，「當官若是真有竅門就不往外傳了，自己謀仕途去了！」

「唉……皇上也太小氣，大老遠徵我入朝，才給個小小議郎。」

「都是咱們曹家名聲不好呀！」曹德把頭低下了，「要是經籍世家，從征議郎到拜九卿，最快的半年時間。咱家就別提了，莫說你當個京官還叫人家踹出去了，就是咱爹，位列九卿有十年了吧？就差一步到三公，這一步就是邁不上去。」

曹操的祖父曹騰乃是宦官，當初因為幫助外戚梁冀迎立孝桓帝而臭名遠揚。其實那也罷了，可是曹操的父親、曹騰養子曹嵩卻不修文德，整日裡諂媚那些宦官，當初保著大宦官王甫，結果拍馬屁拍到馬掌上，反而摔了大跟頭。後來起復是好事，但又是托了大宦官曹節的人情，這總讓曹操兄弟心裡惴惴的。

曹操點點頭道：「這沒出身，再沒人提攜，可怎麼混呢？」

曹德一聽反倒笑了：「哥，你是聰明人，這點兒道理還不知道？我告訴告訴你。」他卻不說什麼了，扭頭衝著遠處林子大喊：「宜祿！宜祿！你小子出來！」一聽見喊聲，秦宜祿趕緊躥了出來，一路小跑到他們兄弟近前：「大爺、二爺，您有什麼吩咐？」

「這大冷天的蹴鞠，竟有人說我們哥們不雅，你說這事好不好？」

秦宜祿笑道：「怎麼不雅啦？您二位高興不就成了嘛！這聖人都說窈窕淑女，君子好『球』，您哥倆這麼好球，這不是君子嗎？說你們不雅的人那是胡說八道。」

「哈哈哈……」諸人無不大笑，「好一個君子好球！」

曹德看了哥哥一眼，又對秦宜祿道：「你知道是誰說不雅嗎？就是我們老爹說的。」

「老爺說的呀？」秦宜祿嚇了一跳，支支吾吾道：「那、那……那他說得對呀！這蹴鞠也得端端正正的呀，這敞胸露懷的是不太好。雖說幾位女眷都是自家人，還是避諱點兒好！」

曹操冷笑一聲：「哼！那要是我們兄弟說好，我爹爹說不好，你覺得誰說的對呢？」

「這個……」秦宜祿跪下了，「小的算個什麼東西呀！哪敢管主子家裡的事兒？我說話您就當個屁，別問小的了。」

曹德一擺手：「去吧去吧！」待他走遠對曹操道，「兄長，你看到沒有？這就是一條為官之道。這順情說好話就是他秦宜祿的拿手好戲，你這個議郎上任去了，遇到事兒跟人頂起來了，人家就要嫌你多事，只要你肯順情說話，誰還能惱你？哥哥，您以往太鋒芒畢露了。」

曹操想了想，搖搖頭道：「話雖這樣講，顛而不扶，危而不持，則將焉用彼相矣？」

「哥，你得看當今是什麼樣的皇帝。若是文景開明，你可以逆著來；若是孝武暴戾，你可就得順著啦！」

「你這話沒道理，若是孝哀有龍陽之癖，我是不是還得主動獻身呀？」曹操說著看了卞氏一眼，卞氏抿著嘴直樂。

曹德歎了口氣：「這個不行也就罷了……樓異！樓異！」

「等等，二爺！」樓異答應一聲，但是老半天才從林子裡鑽出來。滿身的衣服也刮破了，似乎還崴了腳，但是卻找到了繡球，「二爺，球找到了。」

曹德又對兄長說：「看見了嗎？這樣也行，不言不語低頭幹自己的差事，不表功不多嘴，人家得了好處也要高看一眼！就比如你這個議郎，有差事你就低頭去幹，莫管別人說什麼，這樣也能升得上去。」

曹操再次搖頭：「這個也不好，雖說我不去擠對別人，但也不能叫人擠對了。低頭辦差事兩眼一抹黑，那什麼都不知道了。差事辦不成是你的罪過，辦成了還不夠別人表功的呢！這等蠢事我可不幹。」

「大哥，這也不行，那也不行，你想如何？」

這次卻輪到曹操喊人了：「丁沖！你個醉貓，大午後的，喝酒幹什麼？蹴鞠！」丁沖連頭都沒回一下，擺弄著手裡的酒葫蘆道：「我愛喝就喝！你管得著嗎？」

曹操笑道：「子疾，你聽到沒有？這才是我想要的。」

曹德愕然，半晌搖頭道：「此非食俸祿之道也……咱們回家吧！」

「等等！」曹操抓起樓異剛找到的繡球，用力給上一腳，只見球遠遠飛出，又進了林子。曹操隨即喊道：「走啦！咱們都回家！秦宜祿去找球，不找到不許回去！」

因為有女眷，一家子趕了兩輛車，說說笑笑回了曹家的莊園。如今曹家已經不一樣了，曹嵩有了栽跟頭的體會，把大筆錢財都給了小兒子曹德，叫他求田問舍積攢家財，以備不時之需。曹德就成了一方的地主。起莊牆，栽籬笆，許多事還未處置定。曹操不喜這等營生，下了車便鑽進自家小院裡，正瞧見自己的小舅子卞秉給丫鬟環兒吹笛子，便打斷道：「你小子他媽又來了，外院那麼多事，你二哥都快忙死了，就不去幫幫忙嗎？」卞秉與他姐姐卞氏一樣，乃是賣唱的出身。

聞此言環兒趕緊躲了，卞秉收起笛子道：「我是找姐夫來的，有個事兒跟你念叨。」

「你能有什麼事兒？」

「我前天到郡裡去給夏侯元讓（夏侯惇）送點兒東西，在他那兒聽人說，大宦官曹節死了。」

「哦？有這等好事？」曹操笑了。曹節一死，他們家與宦官之間再無瓜葛了，以後便可有個好名聲。

「真的死了，皇上給他追了個車騎將軍銜。」

「什麼？車騎將軍這等封號竟然會給一個閹人！」曹操有些氣憤，「曹節有什麼功勞，黨同王甫，禍國殃民，這樣的奸臣還封他做車騎將軍，即使在邊疆出生入死也得不了這等高位呀！」

「您也不要氣惱，現在這世道，氣也是氣不過來的。姐夫，明天無事，我送您進京吧！」

「不用你！」曹操氣哼哼道。

「姐夫，您這次帶家眷走嗎？」

「不帶。」

「真不帶？」

「你怎這麼婆婆媽媽的？說不帶就是不帶。」曹操這句話說完，卞秉喜不自勝，拍著手去了。

曹操正自詫異，卻見丁氏夫人走出來道：「他怕你帶著小環兒！人家都有個惦記的，偏你不知道惦記誰。」

「大奶奶，」曹操笑道：「今晚我去妳屋。我這一走聽不到妳教訓，恐怕不習慣呢！」

「去你的吧！」丁氏嫣然一笑，轉身要去。曹操一把拉住她的手道：「妻啊！我這家裡可就全託付妳了。」

丁氏長出一口氣：「走吧！再長的胳膊也拉不住你那顆心呀！」

轉天一早，曹操便帶著兩個長隨秦宜祿、樓異，離了譙縣趕奔洛陽。家裡出亂子的時節常來常往也慣了，三人不坐車只騎馬，真似箭打的一般就往洛陽奔。日夜沒歇，用了兩天就到了洛陽。

一別京城又有一年多了，街市繁華依舊，不過與以往不同，現在自己是乾淨身子，靠明經舉仕，家裡與宦官又沒了牽扯，可謂自自在在。打馬到了城東永福巷曹氏官邸，遠遠就見家門口停了兩輛官車。家人一看大少爺回來了，趕緊往裡讓。樓異、秦宜祿安置東西，曹操逕赴書房見父親——老曹嵩的官場祕事多，但凡會客都在書房，而絕少用客堂。

曹操才走到書房門口，忽聽裡面父親說話：「曹老公爺這一死，以後就要指望張大人、趙大人您二老了。」

曹操頗感詫異，探頭道：「爹！我回來了！」

「喲！快進來快進來！」曹嵩趕緊把他叫進來，「我給您二位引薦，這是犬子曹操曹孟德。」

曹操進來深施一禮，抬起頭才看見屋裡坐著兩位官員，都是四十多歲，體態雍容，穿著便裝，但看著有些彆扭。

「虎父無犬子啊！」

曹操一聽他們說話，那嗓子尖尖的——又是宦官！沒鬍子！

曹嵩笑迷迷引薦道：「這兩位是趙大人、張大人，皇上身邊的，你應該知道的吧？」

張讓、趙忠這兩個閹人，曹操自然是聽說過的。當年黨人禁錮，這兩個閹人在其中也沒多大影響力，雖然不似王甫、曹節那兩個老閹賊專橫跋扈，但也絕非善類。

趙忠笑道：「曹公子就是當年棒殺蹇圖的洛陽縣尉吧？」

「正是在下。」曹操嘴上總得客客氣氣。

「聽說徵了議郎是吧？」趙忠似笑非笑。

「是。」

「老橋玄又為國進了不少賢才，陳溫、鮑信，還有你曹孟德啊！都是橋玄舉薦的人……」趙忠說到這兒意味深長地回頭看了一眼張讓，張讓會意點點頭。

曹嵩心裡明如燈，橋玄雖然辭官了，當初卻是閹人的死對頭，兒子剛來就被他們盯上了。他連忙笑道：「哎呀！瞧您說的，誰舉薦的不也是朝廷的人嗎？既然是給皇上家辦事的，難免要托您二老關照啊！」

「不敢不敢！」張讓推手謙讓。曹嵩一轉身，也不知從哪裡摸出兩個小錦匣來，遞給張讓、趙忠道：「這有個小物件，不值什麼錢，您二位留著玩吧！」

兩人打開一看——一對金牛，珍珠的眼睛，瑪瑙的犄角，掂在手裡都壓腕子。張讓馬上笑道：「這合適嗎？」曹操看著有氣，心道：「不合適你們遞回來呀，怎麼揣懷裡了呢？」

趙忠訕笑道：「令郎公子我們定會在萬歲跟前美言，不過……」他皺了一下眉頭，「蹇碩現在可不比當初了，現在他管了皇上的侍衛，在西園又招募了一幫人，喚作西園騎，我們倆都招惹不起他喲！」

張讓卻道：「蹇碩這人是個死腦子，只知道辦差，別的不管不問，他礙不到外朝的事兒的。」

「唉！今天豈知明天之事啊？」趙忠瞥了張讓一眼，「我不與你鬥咳嗽（鬥嘴）……曹大人，曹公子，時候不早了。我們二人告辭了，晚上樊陵樊大人作東，請我們赴宴呢！」

「哈哈哈……」曹嵩陪笑道，「既然如此，我就不留二位了，慢走。」說著他起身去送，曹操卻在那裡一坐，不再答理他們。曹嵩把兩人送走，喜呵呵地回來道：「真是一代不如一代！當年你爺爺收禮一車一車的，王甫收禮是一箱一箱的，到了他們這兒，一個小匣子就打發了。你說咱家這點兒東西敷衍他們，還不是九牛一毛嗎？」

曹操心裡有點兒不高興：好不容易跟曹節撕捋乾淨，又黏上趙忠、張讓了，爹爹什麼時候能不巴結這幫宦官呀！他雖這樣想，卻鄭重地給父親叩了個頭，低聲道：「兒子給爹問安，您老身體可好？」

「好，好。」曹嵩這會兒才顧得上細細打量兒子——比兩年前瘦了，原來那股桀驁不馴的氣焰也不那麼明顯了，他已經不是那個心事一望便知的毛頭小子了。可這種歷練充滿了苦痛與無奈，整個家族都經歷了浩劫。想著想著，曹嵩有些傷感，卻竭力平復著心情，只喃喃道：「你現在是正經出身的議郎，慢慢熬著吧！大遠道回來，進去洗洗換換，歇著吧！」父子之間的情感永遠是那麼含蓄。

慢慢熬著……曹操與父親的想法依舊離得很遠，他緩緩道：「孩兒此番既然是身被詔命而來，是不是該上個提建議的條陳呢？」

曹嵩苦笑一陣：「你小子是長本事了，學會投其所好了！但是我告訴你，現在你什麼事兒都不用做，老老實實待著，混年頭吧！」

曹操一陣詫異：「這可不像您老人家的話呀！您凡事不都是往前看嘛？您不想讓我快快升官嗎？」

「快升官？」曹嵩一撇嘴，「快升官我有辦法，一月之內讓你當到侍中。」

一定又是花錢買官。曹操搖了搖頭。

「既然買官怕名聲臭，那你就安下心來熬著吧！」曹嵩歎了口氣，「雖說台郎顯職，乃仕之通階，可你趕的時候太不好了。現在皇家的西園修成，皇上連宮都不回，你見不到他還給他進諫什麼呢？」

「皇上連宮都不回？」曹操皺起了眉頭。

「就是前幾天王美人產子他回去一趟。」曹嵩對著他的耳朵嘀咕道：「何皇后又失寵了。王美人產下小皇子，將來富貴無邊，這可不得了啊！」

曹操把頭一低，他可不喜歡聽這些宮廷瑣聞。但是父子的分歧已經年深日久了，他也是當爹的人了，不會再像當初那樣直言面爭，只是拱手道：「皇家的私事咱們還是少議論為妙。我從家帶來些東西，還有您兒媳給您做的點心，我給您拿來。」說罷起身去取。

曹嵩知道兒子不愛聽這些話，看著曹操走出去的背影，自言自語苦笑著。「傻小子，你還得歷練呀！你光知道外朝，內廷有時也能興國亡國啊！」

苦命皇子

半年的時光很快過去了，光和四年（公元一八一年）六月，驕陽似火焰般炙烤著大地，午後的洛陽城分外寧靜。

京師之地防衛本應格外嚴謹，不過這樣下火的天氣，就連訓練有素的守門兵士也吃不消。大太陽底下，沒有一絲風，渾身鎧甲都曬得生燙，時間一長肯定會中暑，只好狠灌上一肚子涼水，後背貼著城門洞，借著城牆下的那點兒陰涼避暑。即便是如此，從腳底下升起來的熱氣還是炙得人難受，眼前的景物都朦朦朧朧的。

就在幾個城門兵昏昏欲睡的時候，只聽遠處傳來一陣馬蹄響，自正東皇宮方向急匆匆奔來一騎白馬。那打馬趕路之人身材高大，神色焦急，穿皂色官衣，頭戴貂璫冠，最引人注目的是這個人沒有鬍鬚，肋下繫著一把明黃色金漆佩刀，陽光一照明晃晃奪人二目——朝廷有制度，只有宦官才能佩戴黃色腰刀。

那閹人真是玩命了，僅僅眨眼的工夫，他已經縱馬奔到城門前。洛陽城四面共有十一個城門，絕沒有乘馬而過的道理。即便再大的官，沒有王命在身，進出必須下馬。可這個宦官一臉焦急、汗流浹背，趕至城邊竟兀自打馬，絲毫沒有停下來的意思。一個看門的兵丁見了，趕忙橫戟要攔。哪知他身邊的兵頭一把將他拉開：「別攔！這人咱可惹不起！」

說話間那宦官已經打馬進了城門洞，極其迅速地掏出官印在眾人面前一晃，嚷道：「某乃御前黃門[②]，至西園有要事面君，爾等速速閃開！」還不等諸人看清，他已經撞倒兩個兵丁，飛馬出了洛陽雍門，一路向西揚長而去。

「他媽的算個什麼東西！臭閹人有什麼了不起的。」被撞倒的兵丁爬起來咕噥了兩句。

「閉嘴，別給我惹禍。」兵頭瞪了他一眼，「你們不認識他？那是蹇碩，皇上跟前護衛的宦官，紅得發紫。惹火了他，隨便說一句話，八代祖墳都給你刨了！」

那兵丁嚇得一吐舌頭，拍拍身上土，不敢再言語了。

自權閹王甫倒臺，轉年曹節又病逝，這兩個擅權干政的大宦官，總算是永遠退出了歷史舞臺。

---

② 漢有黃門令、小黃門、中黃門等，侍奉皇帝及其家族，東漢皆以宦官充任。故後世亦稱宦官為黃門。

但是，由於皇帝劉宏的耽樂縱容，其他宦官又紛紛繼之崛起，那些閹人以張讓、趙忠為首。這兩個人雖不及王甫跋扈、不如曹節狡詐，但卻是親手照顧皇帝長大的，聖眷自非尋常可比，皇宮內外再得寵的人也需買他們二人的帳。

唯有蹇碩一人是例外。只因他人高馬大，相貌威武，頗受皇帝劉宏的倚重，受命監管羽林軍保衛皇宮，連衛尉和七署的兵馬都可以調遣，這在兩漢以來的宦官中還是絕無僅有的。蹇碩雖有兵權，卻不是奸佞小人，除了當年他有一個不爭氣的叔叔被曹操棒殺以外，此人並沒有什麼貪汙納賄的劣跡。蹇碩就彷彿是劉宏的一條看家狗，他的人生信條就是服從命令，完完全全服從皇上的命令。至於皇帝那些命令是對是錯，他卻從來不曾考慮。就在這種單純信念的驅使下，他還確實將皇宮防衛得鐵桶一般。

皇帝劉宏之所以這樣安排，是因為他總是覺得皇宮不安全。少年時的經歷是最令人難忘的。就在他十二歲那年，王甫與竇武鬥爭引發政變，太傅陳蕃帶領八十多個太學士竟然毫不費力闖入宮院，此後又有人在宮闕上神不知鬼不覺留下謗書。既然他們可以這樣來去自如，刺王殺駕之舉豈可不防？為此他才特意物色了蹇碩，這個絕對忠誠的小黃門。

但當皇宮的安全問題解決後，劉宏卻不肯在裡面住了。原因很簡單，自從夢寐以求的西園修建完工，他便以避暑的名義一頭扎進去享樂，再也不願意出來了。

西園是兩漢以來最壯觀最別致的皇家園林，其規模遠遠超過了中興以來的鴻德苑、靈昆苑。它是按照傳說中的神話仙境設計，由劉宏的親信宦官監工，會集全天下能工巧匠，花了兩年半的時間，耗費億萬錢財、徵調三輔民夫才建造起來的。

為了修這個園子，劉宏不惜加捐加賦大興徭役，不惜棄邊防重地的修繕於不顧，不惜抄沒宋酆、王甫、段熲等大臣的家產，甚至不惜懸秤賣官公開斂財。在這座御園裡，有人工修設的大片獵場，有多達一千間供宮娥綵女居住的房舍，有挖渠引流而成的太液荷花池，有名貴石料堆砌的蓬萊、方丈、瀛洲三島，更有用胭脂香粉染紅的流香渠、供劉宏戲水取樂的裸泳館，整個西園之中，到處瀰漫著奢華淫靡的氣息。

最過分的是，為了方便賣官鬻爵，劉宏在西園修建了一座萬金堂，取意黃金萬兩，專門派心腹宦官在此登記賣官，可謂明碼標價童叟無欺。在他居住西園的這段日子裡，他甚至將尚書屬官都遷到萬金堂側殿辦事，好方便他隨時「別出心裁」傳達政令。

今天就像往常一樣，劉宏懶洋洋臥在雕梁畫棟的萬金堂上，早有宮女為他搧著宮扇、捧著香爐、備下冰鎮的時令水果，張讓、趙忠、段珪等宦官侍立左右。可虛坐在對面陪他對弈的侍中賈護卻不怎麼輕鬆。皇上要與之對弈，他不敢不陪，但他的棋藝可比皇帝強之萬倍，要是輸了畢竟太假太諂媚，可是贏還不能贏得太顯輕鬆，那樣會惹起聖怒，他正在冥思苦想怎樣才能僅以一子優勢得勝。

與此同時，劉宏最欣賞的尚書梁鵠正揮毫潑墨賣弄書法，畫工出身的江覽也在展示自己的妙筆丹青，另外還有侍中任芝撥弄瑤琴助興。

賈護、梁鵠、江覽、任芝，這些人雖然官拜尚書、侍中這樣的高官，卻不是靠著學問和政績得到提升的，他們皆是鴻都門學出身。這些人美其名曰為學士，其實不過是有某方面的藝術特長，專門負責陪皇上消遣取樂的。

琴棋書畫四大雅事同時進行，劉宏逍遙自在好似神仙，早把民生疾苦、軍國大事拋到九霄雲外了。他高興不僅僅是因為聲色犬馬，還因為他最寵愛的王美人前不久為他生下一個小皇子。如今除了縱情享樂之外，這對母子是他唯一牽掛的人。

突然，一聲巨響打破了其樂融融的氣氛，蹇碩連滾帶爬地從殿外撞了進來。

「怎麼了？」劉宏一下子坐了起來。

天氣太熱了，蹇碩一路打馬而來，衣服早被汗水浸透，濕漉漉的就像剛從水裡撈上來。他上氣不接下氣，感覺天旋地轉，還是強忍著跪倒在地：「稟告陛下，王美人暴斃！」

正在撫琴的任芝動魄驚心，手底下一錯勁，發出一陣刺耳的高音，絲弦應聲而斷。梁鵠、江覽嚇得停住了筆，賈護掌中的棋子也隨之落地，所有人的目光都投向了皇上。

只見劉宏嘴角顫抖了兩下，半天沒有做聲。他不敢相信這個事實，如果說帝王對一個女人可以忘卻身分、全心全意的話，王美人就是這樣一個女人。從第一次見面劉宏就愛上她了，這種發自內心的欲望、比翼雙飛的感情，遠遠不是他和宋后、何后那種夫妻盟約所能比擬的。在皇宮、在西園、在靈昆苑，每個地方都承載著他們之間的感情，她在他心目中不僅僅是美貌的象徵，而是一種女人給予男人的支持，這不會因為時光的流逝、容貌的褪色而沖淡。劉宏呆坐在那裡，半張著嘴，目光呆滯，他腦子裡浮現的第一個問題就是——小皇子怎麼辦？剛一出生母親就沒了……沉默的思索之後，淚水竟不知不覺淌了下來。

「聖上您要保重龍體啊！」所有人都跪倒在地。

劉宏擦了把眼淚：「她、她……怎麼就突然捨朕而去呢？」

「奴才有下情回稟。」蹇碩往前跪爬了兩步。

劉宏眼睛一亮，知道大有文章，立刻止住眼淚：「難道……王美人因何故暴崩？」蹇碩略一躊躇，把頭壓得低低的：「此事有駭視聽，請萬歲屏退左右。」

「張讓、趙忠留下，其他人都給朕出去。」待賈護等四人與眾宮女都退出殿外，劉宏才起身到蹇碩近前。「你說吧！」

「諾。」蹇碩深吸一口大氣，「午時二刻，皇后差心腹宦官斥退御醫，賜王美人膳食，王美人食後而斃。」

劉宏猶可，張讓、趙忠臉都嚇白了。皇后何氏乃屠戶之女，出身微賤，本是賴他們舉薦才得以入宮的，為了幫助何氏問鼎後宮，他們不惜串通王甫製造巫蠱冤案，害死了原先的宋皇后一門。如今的何家，與他們可謂一損俱損、一榮俱榮，何后要是倒了霉，他們的末日也就不遠了。事情明擺著，如今王美人比皇后受寵，又產下小皇子，直接威脅到她的地位。何皇后自己就是取前任而代之，豈能不曉得居安思危？毒殺王美人，這是要斬草除根防患未然。不幸的是，做事不密全讓蹇碩揭穿了。

劉宏轉悲為憤，但畢竟不好當著下人說皇后什麼壞話，只咬著牙道：「我那小皇兒現在如何？」他現在擔心的是何后連王美人的孩子也給害死。

蹇碩辦事還算妥當：「小皇子尚在王美人宮中，由乳母照管。小的已經反覆囑咐宮人，不許任何人接近，但還請皇上速速回……」他這一席話未說完，只聽殿外武士呼叫：「啟稟萬歲，皇后所差黃門求見。」

「皇后所差？哼！」劉宏冷笑一聲，「立刻叫他進來。」

轉眼間一個小黃門捂住臉乾號著跑進來，假作慌張跪倒在地：「啟稟皇上，王美人因產後中風不幸亡故，皇后娘娘特差小的來稟告皇上。萬歲您千萬不要難過，保重龍體呀！」

「你說什麼？」劉宏壓不住火了，離開御座，走上前一把攥住那小黃門的衣服：「你給朕再說一遍！王美人怎麼死的？」那宦官見皇帝神色不對，猛一眼打見蹇碩跪在一旁，心知事情敗露，但覆水難收，只得硬著頭皮一口咬定：「王美人是……產後中風。」

「嘩啦！」——劉宏順手掀起剛才對弈的棋盤，狠狠打在那宦官頭上。霎時間翡翠棋盤擊得粉碎，那宦官被打得冠戴落地、滿臉是血。劉宏哪兒還容他分說，眼眶都快瞪裂了，對蹇碩喊道：「你把這混帳奴才拉出去砍了！」

「冤枉！奴才冤枉啊……皇上開恩吶……不關奴才的事，是皇后娘娘讓我這麼說的……您開恩吶……」那宦官死命掙扎，還是被蹇碩帶著侍衛拖走了。

劉宏這會兒沒心思管他冤不冤，他的悲痛已徹底化為對何后的怒火：已經縱容妳太久了！皇后叫妳當了，妳要讓妳弟弟當官朕沒反對，又要調妳哥哥入京，朕看著妳的面子也調了。戕害宋后的傳聞朕可以不信，現在又向朕最心愛的人下手，這次絕不能再叫妳活了！

他一邊想一邊疾步如飛奔出萬金堂，也顧不上皇家威嚴，信手拉過一匹御馬騎上去，帶著一隊衛士便往皇宮趕。死人顧不上先顧活的，雖說蹇碩已命人保護皇子，但皇后什麼事都幹得出來，他得把孩子摟到懷裡才算安心。等張讓、趙忠明白過來，皇上早跑出二里地去了，他們趕緊連同蹇碩各自上馬，連喊帶叫追趕聖駕。

劉宏充耳不聞，帶著疾馳的馬隊出西園、入雍門、進皇宮，片刻沒有停歇。直至御院下了馬，劉宏當先穿廊過廈奔向王美人的偏殿。剛到門口，正見一個宮娥鬼鬼祟祟抱著個黃緞子的襁褓出來，劉宏識得她是皇后的人。他迎上前，伸手奪過襁褓，打開一看——正是小皇子劉協！劉宏摟住孩子，回手就給了那宮女一巴掌。那宮女知道勢頭不好，趕緊捂著臉跪倒解釋道：「啟稟皇上，是皇后娘娘怕小皇子在死人旁邊待長了不好，叫奴婢暫且把他抱到長秋宮照顧。」

劉宏懶得搭理她：「一派胡言……來人！把這賤人給我勒死！」說罷摟著兒子就進了殿。這會兒殿內一片狼藉，尚藥監宦官高望正張羅眾宦官、宮女、御醫各忙各的差事。無人通告的情況下，猛然瞅見皇上獨自抱著孩子怒氣沖沖闖進來，所有人都驚住了，稀稀拉拉跪倒一大片，參差不齊地呼號問安。不明就裡的人還在替皇上難過，知道底細的都把心提到了嗓子眼——這場亂子小不了！

劉宏不理睬任何人，三兩步走到王美人榻前。

「愛妃……原說等將養好了就接妳母子進園子，妳怎麼就委委屈屈地走了呢？」他雙目呆滯地望著死屍出了一陣子神，瞬間眼神又恢復了明亮，猛然扭頭問道：「御醫何在？」

「臣等在！」三個花白鬍子的老頭往前跪爬了兩步。

劉宏冷森森問道：「王美人何疾而終？」

三個人倒吸一口涼氣，把頭壓得低低的，誰也不敢做聲。

「說啊！」劉宏催促道。

三個人乾動嘴不出聲——固然不可矇騙皇上，但皇后那邊也不能得罪啊！

「朕再問最後一遍，王美人何疾而終？」劉宏的聲音已經有點兒不對頭了。

為首的老御醫提著膽子道：「她是……產後失調……突然中風不治，暴病而……」——「亡」字還不及出口，劉宏勃然大怒：「混帳！你拿朕當傻子嗎？孩子都生下幾個月了，還能得產後風？來人哪！」他抱著孩子跳著腳，拿指頭戳著那老御醫的額頭，「把愛妃剛才剩下的午膳給這個老兒灌下去，我看他要是死了，算不算產後風！」

「皇上饒命啊！」那老頭呼喊著，立刻被隨後而到的武士拖了出去。剩下的兩個人魂兒都嚇沒了，其中一個老頭實在經受不住，哆哆嗦嗦口吐白沫撲倒在地，活活被嚇死了。劉宏揪住另外一個問道：「就剩你啦！你說，王美人她是怎麼死的？」

「是……是……中毒死的……」那人再不敢隱瞞了。

「大點兒聲音說！」

「王美人是中鴆毒而崩。」

劉宏鬆開手，回頭掃視了一眼跪著的宮人們：「你們都聽見了嗎……都聽見了嗎……聽見了嗎！」最後化作一陣怒吼。

所有人都嚇得把腦袋貼著地面，哆嗦著不敢開言；小皇子的乳母斗膽上前要接孩子，被劉宏一腳踹倒在地：「閃開！誰也別想碰我兒子！」大家跪著往後倒退，頓時間皇帝四下一丈之內竟無人敢近。

劉宏猶如一隻饑餓的狼，在殿裡來回踱著步子，懷裡還抱著那啼哭不止的孩子。

這時候張讓、趙忠也趕到殿外，見裡面這等情景便放緩了腳步。張讓感覺有人拉他的衣襟，低頭一看，尚藥監高望就跪在他腳邊──高望本是管著藥材的，出了這樣的事，他雖不知情也難逃干係，趁著皇上逼問御醫，趕緊退到了殿外。他拉著張讓的衣襟，低著頭小聲嘀咕道：「小心點兒！已經殺了一個、嚇死一個了。」

張讓心道：「你哪裡曉得，沒進殿就已經宰倆人了！」他咽了口唾沫，這個節骨眼兒本是不該上前的，但何皇后是他一手推舉上去的，這裡牽扯到他的利益。更要緊的是，宋皇后的巫蠱一案是自己連同何后、王甫聯手炮製的，要是真把她下了暴室，萬一勾出舊事，自己的腦袋也得搬家。事到如今不保也得保了！想至此，他深吸一口氣趨步進殿，來至皇帝面前跪倒道：「萬歲息怒。」

劉宏一扭頭：「你來得正好！去把皇后給我傳來！」

「奴才……奴才懇請萬歲開恩。」

「你知道我要廢了她，是不是？」劉宏冷笑道：「嘿嘿嘿……開什麼恩？她為什麼不開恩？王美人何罪？還有，當初宋后巫蠱一案究竟是怎麼回事？」

怕什麼來什麼，皇上心裡一切都明白，張讓心頭一陣狂跳。他還想再替皇后說些好話，但嘴卻被道理堵得嚴嚴實實的。

「你敢抗詔？」劉宏凝視著他，「快去！」

「奴才……奴才實在是……」張讓不知道該怎麼說好了。

劉宏不與他置氣，抬頭喝道：「趙忠！他不去你去！傳我的口諭，先廢何后為綵女，下暴室拘禁起來！」這一驚之下，張讓已拿定主意，抱住劉宏的腿道：「皇上您不能這樣呀！」

「大膽！」劉宏一腳蹬開他的膀子，「這樣的賤人，留她幹什麼！」張讓摔了一個跟頭，緊爬兩步又緊緊摟住他的腿，繼續諫道：「皇上三思！皇家怎有屢廢國母的道理呀！」

此語一出，劉宏心頭微微顫動了一下：是啊！宋后一族已經身死門滅了，如今又要廢殺何后，天底下哪有一個皇帝連續誅殺兩個皇后的！又是巫蠱魘鎮，又是毒害嬪妃，這一大堆的宮廷醜聞傳揚出去，皇家的臉面還要不要了？後代史官將如何下筆書寫自己呢？可要是不廢掉她，王美人難道白死了？劉宏有些為難，感覺腦袋都要炸開了，他掙脫張讓，後退兩步跌坐在胡床上。

張讓見他有所動容，卻又不敢隨便再說什麼，只把頭磕得山響。最可憐的是趙忠，已然得了皇上廢后的命令，這會兒見此光景，去也不是留也不是，左腳和右腳都打起架來了。

「太后娘娘到……」隨著一聲呼喊，董太后面沉似水踱了進來；身邊站定蹇碩，小心攙扶著她。原來蹇碩殺了那個皇后派來的小黃門，料知皇上回宮必是一場大亂，便不再追趕聖駕，忙往永樂宮搬請太后主持大局。

「母后！」劉宏煩悶間見母親姍姍而至，頓時間沒了剛才那等怒氣，彷彿一個剛剛失去心愛玩具的孩子泣不成聲：「王美人她死了……」

董太后早從蹇碩口中得知事情原委，不過她沒提皇后的事，只是從劉宏懷裡輕輕接過襁褓，拍著啼哭的嬰孩道：「人死不能復生，你也不要太過難受，哪有大男人痛哭女子的道理？何況你是皇上，要節哀克制！這孩子養在別處你我母子都不放心，我看還是由哀家親自撫養他吧！」說著她捏了捏孩子的小手，微微歎息了一聲。

「朕要廢了皇后，母后覺得如何？」

董太后一皺眉：其實她從心裡也不喜歡這個何后，只因她自己本是藩妃出身，算不得正牌子的太后，也就壓不住何后。而且最令她老人家惱怒的是，何后產下大皇子劉辯後，竟然以祈福為名，將孩子寄養到道士史子渺家中，惹得文武百官背地裡叫大皇子為「史侯」。要是依著她老人家的意思，早就該把何后廢了！但是張讓的話她剛才在外面也聽到了，畢竟皇后一廢再廢不是什麼好事。自她以藩妃身分入宮以來，宮廷的醜聞層出不窮，再鬧出這麼一件大事，皇家真是威嚴掃地了。現在這個苦命的小皇孫已經抱在了自己懷裡，她日後的生活有孫子陪伴也不再枯燥，別的什麼事也懶得操心了，因而歎息道：「唉……皇上啊，廢后的事情您自己拿主意，不論您怎麼處置，哀家都贊同。」

「這……」劉宏聽母親這樣說，躊躇不知所措了，「蹇碩，你怎麼看？」蹇碩嚇了一跳，這等事他哪敢隨便說話？連忙跪倒磕頭：「皇家之事，小的豈敢多嘴？奴才愚鈍，不知此事當如何置措，請萬歲龍意天裁！」劉宏見他推脫不管，越發犯了猶豫。平時的政務可以下詔徵問群臣，可這種事情家醜不可外揚，怎麼好問外臣？他狠狠掐了一下眉頭，不禁搖頭歎息。

張讓聽董太后和蹇碩不願干涉，懸著的心總算是落下了一大半，趕緊趁熱打鐵說：「奴才以為，皇后縱有千般不是，念在大皇子您也要再思再想呀！王美人已死，小皇子已然沒了娘，難道您還要大皇子也沒了娘嗎？這小孩子離娘的滋味……」他說到這兒戛然而止，只連連磕頭道：「請陛下開恩吧！」

這話太厲害了！皇帝劉宏本身就幼年喪父，意外地被迎入宮成了皇上。那年他才十二歲，不得不離開相依為命的生母，跑到皇宮對竇太后喊娘，直到親政才把董太后接進宮中。小孩沒娘的苦楚，他本人是最清楚的。想到兩個皇兒將來也要受一樣的苦，他立時心軟了。

就在這時，以趙忠為首，尚藥監高望、勾盾令宋典、玉堂署長程曠、中宮令段珪、黃門令栗嵩、掖庭令畢嵐等，這些與張讓一黨的宦官齊刷刷磕頭央求：「請萬歲暫息雷霆之怒，暫且饒恕皇后。」

劉宏不想再討論這件事了，只擺了擺手：「由著皇后吧！朕不殺她了……朕誰都不殺了……」隨後恍惚走到王美人的屍體前，默默守著他的愛人。

董太后也鬆了口氣：「皇上您再看看她吧，哀家先將皇孫帶回宮，少時就過來……蹇碩，你隨我來。」蹇碩恭恭敬敬跟著太后步出偏殿。

「今天有勞你了，不過這樣的事情切不可傳揚出去，要是說走了嘴，後果嘛……」只見董太后話鋒一轉，不無哀婉地拍著懷裡的皇孫道：「小可憐兒，你娘親沒了，今後祖母疼你。你娘親還是挺不錯的，對皇上好，對哀家恭敬，對底下的人也算不錯。」她這話像是對孩子，又像是對蹇碩說的，「王美人的祖父是已故的五官中郎將王苞，也算是名門之後了。雖說如今家道已經衰落，但絕不可委屈了她……我看這樣吧，將她以貴人之例送至陵寢，原來她宮裡的那些宮女宦官，連同那個剩下的御醫全都一起派到陵地，以後叫他們接著伺候他們主子，這也算是哀家一點心意吧！」

接著伺候他們主子？殺人滅口！蹇碩聽明白她的用意了。明明是燥熱的天氣，脖子後面卻一個勁兒冒涼氣兒，嘴上還得奉承：「這是太后您老人家的慈悲。」

說話間，只見平日協助皇上處理政務的宦官呂強，抱著兩卷竹簡喜氣洋洋跑來。一看就知道，他準是一直在省中忙碌，根本不清楚這裡發生了什麼。

「奴才給太后娘娘請安！」呂強響響亮亮給太后施禮。

「起來吧。」

呂強緩緩爬起，側身問蹇碩：「皇上在殿中嗎？奴才有事稟奏。」

「不必啦！」不等蹇碩回答，董后便已做主，「王美人因產後中風亡故，皇上正在悲痛之中。有什麼事你奏與哀家，我告訴皇上吧！」

「諾。稟太后娘娘，今有一份捷報，刺史朱儁僅以五千雜兵鄉勇大破數萬叛軍，交州叛亂已被他平定。」

「好一個朱儁。哀家轉告皇上，一定重賞。」

「還有，」呂強又稟道：「國舅何進受命擔任將作大匠[③]，已經抵達京師，懇請進宮面謝聖恩，還要給太后、皇后請安。」

「哈哈哈……」董太后覺得這個何進來的時候有些滑稽，「你替哀家勸告何進，叫他改日進宮。今日要是面君，他必死無疑。」說完她抱著皇孫，撇下一臉懵懂的呂強和滿面恐懼的蹇碩，一步三搖回自己的永樂宮去了。

「小孫孫，乖孫孫，不要哭。奶奶給你唱歌謠……」董太后愛這個孩子，不交與宮人，始終自己抱著。回到永樂宮她打開襁褓，握住孫子的小手。或許真的是命中註定她與這個孫子有緣，小皇子劉協竟真的不哭了，攥著奶奶的大拇指睡著了。

董太后望著這苦命皇孫的稚嫩小臉，腦海中突然靈光一閃：這麼可愛的孩子，將來要是能繼承皇位該有多好呀！

這個想法一旦產生便似星火燎原般無法遏制。董太后進而感到後悔，為什麼剛才不落井下石治姓何的於死地呢？那樣就能保這小娃娃繼承大寶！這麼好的機會錯失了！不過她沒有死心：廢長立幼又算什麼大事？既然老祖宗景帝、武帝，乃至光武爺都幹過，我們為什麼就不能廢長立幼呢？她又想到何家有何進、何苗那幫外戚，她也要叫自己的姪子董重入朝，將來由董家支持小劉協繼承皇統。

從此之後，劉協就在董太后宮中養大，相對在史道人家長大的「史侯」劉辯，小皇子劉協被人暗地裡稱作「董侯」。因為這兩個孩子的緣故，董太后與何后從貌合神離走向徹底決裂，新的一輪宮廷鬥爭拉開帷幕，也給大漢王朝埋下了巨大隱患。

---

③ 將作大匠，職掌宮室、宗廟、陵寢等的土木營建，相當於大型工程總指揮。

第二章
曹操眼中的天下

東觀偶遇

燥熱的天氣搞得人心情也格外煩悶，尤其對於京師的官員而言更是難耐。漢官最注重儀表，不管多熱的天氣，一定得穿戴嚴實整齊，邁四平八穩的步子，在這樣的伏天豈能不遭罪？

曹操與陳溫並肩走到東觀外，兩個人不約而同地歎了口氣。

晝也思夜也想，如今終於是回到京師做官了，但是朝中的議郎多得成把抓，真正有事情可做的還不到十個人，大多數不過是坐冷板凳，什麼差事也沒有。

曹操與陳溫雖是橋玄舉薦、皇帝親自下詔徵召的，可同樣是沒有職分，形同備選官員。名義上說他們是負責應對聖言，但是皇上天天在西園避暑，連他的面也見不著。

日子一天天過去，他們也只好設法自己給自己找事做解悶。正好皇宮東觀學士在修國史《漢紀》，他們便跟著抄抄寫寫，翻翻卷宗。總之，看上去整日裡忙忙碌碌，實際不過消磨時光罷了。

陽光散漫地鋪在大地上，四下裡無風，庭院裡桐樹的葉兒連動都不動一下。東觀大堂裡靜悄悄的，這會兒主筆馬日磾正在後面的小閣裡休息，只有幾個書吏還在整理卷宗。細說起來，這部《東觀漢紀》的修編還要追溯到班固撰寫的私史。當時孝明皇帝看後大加讚賞，對此格外重視，便下令將其列為本朝國史，不停地寫下去；於是大儒陳宗、尹敏等紛紛加入，後來又有劉珍、伏無忌、崔寔、曹壽等大手筆，繼承了老一輩接著修。自劉宏繼位以來，馬日磾、堂谿典、蔡邕、盧植、楊彪也都紛紛為這部書辛勤忙碌過。可現在堂谿典病重告老，蔡邕逃官隱居不知下落，盧植又被調任尚書，楊彪也總有別的職分，偌大的修史工作全都壓在了馬日磾這個總編修一人身上。

馬公上了年紀，精力已經大不如從前，可皇上還總是時不時派人來過問修史的進展，弄得老人家片刻都閒不下來。其實老人家心裡跟明鏡一樣，眼前的一切都是張讓那些宦官動的歪主意，存心要把他這把老骨頭累死在東觀。但他還是放不下這項工作，《東觀漢紀》是多少名儒文士一百多年間的心血，他寧可累死也不想將幾代人的努力付之東流。再說朝廷腐敗已經如此，一個糟老頭子無力回天，又有什麼能比得上把精力放到歷史上呢？不管是對於馬日磾，還是對於曹操他們，忙碌是一種幸福，因為忙起來也就沒工夫感歎現實的痛苦了。

曹操、陳溫邁進大門，見四下無人趕緊把官帽摘了下來，東觀裡高大空曠，也涼爽了不少。二人感覺今天來早了，便擦擦汗，在冗雜的卷宗間尋個地方坐下，信手抽來兩卷剛剛謄好的傳記看。

說來也巧，曹操所翻看的正是世祖光武皇帝劉秀的本紀，還恰好是寫昆陽之戰那一段，班固的大手筆，倒是很合他的胃口。讀到「初，莽遣二公，欲盛威武，以振山東，甲衝輣，干戈旌旗，戰攻之具甚盛。至驅虎豹犀象，奇偉猛獸，以長人巨無霸為壘尉，自秦、漢以來師出未曾有也。」曹操合上書，咂摸著滋味對陳溫言道：「昔日昆陽之戰如今想來還覺不可思議，我世祖皇帝僅以數千精銳破敵近百萬，真天神也！雖調度有方，士卒奮勇，也屬天意呀！」

哪知陳溫還不曾答言，卻聽中門處傳來一陣洪亮的笑聲：「哈哈哈……笑話！昆陽之戰乃人力所為，何干天意？」

曹操一愣，閃目觀瞧，見中門外還站著一位官員。此人五十歲上下的樣子，也是議郎大夫一般的服色，個子矮矮的，長得瘦小枯乾相貌鄙陋，正背著手翹著兩寸來長的小鬍子，打量門口影壁上胡廣的畫像。曹操聽這人故意駁他，又見是一個相貌鄙陋、比自己還矮的人，心裡一陣不喜。他放下手裡的書卷，故意向陳溫牽三掛四道：「如今書生久不知戰場之險，言語也多光怪啦……」

那人聽出曹操這話是故意衝他來的，笑著捏了捏上翹的老鼠鬍子道：「光怪？說什麼天意使然才是真真的光怪！自古用兵不拘於法，無事在練，有事在調動士氣。

「千人一心可破百萬烏合。昆陽一戰，世祖皇帝陳說利害在前，奮勇搏殺在後，王莽之眾依仗兵多刃利，惰於干戈，漢軍一到皆成靡兵。兵法有云：『三軍可奪氣，將軍可奪心』，此不過常理也。」

「常理？」曹操是嫻讀兵書注過《孫子》的，對他的話不屑一顧，「只怕說起來容易做起來難啊！不通戰事，不過枉論古人而已。」

那人卻不再與他爭辯，笑嘻嘻搖了搖頭，仍舊望著胡廣的畫像出神。這更引起曹操的好奇，問道：「敢問這位大人在想什麼？」

那小個子撚著鬍子沉吟半晌道：「萬事不理問伯始，天下中庸有胡公。畫得確實好，試想胡公當年是何等英姿啊！」

曹操差點兒笑出聲來，這個人可真是古怪，竟說些不合眾議的話。世人皆知胡廣老奸油滑，不過是善於順從聖意，遊走宦官外戚罷了，這人卻道胡廣有英氣，真是又好氣又好笑。

曹操起身走到影壁前，也看了看畫像。這是六年前皇上特意下令畫的功臣圖，左邊是黃瓊，右邊是胡廣，好似一對門神。當年這兩個人在「跋扈將軍」梁冀當政時，一剛一柔，在皇權最衰微之時支撐起朝局。把他們畫在這裡一來是表彰功績，二來也是告誡後人要學習為官事君的剛柔之道。他打量著的這一幅，明顯畫的是老年時的胡廣，一身公侯的打扮，手裡拄著長壽杖，雖然鬚髮皆白，可一臉的微笑透著圓滑，跟左邊那一身浩然正氣、老而彌辣的黃瓊，形成鮮明對比。曹操小時候沒少見胡廣，隱約記得就是這個模樣——實在談不上什麼英姿。

曹操抱著一肚子抬槓長能耐的心思，轉臉笑道：「恕晚生直言，胡公中庸可見，英姿卻未見得，大人可願略微賜教一二？」

「哦？」那人這會兒才好奇地看了曹操一眼，不知什麼原因話竟多了起來，「你不知道，此中有個緣故。這畫的是胡公晚年，他年輕之時確是相貌堂堂英氣非凡。你知道他老人家是如何為官的嗎？你若感興趣咱們進去坐坐，老朽不才早生了幾年，講給你聽聽。」

曹操拱拱手，禮讓他進去，陳溫見狀也趕忙讓出上座。那人一坐下就打開了話匣子：「唉！這胡廣能夠舉孝廉為官，話還要從前朝的大臣法雄說起。」

「法雄？名吏法文疆？」陳溫知道此人。

「嗯。當年他曾為南郡太守，有一年歲末舉才，可難壞了法雄。你們一定也聽說過，法雄秉性耿直，以執法嚴厲著稱，對手下散吏要求十分苛刻，所有的人都是奉命行事，不敢有違他一點兒。到了選拔人才的時候，法雄自己也為難；平時他們在自己面前，都謹小慎微一模一樣的，可是真要選出才德過人之輩卻不容易。法雄左思右想也拿不定主意，關鍵時刻他的兒子法真來了。」

曹操點點頭，對於法真的事蹟他是清楚的。法真乃法雄之子、西川隱士，好黃老之術，被人稱為「玄德先生」。據說這個人不光學識出眾而且相貌偉岸，可就是不願出來做官，朝廷徵召時他寧可躲進深山老林都不肯見公差。不過法真的兒子法衍卻早早爬進洛陽當了官，如今也是閒職議郎，與曹操不過點頭之交，除了相貌好外，實在是沒有什麼可取之才。洛陽之人皆知，法衍與宗正劉焉、議郎董扶、太倉令趙韙、涼州刺史孟佗等人過從甚密。

「法真來得正是時候。」那小個子繼續說：「法雄知道兒子眼光比自己銳利，於是叫法真挨個兒見見這些散吏，替他從中選優，舉薦一位孝廉。法真尊了父命，卻不肯面見這些人，他不聲不響換了僕役的衣服，連著三天扒著衙門窗口，偷看這些散吏的言行舉止。三天以後，法真帶著挑中的人來見父親，法雄一看竟然是平日裡最唯唯諾諾的胡廣。

「原來胡廣辦事果斷、舉止出眾，只是在長吏面前恭順嚴謹，法雄一直沒發覺而已。」那人說到這兒也樂了，「想來人之性情日益改變，胡公雖然中庸半世，卻也屬無奈之舉呀！」這話裡似乎透著些惋惜，甚至有些自傷自憐的感覺。

曹操雖不開口否認他的話，但心裡卻大不贊同他的論調。評論昆陽之役的話不贊同，評論胡廣的話也不贊同。在他眼裡，這個相貌滑稽的矮子實在沒有什麼了不起的，左不過是個耍嘴皮子譁眾取寵的猥瑣人物，甚至說了半天的話，曹操都沒有問他的名姓。

這時一個書吏慌裡慌張跑過來，對那個矮子施禮道：「您是朱大人吧？大熱的天兒教您久等了，千萬別見怪。馬大人今兒不舒服貪睡了一會兒，聽說您到了趕忙就起來啦！您快裡面請吧！」說著畢恭畢敬伺候著那人轉到後面去了。

「他還搶了個先！」曹操望著他的背影，對陳溫道：「這人也真是滑稽。」

「滑稽什麼？我看你上了年紀也是這副尊榮……那鬍子……那個頭兒……哈哈哈！細想想，你們倆還真像。」

「誰跟你玩笑？」曹操也樂了，自己相貌不濟也沒有辦法啊！

「可是那人叫他朱大人……究竟哪個朱大人呢？」陳溫低頭想了想，「平日沒見過他呀！是誰呢？」

「左不過跟咱一樣是個閒人罷了。」曹操起身，「咱們到別的屋裡走動走動，這邊兒書堆得成山成垛，礙手礙腳的。」

「我知道他是誰啦！」陳溫眼睛一亮，猛地站了起來，「孟德呀，咱們冒失啦！」

「他是誰呀？這麼大驚小怪的。」

「朝廷剛下令召回京師的諫議大夫朱儁呀！」

「是他？」

「一準兒是他，能值得馬公這麼高迎的，這東觀裡還有誰？」陳溫十分肯定。

曹操臉一紅，真覺得自己後脊梁都有些發燙。那朱儁以五千門吏雜兵，在短短一個月間平定交州數萬叛軍，自己竟然有眼不識泰山，說人家書生不知戰場之險，可真瞎了眼啦！他憨然一笑，遮羞道：「嗐！這是怎麼說的……又沒見過，誰知道此人這等容貌。」他喜好兵法，最愛行伍之事，若知道是朱儁，早就大禮相見問長問短了。

「人不可貌相啊！咱倆也真夠瞧的，聊了半天連人家是誰都沒弄清楚。交州梁龍造反、南海太守孔芝降敵，還有南蠻策應，好幾萬的叛軍，他不到一個月就給平了。朝廷剛下令，朱儁加封都亭侯，賜黃金五十斤，他現在正是炙手可熱的時候。我看他老人家真是平易近人，你那麼譏諷他都沒說什麼，還跟咱講了那麼多話。慚愧呀慚愧！」陳溫說著拍了拍腦門。

曹操死撐面子不肯改口：「這個人雖然精於用兵，但也未必所言皆對。說什麼昆陽之戰天意人力之辯，反正我是不會擁數十萬大軍反被人奪氣，敗在小敵之手的！」

「我看也未必呀！你就別瞎琢磨啦，還數十萬大軍呢，如今連個正式差事還沒有呢！」陳溫笑著把卷宗放回到竹簡堆裡。

曹操也跟著他忙活起來，將已經校對好的《漢紀》按年代、人物分門別類。陳溫素來敬重馬日磾，所以為他辦事很認真，把所抄傳記與目錄一一核對，忙得頭都不抬。可曹操卻人在心不在，腦子裡一直琢磨剛才朱儁說的話，甚至還放下書，特意又步到影壁前看胡廣的畫像：怪呀！現在再看畫上那眼神，似乎這張老好人臉下面，確曾有過桀驁不馴和雄心壯志……正在胡思亂想之際，只聽篤篤的拐杖聲響，白髮蒼蒼的馬日磾親自將朱儁送了出來。

「您老人家留步吧！折殺我也。我說閒著沒事兒來看看您，反倒給您添麻煩了。」朱儁對馬公也很恭敬。

「公偉，你何必這麼見外，咱都四年多沒見面了，若不嫌我這老頭子麻煩，以後常來走動。我願意聽你聊天，從來不引經據典，聽著一點兒都不拘束。」看得出，馬日磾今天很高興。

「看到您身體安康，我也就放心了。」

「我好著呢！」馬日磾拿拐杖敲了敲地，「好得不能再好了，要是有御酒，自己還能喝兩壺多呢！你瞧瞧這東觀，現在門可羅雀嘍！也就早上熱鬧，閒人都來聊天，明兒我跟皇上申請，咱弄個幌子，這兒改酒肆吧！」

「哈哈哈……」朱儁一笑，小鬍子翹得老高，「許久未見，您還是這麼詼諧呀！」

「自己哄自己開心唄！」馬日磾苦笑一陣，「年頭是改嘍！如今莫說上疏言事，連皇上的面都難見，整天弄一幫宦官應付差事。說實話，我也算不得什麼耿直之臣，我們馬家又不是清流出身，外戚侯門子孫嘛，總想著凡事過得去就行，可是眼下有些事兒實在是過不去啦！我一輩子老老實實沒說過牢騷話，可眼見這朝裡朝外……唉！孔子道六十歲耳順，可我怎麼就事事都看不慣聽不慣呢？」

「老爺子，為社稷操了半輩子心，如今您得保重身體。」朱儁握了握他的手，似乎示意他不要言多語失。

「保重……我保重幹什麼呀？」馬日磾顯得很悲觀。

「修您的史書呀，反正我也是一介書吏出身，乾脆我給您打雜！」

「休要拿我取笑，我怎麼敢用你這國家功將？」

「沒關係，反正閒著也是閒著。」朱儁倒滿不在乎。

「來不來的，有你這句話我就領情了，你京裡朋友也不少，這幾天好好串串吧！其實有幾個年輕人幫忙就夠了。」馬日磾說著一抬頭，正瞧見曹操站在門口看畫像，忙招呼道，「孟德，你小子過來！」

曹操知道馬公好詼諧，忙笑呵呵跑過來跪倒見禮。

馬日磾笑道：「公偉！這小子是曹巨高之子，頗有些見識。」

「難怪難怪！」朱儁見是剛才取笑自己之人，意味深長地笑了。

「你可不知道，他出任議郎乃是橋玄舉薦。這小子還精通《詩經》、注過孫武子十三篇，後生可畏呀！」

殊不知曹操方才與朱儁有一番爭辯，馬日磾越誇他，他越覺得害臊，平日裡最為得意的兵法之學，這會兒卻成了莫大的恥辱，忙憨笑道：「馬公，您過譽了。小可不過是記問之學……」

「你小子今天交了好運。我老人家親自替你引薦，這位就是平滅交州叛亂的朱儁朱大人！」

曹操慌張道：「方才晚生不知是朱大人，多有得罪。」

「這是哪兒的話？討論戰事見仁見智嘛！好好幹，你既然通曉兵法，將來要是有戰事，給我當個副手，咱們一同出去領兵放馬殺敵建功如何呀？」

「蒙大人提攜。」

「哈哈……馬公，咱們再會再會！」朱儁又拱了拱手，捏著七根朝上八根朝下的老鼠鬍子，笑呵呵地離了東觀。

「孟德，他怎麼這樣講？你小子跟他討論什麼了？」馬日磾很好奇。可是曹操卻根本沒注意到老人家的問話，他眼睛還直勾勾地望著遠去的朱儁，他就是想不明白：像這麼一個矮小猥瑣、舉止隨便的人，是如何威震三軍建立功名的呢？

國舅何進

曹操畢竟年輕，不能定下心神來做學問。東觀校書的事越幫越覺得沒意思，半個月下來，抱著竹簡怎麼也看不下去了。

馬日磾瞅他心不在焉，晃悠著手杖玩笑道：「小子！實在沒心思就出去玩，我年輕那會兒可會鑽沙（隱而不見）啦！曹巨高何等伶俐的人物，橋公祖年輕時也精神十足呀，怎麼就栽培出你這等悶葫蘆來了？去去去！該幹什麼幹什麼去，我這老眼老手的一天寫不出一卷，用得著你天天來校書嗎？就好像明兒我就要嚥氣似的！惹惱了我，老子拿拐杖打你屁股蛋子！快滾快滾！」就這樣，他生生叫馬日磾攆了出來。

溜達著正合計去哪裡好，可巧迎面鮑信帶著鮑韜、鮑忠來了，左拉右拽邀他去行獵，硬拉著他出了城。到了郊外，馬跑得倒是盡興，就是伸不上手，人家鮑家哥仨是常年的把式沒間斷過，曹孟德那二五眼的本事不夠給他們牽馬墜鐙的，追來逐去滿頭大汗還空著手。

「諾，這點兒東西你拿回去做個野味，也別白來一趟。」鮑信攥著兩隻野兔遞給他。

「得了吧！鮑老二，你別寒磣我了！你們繼續，我先走了。」曹操啐了他一口，便不管不顧地先行離開了。

「文不成武不就，就是這等命！」曹操一路不住歎息。待他滿身大汗回府，又見家門口停著輛官員的馬車。這倒不算什麼新鮮事，曹嵩自從曹節死後，又與趙忠一拍即合，幾乎每天都有客人，左不過是侍中樊陵、許相、賈護那等四處鑽營的人物，曹操也早就習慣了，父子之間有約定，這樣的客人他一概不見。

曹操也沒打招呼，筋疲力盡回到自己房裡，由著僕人秦宜祿伺候他脫袍更衣。梳洗已畢，兀自坐在一邊生悶氣：「都怪鮑老二！大熱天弄了一身汗……宜祿呀，快去給我弄碗涼水喝。」

「諾。」秦宜祿諂笑道：「我瞧最近您老心裡不順呀？」

「少耍貧嘴，我老了嗎？」

「不老不老……」秦宜祿一晃悠腦袋，嘻嘻笑道：「您到老的時候準是個大官兒！」

「少奉承，弄水去。」曹操沒好氣。

「莫怪小的奉承，您就是當大官兒的命。別的且不論，衝著我您也得高升。」

「嚯，衝著你？連媳婦都沒有的主兒？」

「這您就不懂了，」秦宜祿齜著牙樂道：「我聽老爺講過，光武爺以前，丞相的蒼頭（家奴）通稱就叫『宜祿』，丞相爺要是有事吩咐，開口先喊『宜祿啊』。您琢磨著，如今您有什麼吩咐先喊我名字，衝我您也得混個丞相嘛！」

「這倒是有據可查，可惜是老年間的故事了。光武爺廢丞相而立三公，現如今哪兒還有丞相這個官呀？」這倒把曹操哄樂了。

「咱不抬槓，可沒準兒您將來功勞大，自己封自己個丞相呢？」

「嗯，我自己封自己……我那不反了嗎？」曹操抬腿給了他一腳，「你哪兒這麼多廢話，快去端水！」

「不是……小的有下情回稟。」

「叫你幹點活兒怎麼這麼難呢！我這還沒當丞相呢就支使不動你了。有話快說有屁快放！」

「諾，我這就放。剛才老爺吩咐了，說今天來的是貴客，讓您一回來就去客堂見客。」

「哎呀，有事兒你不早言語！」曹操趕忙起身披衣衫，「打盆淨面水還磨蹭半天不著急呢！三十多歲的人了越學越回去，有事兒全叫你耽誤了。」

「小的這也是為您好呀，老爺那邊嚴，您要是不梳洗好了，老爺要怪罪的。我吃罪不起呀！」

「放屁！怪罪我還怪罪得到你頭上嗎？你是誰的僕役？吃老爺的糧還是吃我的糧？別以為當年幫著我爹鑽營過曹節就了不起了！」曹操冒出一陣邪火，「跪下自己掌嘴！」

「諾……」秦宜祿哼哼唧唧跪下，愁眉苦臉地掌嘴，卻不肯用力氣，兩隻手在臉上乾摩挲。曹操見他這副模樣，「噗哧」一聲笑，道：「你別找挨罵啦！滾滾滾！愛幹什麼幹什麼去吧！」說著趄出屋子就奔客堂，走了兩步覺得不對，回頭嚷道：「父親說過，他的客人我可以不見。今天是誰來了非叫我過去?」

「說是國舅來了。」

「國舅?哪個國舅?」當今何皇后有兩個兄弟,一個是親哥哥何進,另一個則是同母異父的兄弟何苗。

「大國舅,將作大匠何遂高。」

「何進?他到咱家幹什麼?」曹操也不敢怠慢了,邊思索邊往客堂走,但還是晚了,只見曹嵩笑嘻嘻地正送一位官員從堂屋出來。

曹操猛一眼瞅見:何進身高足有九尺掛零,生得膀闊肩寬肚大腰圓,頭戴鑲碧玉的硬介幘,身著絳紫色繡黑邊的開襟深服,沒有披袍,內襯白緞衫襦,腰間青綬囊革鼓鼓脹脹,二尺二的大寬袖露著黑黪黪捲著汗毛的大粗手腕,下穿肥大的皂色直裾中衣,足蹬加寬加大的厚底鍛帶錦履。面上觀:一張淺褐色寬額大面,鼓臉膛,肥頭大耳濃眉毛,卻是小瞇縫眼,偌大的蒜頭鼻子占了小半張臉,鼻頭油汪汪亮鋥鋥泛著光,下面一張厚唇大口樂呵呵,露出雪白的大門牙,一嘴的牙倒是蠻齊整,可一副髯鬚卻七楞八叉黃焦焦散滿胸膛。

打老遠這麼一瞧,何進高人一頭、乍人一背、肥人一圈,大身段大臉龐兒,大胸脯大肚囊兒,大鼻子大髯茬兒,大手大腳大屁股蛋兒!

「這位國舅可夠瞧的……穿得再講究也還是屠戶的架勢。」曹操自言自語沒嘀咕完,就見何進搶先迎了過來。他個子高,大步流星,慌得曹嵩在後面小跑,介紹道:「此乃老夫不才之子曹操……還不快過來給國舅爺見禮。」按說何進身居列卿又是當朝國舅,受散秩郎官一拜是理所應當的。但這人憨厚隨便,也不曉得太多禮數,兩步迎過來與曹操生生作了個對揖。這下可出笑話了!兩人離得也就二尺遠，何進高曹操矮，何進一直身子曹操方低頭，腰裡裝印的囊革硬邦邦正磕在曹操面門上；磕得曹操眼前金花四迸，疼得捂著腦袋，當時就蹲下了。鬧得曹嵩臉跟大紅布似的，也不好嗔怪人家國舅，只能指著自己兒子發作：「你、你……你怎麼這樣孟浪！不像話！起來起來！」

何進倒不好意思了，連忙攙扶道：「怨我怨我！磕疼了吧？我給你吹吹……不要緊吧，大兄弟。」

哪兒就出了「大兄弟」了？國舅之尊怎麼可以隨便開口呢？這何進根本不曉得官場上那一套，他嗓音厚重還帶著很濃的南陽口音，越著急越說話，越說話就越沒身分了。曹操忙道不妨，忍著不敢笑，還得客套：「國舅您事務繁忙，今日能來我府，我父子頗感榮光。」

「你真抬舉我！」何進齜牙咧嘴笑了，「我這個將作大匠不過是塊糠包菜，沒用的閒人一個，張讓、趙忠他們怎麼吩咐，我就怎麼幹。」他倒是好意思實話實說。原本曹嵩還想再談論些朝廷大事，經這麼一鬧也沒那心情了。父子二人把何進送出府門連連作揖，直等他上了馬車行出去老遠才回轉書房。

「你沒磕壞吧？」

「不礙事。」話雖這樣講，可曹操看爹還有重影呢！

「這個何進呀……哎！」曹嵩歎了口氣，「憨傻心直不通禮數，當屠夫合適，可根本不是個做官的材料，比起他那個兄弟何苗差遠了。」

「哈哈哈……」曹操這會兒才笑出聲來，「不過傻人有傻福，說不好他憑著這股憨勁還有一步好運。」

「哦？你這是什麼意思？」

「我朝自中興以來，少的就是這樣憨厚的外戚，要是都像他這般單純，哪兒還有什麼外戚干政？再說了，黨人要是推這樣一個好掌控的人對付宦官，不是正合適嘛？」曹操意味深長地瞅了一眼父親。

這句話彷彿一個響雷正劈到曹嵩頭上，他搖搖頭，頗為讚賞地看著兒子：「你還真是出息啦！我以為你來晚了錯過了好戲，哪知道你小子越發長進，不用聽不用看，一句話就點題了。」

「這有什麼難揣摩的，他還能閒著沒事串門子？王美人的事，洛陽城裡都傳遍了，如今他們何家的日子也不好過呀！」說著話，父子二人進屋落坐。曹嵩擦擦汗緩了口氣，「方才我叫你過來，一是想借此機會引薦一下你，二是他跟我提了點兒事，想叫你來參詳參詳。」自從宋后被廢，曹嵩的三個本家兄弟曹熾、曹鼎、曹胤相繼亡故，如今他有什麼事情只有與兒子商議。

「嗯。父親您說。」

「確確實實就像你剛才提到的，何進是個直性子，一進門就問我當年竇武、陳蕃謀反，宦官王甫兵變之事。」

「您給他講了嗎？」

「講了。」

「怎麼講的，向著王甫還是向著竇武？」

「我還能怎麼說，好在他們都作古了，各打五十大板唄！這是當今皇上最忌諱提的事情，我也只能大體上說說事情經過，講講王甫當年的行徑，至於別人，多餘的一個字都沒敢提。」

「這樣也好。」曹操暗自冷笑，心道：「是不能提，當初您老自己就不端正，有什麼臉面指責別人？」

曹嵩見他無語，又道：「是疙瘩就有解開的一天，時隔這麼多年了，看來這事還是躲不過去，弄不好又得折騰出來。」

「不錯，這案子是早晚得折騰出來，但斷不應該是何家折騰出來。」曹操摸了摸怎麼都留不長的鬍鬚，「何進他本人是什麼口風？」

「呃，這不好講。這個人說話支支吾吾的，一會兒講什麼不瞭解過去的事，想為朝廷做點兒實事，不能枉吃了俸祿的，一會兒又說什麼皇上有皇上的難處，什麼張讓對他不錯之類的。反正都是大白話，顛來倒去囉唆得很！看來是想出頭為黨人翻案又不敢做，話裡話外簡直自相矛盾。」

「矛盾就對啦！」曹操點點頭，「他何家現在就是矛盾。王美人被害的事兒是明擺著的，皇上心裡恨著皇后呢！何進出身低微又沒本事，怕皇上發作他就得拉攏士人往自己臉上貼金，可想拉攏士人就得出頭為黨錮翻案，而為黨錮翻案就等於得罪張讓那幫宦官，宦官進讒言反過來又是要觸怒皇上。所以進也不是，退也不是，他又懦弱無能，這不就是自相矛盾嗎？」

幾句話聲音不大卻有醍醐灌頂之效，曹嵩贊同地點點頭，「那你說說咱們該怎麼辦？」

「這事兒全礙不著咱們。何進來，咱們遠接高迎，說點兒不疼不癢的話，他不來咱更省心。說句不好聽的，這是皇上家的私事，外人插手不得，招災惹禍呀！」

「是啊！不過你說這個憨傻人，怎麼會突然萌生替黨人翻案的念頭呢？」

「依兒子看，何進沒這腦子，八成這是背後有人出主意。」曹操說到這兒，不由自主地想起那位來無影去無蹤的何顒，大國舅這種態度會不會與他有關呢？

曹嵩嚇了一跳：「那你小子說說，何進能不能為竇武翻案呢？這可跟咱們家利害相干呢！」

「一定不會的。」曹操見父親一臉緊張，忍不住想笑。

「你怎麼知道？你能斷定？」

「那是當然。」曹操親自倒了一碗水端給父親，「這麼一個猶豫的人怎麼做得了如此大事？再說何家本屠戶出身，當年是靠張讓發跡的，要他回馬一槍哪裡容易？莫說道理，感情上就講不通。張讓抱著皇上大腿，皇上壓著何后，咱們這位國舅我看也未必當得了他妹子的家。您別忘了，那邊還有一位作威作福的異父兄弟何苗呢！那何苗本是何老娘改嫁朱家的兒子，原本叫朱苗，為了攀這門親戚四處託人情，連姓都改了，何進能不提防他嗎？弄不好，一身富貴都給別人做了嫁衣。您算算，何進他裡裡外外有多少羈絆，哪一處搞不好就出亂子，可他自己又沒點兒快刀斬亂麻的氣魄，只怕將來何家這份罪，受得也不比當初的宋后一家輕。說句不好聽的話，只要當今萬歲活著，他們就得忍著。」

曹嵩喝著兒子遞過來的水，聽著他這番高談闊論，心裡一陣陣欣慰。原先他並不看好曹操，只因為幼子曹德讀書成癖不通實務，才不得不讓他出仕為官繼承家業。沒想到經過這些年歷練，曹操不但得橋玄厚愛以明經正道升遷，而且還頗有城府，推斷事情的眼光遠遠高過混了半輩子官場的自己。有這樣一個出息的兒子，他還有什麼後顧之憂呢？

曹嵩淡淡一笑：「你說得對，何進的事情咱們大可不必干涉。另外還有一宗事，我想了很久了。」曹操見父親突然臉色發紅，似乎此事有些難以啟齒，忙道：「父親有什麼為難之事嗎？」

曹嵩捋了捋花白的鬍鬚，坦然道：「為父身躋列卿已有十餘載，按理說離著三公之位不過咫尺之遙，但是這半步就是邁不上去。似段熲、許馘都比為父資歷淺，他們都擔任過三公了。所以我想……」

「您想怎樣？」

「現在皇上准許西園賣官，宦官司稱童叟無欺，據說買一個列卿五百萬，三公是一千萬錢。你爺爺留下的家財豪富，千萬開銷算不得什麼，我想買個司空當當。」

這個話可把曹操噎住了。他實在是拿父親沒有辦法，雖說經歷了不少大風大浪，可是他鑽營炫耀的品行就是改不了。老人這大半輩子依附宦官，從王甫到曹節，又從曹節到張讓、趙忠，一路抱著粗腿，已經夠叫人鄙視的了，還要花錢買三公作威作福，實在是寡廉少恥。但當兒子的又能說爹什麼呢？皇上也真是荒唐，太尉、司徒、司空這三公不僅是文武之首，更應該是百官道德的典範，如此重要的職位怎麼能用錢衡量呢？曹操眼珠一轉，笑道：「父親想要光耀門楣的心情，兒子能理解。不過得之容易失之也易，只怕花錢買來的官當不長遠。今天皇上收了您的錢讓您當司空了，明兒錢花完了就得將您罷免，他好給後面花錢的人騰出地方呀！」

從錢的角度說話，曹嵩就能聽進去了：「道理是不假，不過為公又何必計較時間長短，就算當上一天，別人就得高看一眼，你在外面走動臉上也光鮮呀！」

光鮮什麼呀？只怕遭的白眼更多呢！不過這樣的話不能對父親說，曹操又搪塞道：「我看此事不忙。何家的榮辱還尚未可知，三公的位子太顯眼，您要是當上了，何進等人必然要拉攏您。用您老的話說，萬一上錯了船將來也是麻煩。您忘了宋氏連累咱家多苦了？咱可不能再受二回罪了。」他這樣一講，曹嵩便無可反駁了，極不甘心地搖搖頭：「唉！好吧，此事以後再說。不過那何家當真沒有出路，只有步宋氏的後塵了嗎？說句不好聽的，當今皇上鼎盛春秋，真的等他龍歸大海，何進才有出頭的希望嗎？」

「也不盡然，除非……」

「除非什麼？」

「天下大亂！」曹操雙目炯炯，「只有天下亂了，皇上才會再次使用外戚之人。」曹嵩一愣，隨即仰面大笑：「哈哈哈……你小子胡說些什麼呀！太平時節皇綱一統，天下怎麼可能說亂就亂呢？」

曹操沒有回答，畢竟父親十多年沒離開過洛陽，而且一門心思用在升官上，哪裡會曉得民生疾苦？如今災害遍野、民懷激憤，太平道的勢力又日益強大。可皇帝昏庸，宦豎橫行，官吏貪婪，後宮紛亂，他們都絲毫沒有覺醒之意。俗話說樂極生悲，塌天大禍只怕已近在眼前了！

第三章

黃巾之亂拉開序幕

驕奢淫逸

明明已是山雨欲來風滿樓，皇帝劉宏卻渾然不知。在王美人死後，他恣意享樂的勢頭越發加劇。可能是因為心裡悲痛無所排遣，他把所有的精力都放在縱情聲色上了。

他命令宦官宮女在御園中開設集市，一切仿照他當侯爺時河間舊宅旁那個集市，將宮廷珍寶擺攤販賣。他自己則扮作商人，與宮女們討價還價，甚至還鼓動她們相互偷竊「貨物」，看她們吵嘴廝打。此外劉宏還設立了驥廄，歸宦官掌管，專門搜刮民間的好馬，惹得鑽營之徒如烏雲畢至，靠獻馬躋身官場的人數不勝數，致使民間一匹好馬竟賣到一二百萬錢。

有這麼多的好馬，劉宏卻不用，偏要駕驢。逼得太僕和驥丞沒辦法，特意給他設計了一輛四匹驢拉的御輦。劉宏倒不嫌麻煩，親自操持轡頭，架著這輛怪車在西園遊玩，加之他喜歡穿胡服，真好像是自集市上進了貨的西州商人一般。後來在西園裡鬧夠了，他乾脆把車趕到洛陽大街上去了！就這樣，老百姓三天兩頭可以看見皇帝像個瘋子般架著驢車馳過，兩旁則是無數羽林軍和宦官一路奔跑，滿頭大汗跟著護駕。

上之所好，下必趨之。皇帝這樣玩，洛陽城官員乃至富商子弟見了，覺得格外新鮮。於是三匹驢的、兩匹驢的、一匹驢的，各種樣式的驢車紛紛出爐，駕驢車出城遊玩，成了洛陽紈綺子弟們最流行的活動。他們一舉一動競相奢華，都學著皇上的模樣來。

最先對這些事情看不下去的是老臣楊賜。楊家是經學世家，與汝南袁氏並稱，從楊賜祖父楊震那一輩起就是心如鐵石的直臣，官拜太尉。他父親楊秉也是披肝瀝膽，懲治貪官，同樣做到太尉。

如今楊賜已經年過七旬，官拜司徒，三世三公剛烈敢言不遜於先人。他上疏劉宏，要求皇上停止這些駭人聽聞的行徑，抑制奢靡之風。可劉宏對此置若罔聞，反而變本加厲。此後老太尉劉寬也看不過眼了，以帝師的身分提意見，結果卻被尋了個藉口罷去太尉之職，氣得老頭天天喝悶酒。罷免劉寬後，劉宏出人意料提拔諂媚宦官的衛尉許馘任太尉。他一切的荒唐活動，再沒人可以干問監督了。

就在這個時候，一個喜訊傳到京師。鮮卑首領檀石槐在一次掠奪邊廷的行動中被漢軍擊傷，回去後不治身亡，檀石槐的兒子和連接任首領。和連生性貪婪殘暴，其荒唐程度不亞於劉宏，致使鮮卑爆發內亂，禍起蕭牆攻殺不止，再沒工夫騷擾大漢疆土了。原先征討失敗，搞得損兵折將，現在不費吹灰之力，鮮卑的威脅竟無形化解。

劉宏以為是上天庇護，於是就有人投其所好，跑到皇宮獻上一種罕見的芝英草，硬說是祥瑞。祥瑞一出就要普天同慶，阿諛之臣舞文弄墨，皇宮裡鼓樂喧天，劉宏真以為是太平盛世呢！他天天享樂不見外臣，便把功勞都算在宦官頭上，於是打破中常侍名額四個的定例，要將身邊十三個宦官都加封為中常侍，人人皆拿二千石的俸祿。這些人中只有呂強深知廉恥固辭不受，剩下十二人：張讓、趙忠、夏惲、郭勝、孫璋、畢嵐、栗嵩、段珪、高望、張恭、韓悝、宋典盡皆受職，後來又晉為列侯。忠良之士無不唾罵，取十二之大數，喚他們為「十常侍」。

十常侍依仗皇上的寵信，大起私邸，提拔親信。朝臣紛紛上書彈劾，劉宏竟然對大臣們說：「寡人自幼入宮無所依仗，張讓就像我父親，趙忠好似我母，他們貪點兒算得了什麼？」堂堂天子說出這樣的話，那宦官還有什麼顧忌？十常侍愈加猖獗大肆斂財，收受賄賂賣官鬻爵。府署第館，棋列於都鄙；子弟支附，過半於州國。南金、和寶、綢緞、糧穀之積，盈滿倉儲；嬙媛、侍兒、歌童、舞女之玩，充備綺室。狗馬飾雕紋，土木披錦繡。塗炭黎民，競恣奢欲，構害忠良，樹立私黨，幾乎把郡縣以下官員賣了個遍。那些花錢做官的人，為了撈本就壓榨百姓，私自提高捐稅。

就是在這種形勢的逼迫下，更多的百姓加入了太平道，跟著大賢良師張角周遊天下四處傳教。楊賜再次上疏，要求徹查張角，將流民歸別籍貫遣送還鄉，奏章竟寢中不報，反把老楊賜轉任諫議大夫。

此時的東觀，幾乎成了養老院。所有被擠對的老臣都湊到了這裡，跟楊賜、馬日磾議論政務。這也苦了曹操、陳溫幾位小輩，原先是充《漢紀》修編，現在又成了雜役，整天伺候著這幫老爺子。

這一日，大家正在東觀裡議論紛紛，又有侍御史劉陶與尚書楊瓚愁眉苦臉地走了進來。

楊賜見面就問：「劉子奇，怎麼樣？說動萬歲了嗎？」

「還用問，瞧樣子就知道又是對牛彈琴。」司徒陳耽一看便知。

曹操忙給劉陶尋了坐榻，他坐下歎了口氣：「我和奉車都尉樂松、議郎袁貢一同見駕，希望能說動皇上禁絕太平道。誰料……」

「怎麼了？」

「皇上正在御園飲酒，還逗狗為樂，沒說兩句話就把我們轟出來了。臨走時還說太平道的事情不急，調我入東觀修編《春秋》條例。」劉陶耷拉著腦袋，歎息不已，「修書算是什麼要緊事，難道比禁絕太平道還急？」

老陳耽拍拍他肩膀：「你還不明白嗎？萬歲這是嫌你煩了，隨便給你個耗精力的差事，叫你沒工夫找他廢話。唉，不但不納忠言，還不叫咱說話呀！」

「他是看不上咱們這些老頭子了，」劉寬最愛酒，今天是帶著醉意來的，「我身為帝師，怎麼把當今萬歲教成這樣了呢？我告訴他要好好治國，他怎麼就不聽呢？我都這把年紀了，將來埋到地下，可怎麼面見光武爺啊！」說著說著就要哭。

「不是你的錯。」馬日磾也插了話，「都是那幫宦官宵小挑唆的，聽說萬歲還要修繕河間舊宅。皇上哪有修外宅的，似這等主意還不是十常侍想出來撈錢的？」

「莫要提十常侍，提起來氣炸肝肺。」劉陶氣憤道：「剛才他們又在向皇上推舉官僚，鴻都門的馮碩、台崇，那都是些諂媚宵小。」

「若不是因為黨禁，何至於鬧到今天這種地步。現在哪還有德才之士願意主動出來做官的？都視朝廷官府為汙穢之地。前些天萬歲還下詔徵召河內人向栩。那向栩是個江湖騙子，整天修道像個瘋子，真不知什麼地方被萬歲看上了。」馬日磾回首指了指曹操、陳溫，「你看這些年輕人，論才幹有才幹，論德行有德行，非要把他們置於閒職！要是放出去任個郡守，要比那些買官的人強多少啊！」

曹操看著這幫老臣一把年紀了還吵吵嚷嚷義憤填膺，真是又可笑又可悲。可笑的是，恐怕他們摘了帽子，這幫人算在一起也沒有十根黑頭髮了。可悲的是，難道大漢的忠臣就剩這幾個老頭了嗎？

就在這些人議論紛紛的時候，突然聽到一陣怪異的聲音——「汪汪汪！汪汪汪！」——是狗叫！東觀乃皇家學術之地，怎麼會有狗跑進來呢？大家都很好奇，這些老臣紛紛拄杖而起，扒著窗戶往外看。不看則已，一看氣得直哆嗦。

原來從御園跑來一條皇上養的狗。那條狗黃毛大耳，與民間的看家犬無異，可與眾不同的是，皇上給狗腦袋上套著官員的進賢冠，身上纏著紫色白紋的綬帶，那是三公才能穿戴的服色！

這裡楊賜、馬日磾、劉寬、陳耽、劉陶五位老臣都曾位列公台，看到這樣的情形怎能不氣憤？那狗依舊衝著大門汪汪叫，不一會兒小黃門蹇碩慌裡慌張追了過來。他一把抱過狗，瞧老臣們都扒著窗戶看，連忙跪倒施禮：「小的給各位明公問安了。皇上御園裡的狗竄出來了，各位大人切莫見怪，我這就把牠抱回去。」蹇碩說罷扭頭要走，突然看見尚書楊瓚也在窗口，便道，「楊尚書也在啊！那奴才就省事了。皇上剛剛傳命大赦天下，梁鵠尚書到張讓府裡寫匾去了，這事兒您代辦吧！還是老規矩，犯罪人可以放，唯黨錮者一概不赦。」說完他抱著狗走了。

楊賜年齡最大，見此情景氣得捂著胸口坐在地上：「皇上眼裡，咱們竟跟狗一樣！黨人一概不赦，真是昏聵！」

「嗚嗚……」劉寬實在忍不住，哭了出來，「光武爺！您睜眼看看啊……這樣下去，咱們大漢要亡國了……」

還是馬日磾老而油滑，拄著拐看了一眼曹操、陳溫道：「亡不亡國的，我這把年紀也是趕不上了，只是你們這些年輕的可慘了，受罪的日子還在後面呢！」曹操微微一笑：「依我說這條狗來得好。」

「嗯？」幾個老臣紛紛投來憤怒的眼光。

曹操連忙解釋：「諸位老大人，晚生沒有惡意。我是說這件事咱們可以大做文章。」馬日磾拍拍身邊的坐榻，道：「就你小子鬼主意多，坐下來說說看。」

「列位公台面前，豈有小可我的……」

「叫你坐，你就坐，哪兒那麼多廢話呀！快點兒！」馬日磾用不容置疑的語氣道。曹操笑呵呵坐下，說道：「咱們皇上雖然……頑劣……」他用了這樣一個不好的詞，見眾人沒什麼意見，就繼續說，「但他酷愛經籍文章，若不是如此，他為什麼還叫蔡邕校訂六經呢？他為什麼還設立鴻都門學呢？」劉寬漸漸止住了哭聲，「是啊，他只有在講經的時候才對我有好態度。」

「所以嘛，咱們投其所好，」曹操接著道：「煩勞各位想想，有沒有關於狗的讖緯啊經籍啊什麼的，最好是壞話的。」

劉寬是滿腹經綸，即便喝了酒也不耽誤，搖頭晃腦道：「京氏《易》有云：『君不正，臣欲篡，厥妖狗冠出』。」

「這就對了嘛！咱就引用這句話給他大做文章！」

陳耽眼睛一亮：「我跟你一塊兒上這個奏章，別的不管，先打打許馘那個恬不知恥的老奴才，叫他取媚宦官，我告他個素餐尸位！」

果然，曹操與陳耽以「狗戴冠戴」為題目大做文章，最後竟扯到寵臣結黨營私、許馘素餐尸位上去了！說來也怪，正正經經講道理劉宏不聽，這份旁徵博引牽強附會的東西遞上去，劉宏卻連連點頭。竟然把這份奏摺下示三府，在朝會上把許馘這個取媚宦官的太尉罵了個狗血淋頭，即刻罷免其職。

曹孟德托了陳耽的名氣，一時間也威名赫赫。不過這僅僅是曇花一現，沒過多久，劉宏依舊我行我素，早把那篇示警的奏章扔到一邊去了。曹操依舊還是那個默默無聞的普通議郎。怎麼樣才能升官呢？他開始動心思了。

初露疏遠

曹操抬頭看著袁逢家高大的府門，公侯世家果然是氣派呀！他心中透著激動——袁紹為母守孝終於回來了。

到袁府已經不是一次兩次了，可是每次來所見都不甚相同。此番袁家又重新改造了門庭，一色的上好松木為料，雕梁畫棟，地下鋪的都是漢白玉的石階，越發顯得奢華典雅。仔細瞅瞅，連二等守門家丁穿的玄布袍子都是緞子做的，這等富貴在朝中無人可比。

平心而論，袁逢也算不得才幹超凡之輩。但是他精通易學，又依仗父祖之名，出仕頗早，在官場中混了幾十年，平平穩穩，所以資格老，甚得文武百官乃至皇上的尊敬。特別是陳蕃被害、胡廣過世、橋玄告老，朱砂不足紅土為貴，袁逢就更顯得老成持重了。與他相比，楊賜耿直剛烈為皇帝厭煩，劉寬儒雅高尚卻過於謙恭，陳耽精明強悍卻孤僻離群，馬日磾學識淵博卻是外戚家世，這些老臣都不如袁逢中庸和順得皇上信任。所以他被劉宏敬為三老，每年都有許多的御用珍寶賞賜。

曹操得知袁紹返京，特意在馬日磾跟前告了假，往袁家看望，遞了名刺，引進府門，他想起當年為救何顒翻牆闖府的舊事，不禁莞爾。

過去常常走動，也用不著有人通稟了，當輕輕步入袁紹書房時，袁紹和客人正聊得盡興。曹操一愣，原來是許攸和崔鈞，意外之餘頗有些不痛快。許攸當初離橋玄而去，走的時候連招呼都不打一聲，當年同在一處盤桓，他回京竟不來見我；崔鈞就更不對了，他父崔烈與我父甚睦，好歹稱得起是世交了，據說他調任回京，不來約會我也罷，為什麼連我父都不去探望？

「孟德，你來了！」崔鈞第一個站起來。

「阿瞞兄！」許攸依舊一開口就是曹操的小名，「多年未會，一向可好啊？」

「好，好。」曹操點點頭，「聽說本初兄回京，打算來看看，改日作東小酌，沒想到你們也回京了，大家一起吧！」

崔鈞、許攸自知少禮，皆有些尷尬，只拱手道：「我們也是剛剛回來，原說改日拜望，失禮了失禮了。」

「哈哈哈……」袁紹笑了笑，站起身來，「孟德，三載未見想煞愚兄呀！」他雖然除了孝，但身上的衣裝仍舊還樸素，鬚髮已經精緻地修飾過了，越發顯現出白皙端正的面龐。

這是多麼令人羨慕的容貌呀！曹操心中暗想。二人對揖已畢，曹操迫不及待一把抓住袁紹的手，淚水在眼眶裡噙著：「本初，這三年多我曹家險些天翻地覆，早就想和兄長訴一訴愁苦了。」

「坐下說！坐下說！」三人見他動了真情，拿坐榻的拿坐榻，端水的端水。自曹操得罪寵臣，調任頓丘令，所見以往的故友甚少，他早就憋著一肚子的話傾訴。便把自己冬日出京、黃河遇險、在任抗詔、桑園葬賢等一干苦處都倒了出來，待說到滿門罷官兩位叔父遇難時，淚水實在是忍不住了，竟奪眶而出。

三人無不歎息，許攸道：「真想不到，短短三載，孟德竟遭遇如此多的磨難。」曹操擦擦眼淚，「哎！多虧了橋公老人家相助，我才能得返為官。子遠，橋公身體可好？」

許攸臉一紅。他自當年不辭而別，再沒有見過師傅橋玄，每天忙著四處遊走鑽營，甚至都沒想起給老人家寫封信。曹操這一問，實在是有些掛不住臉。曹操一看就明白了，只歎息一聲，沒好意思再多問。

袁紹拍拍他的手：「不要難過，事情都過去了。多經歷些磨難未必是壞事，反倒是愚兄守孝在家，如今成了井底之蛙，我不如你呀！」

曹操有點兒心冷，原以為袁紹能推心置腹說幾句安慰的話，誰知他竟這樣一語帶過。雖然他臉上帶著笑，可分明是揶揄搪塞，對這些事情根本漠不關心。

「聽說何進去過你府上了？」袁紹現在關心這件事。

「嗯，數月前去過幾趟，拜會我父親，這些天又不來了。」

「他去的時候你遇沒遇上？」

「見過一次，沒說幾句話。」

「孟德，這就是你的不是了。」

「哦？」

「何進到你府中，不是為了拜會你父親，而是為了見你呀！」

「有這回事？」曹操不信。

袁紹沒說話，崔鈞卻接過話頭來：「看來這個何遂高是一點兒主心骨都沒有，不光是孟德那裡，我爹那裡也去了。據說還去拜訪劉寬、陳耽、孔融、王允、劉陶，各府他都訪遍了。」

曹操一聽就明白了，這些人雖然年分長幼、官職參差，但有一點與自己一樣，都是主張限制宦官、為黨人解禁的。他這才想明白，原來何進去自家不過是打著拜訪父親的幌子來尋自己，想必為黨人奔走之事決心已定。

袁紹無可奈何地搖搖頭：「咱這個半憨不傻的大國舅，手裡握著個『黨』字滿洛陽轉。做點兒事情這麼猶豫，真是麻煩。」曹操聽出點兒子丑寅卯來了：早懷疑有人攛掇何進，原來幕後之人竟是袁紹。曹操笑著試探道：「我看是你們愚鈍，翻案這樣的大事豈是他那種人做得來的？何進不行，還有何苗，這個人倒也精明，你找他出頭啊！」

袁紹冷笑一聲：「他是精明，不過太精明了。黨錮一功若成，就是普天下才俊之士的救命星。何苗本和皇后拉不上什麼關係，一個市井無賴能鑽營到如今這步田地豈是等閒之輩？你想想，就算他不是什麼國舅的身分，這個人的精明也出類拔萃了。何苗要是真做成了這件大事，立時身價百倍，還不被人捧上天？到時候一人之下萬萬人之上，豈不是又要重蹈竇、鄧、閻、梁外戚專事的覆轍？」真是言多語失，袁紹不知不覺已經承認是自己的主意了。

曹操立刻收斂了笑容：「本初，你用心雖好，但是何氏身干皇家私事，與他聯手恐怕不妥。」

「孟德你太過謹慎，何進雖然無謀，但是辦事情還是很認真的，為人憨厚，也挺仗義，不會有什麼亂子的。」

許攸連忙眨著小眼睛表示贊同：「兩者相較取其輕。寧可挑動何進拚個魚死網破，也不能再放過機會。說到底還是當今萬歲不能振作心志，想起當年丁鴻上疏肅宗皇帝的話：『天不可以不剛，不剛則三光不明；王不可以不強，不強則宰牧縱橫。』真是至理名言。」

袁紹卻打斷了他：「子遠，你看得迂腐了。丁鴻那句話，可不適合對當今萬歲而言。」

「依你高見呢？」

「當今萬歲不是不剛，而是他的剛沒用在刀刃上。論起來，十二歲孤身入宮便經大變，族滅勃海王、殺宋氏，不動聲色剷除權閹王甫，又明詩文懂書畫通曉歷代典籍，什麼樣的事情他沒經過？

什麼樣的道理他能不明白？我朝歷代先君有幾個這等稟賦才氣的？」

許攸、崔鈞面面相覷，但不得不承認這些都是實事。

曹操接過話頭：「可是他的心思全在粉飾太平上面，又是大造宮殿，又是遠征鮮卑，就不想想這樣勞民傷財的後果。他又聽不進良言，不要大臣的勸諫，他只要許馘、梁鵠那等唯命是從不多說話的人。他雖然聰明卻一意孤行，把治天下看得太簡單了……」

「那是如今在職的官員太過縱容皇上了！」袁紹不疼不癢道。

這話曹操聽著扎心！現在是什麼時節了？為官一任雖不能匡正社稷，但至少能造福百姓，似袁紹如今這樣只認準舊帳不聞民生疾苦，又有何益？他強自忍耐，又道：「世人多是笑臉奔波，但誰心中不愁苦？誰又真的只念自己沒有愛國之心呢？可是世風之下孰可奈何，做官的整天提心吊膽，為百姓的自顧活命尚難，誰又能不切實際豁出性命來為社稷登高一呼呢？況且曲高和寡，到頭來不會被承認，反倒被世俗權貴所譏笑。世情若秋氣，人性似穀草，秋氣擊殺穀草，穀草不任，凋傷而死。」但他這幾句發自肺腑的話，卻並沒有引起什麼共鳴。

崔鈞沉默了一會兒，又道：「事到如今，替黨人翻案看來也只是一句空話了。何進固然憨傻，也不能置一己安危於不顧。伯求兄帶來消息，大多數的黨人豪傑還是不敢奢望何家。看來兩頭的心都是冷的，熱的唯獨只是咱們這幾個人罷了。」

曹操冷不丁聽到「伯求兄」三個字，大為驚喜：「伯求兄進京了嗎？」崔鈞未及答覆，袁紹卻先開了口：「沒有！他現在還住在張邈那裡，是託子遠賢弟送來的口信。」

許攸一愣，趕緊點頭：「是啊是啊，我前些日子去汝南見到他了。」曹操的眼睛何等犀利，一看就明白他們故意瞞著自己，張邈又不住在汝南，他們仨連瞎話都沒有編順溜。

許攸也知倉皇間語失，趕緊轉移話題：「崔兄，你這次進京要任什麼官？」

「我要入光祿署，給皇上家護院了。」崔鈞不容曹操插嘴，又對袁紹道：「本初兄，你也謀個官做吧！」

袁紹搖搖頭道：「算了吧！前幾日陳耽要徵我為掾屬①，我恭恭敬敬給駁了。當初我和王儁閒談，他道遭逢汙穢之世不如退隱南山，我看他的話一點兒都不假。」

曹操越來越氣惱，大家這是怎麼了？竟然像防賊一樣防著我……再聽聽你說的話！你袁本初怎能與王子文相提並論呢！王儁是寒門子弟，千辛萬苦才落到橋玄門下；可你袁紹生來就帶著三公世家的光環，即便坐在家裡等，也能等來高官！身在福中不知福，這樣自比王儁實在是沒道理。況且你也道汙穢之世，先不提對我和崔鈞父親的不敬，豈不是把養育你的二位叔父也歸入汙穢之中了？

曹操想反駁兩句，再次忍住沒有發作，卻又聽袁紹接著道：「我最近在看王充的《論衡》，裡面說：『操行有常賢，仕宦無常遇。賢不賢，才也；遇不遇，時也。才高行潔，不可保以必尊貴；能薄操濁，不可保以必卑賤。或高才潔行，不遇退在下流；薄能濁操，遇在眾上。世各自有以取士，士亦各自得以進。』我不想學梁鵠他們，就安下心來修身養性吧！王充又云：『進在遇，退在不遇。處尊居顯，未必賢，遇也；位卑在下，未必愚，不遇也。故遇，或抱行，尊於桀之朝；不遇，或持潔節，卑於堯之廷。所以遇不遇非一也：或時賢而輔惡；或以大才從於小才；或俱大才，道有清濁；或無道德，而以技合；或無技能，而言色幸。』所以當今的朝廷官員只不過是……」

曹操實在沒有心思和他啃書，今天這場會面糟糕透了。趁著話沒有說僵，趕緊起身：「本初、

---

① 掾屬，佐治的官吏。漢代自三公至郡縣，都有掾屬。人員由主官自選，不由朝廷任命。魏晉以後，改由吏部任免。

元長二位兄長，子遠賢弟，我還有要事在身，就先告辭。」

「你忙什麼呀！」崔鈞拉了他一把，「你一定得留下來，一會兒咱們喝喝酒。」

「這本不該推辭。但是昨天家父吩咐我做些事情，而且東觀裡還有些公務，我還想找機會拜望一下朱儁呢！」

「朱儁？我剛才進府時好像看見他了，恐怕是來拜會袁公了吧！」許攸無意中提到。

曹操眼睛一亮，轉而掃盡陰霾，心中大喜：我與朱儁一面之緣，若是過府拜望必然唐突，若是能在這裡「巧遇」，豈不自然多了？

「留一留吧，一會兒說不定還有朋友來呢！」許攸還是執意留他。

「還是不打攪了，忙著呢！」

袁紹與崔鈞對視了一眼才道：「那好吧，既然是長輩有事吩咐，那我就不留了，改日有空一定過來。」

「自當如此。留步，留步。」曹操施禮出了門，也顧不得什麼禮儀端莊，連蹦帶跳往外跑。頃刻間來到二門上，點手喚過守門人：「朱儁朱大人可曾離開？」

守門的低頭道：「回您的話，他尚未離開。」

曹操眼珠一轉，順手從懷裡摸出兩吊錢，說道：「我躲在門後面，你替我望風，看見朱大人走過來，趕緊告訴我。」

那家丁看看錢：「我說這位爺，您要幹什麼呀？尋仇覓恨下黑手可別在我們府裡，小的擔待不起呀！」

「嗐！你想到哪兒去了？我就是想找機會見見朱大人。」說著曹操把錢塞到他手裡。清酒紅人面，財白動人心，那家丁見四下無人趕緊把錢揣到懷裡，也不管公府的規矩了：「您受受委屈，最好蹲在門後面，這外面藏不住。再說要是叫管家看見，小的有麻煩。」

「好好好。」曹操倒是肯聽他的，撩袍端帶往門後面一蹲，正藏在把門人身後面。那家丁時不時回頭瞅瞅他，繼而笑道：「小的眼拙，這才瞧出來，您是曹議郎吧？」

「哦！小子你認得我？」

「不認識誰也得認識您呀！當年您闖府，在大門口給過我一巴掌，打得我牙都鬆了。」

「哈哈哈……」曹操沒想到竟然是這小子，「上次手重了，一會兒我再多給你幾吊錢。」

「小的不敢，一會兒連這兩吊都還給您。」

「收著吧，權且當我陪禮了。」

那家丁倒也詼諧，忍著笑並不回頭，嘀嘀咕咕道：「大人您是使磚頭打架，真有出手的！上次是掄著巴掌往裡闖，這回是三公門後面蹲議郎，這都是什麼主意呀？」

「沒辦法，當官不自在，都是逼出來的。」曹操沒話找話跟他套近乎，「上回闖府的事兒可有年頭了，你年紀不大，當差時間卻不短呀！在這兒恐怕也風光不小吧？」

「那是自然。」這家丁一聽曹操奉承他，話多了起來，「我可是袁府的家生子，從六歲就在後面幫廚，七歲給本初少爺疊被，八歲給公路少爺牽馬，九歲給大太太端茶遞水，還給老爺倒過夜壺呢！我是先站大門，後站二門，就因為我記性好才升的，要不我怎麼能認出您來呢？不是小的自誇，別看我年紀不大，這府裡還沒有幾個僕人比我資歷老呢……」說著話，他閃開一條腿，「您看看那個抱著東西的蒼頭，別看歲數大，新來的，那都得聽我吩咐。」

曹操還真抬了一下頭，不看則已，一看便吃驚非小——那不是何顒嗎？不會有錯，那身姿那相貌……哎呀，伯求兄的頭髮一半多都白了呀！有心叫住相認，但是不能叫這看門的知道他身分。轉眼間，何顒抱著一個包裹穿二門而入，根本沒注意門後有人蹲著。

曹操一陣氣憤，明明伯求兄已經喬裝進京，就藏在府裡，袁紹他們為什麼要欺瞞自己。就算我是曹嵩之子，是宦豎遺醜，可我畢竟救過伯求兄，與他交心換命，這都不能博得你袁本初的信任嗎？看來在你們眼中，我還只是個宦豎遺醜！就是從那一刻起，曹操對袁紹的友誼出現了第一道裂痕。

「來啦！來啦！」那家丁低聲嘀咕道。

曹操大喜，站起身整理好冠戴衣服，咳嗽一聲，裝模作樣從門後面溜達出來，迎著朱儁：「哎呀！這不是朱大人嗎？晚生給您施禮了。」

朱儁見是曹操，喜孜孜翹起小鬍子：「這不是曹家小子嗎？你也來袁府走動？」

「是呀，真巧啊！又遇上您了。」

「這倒是。」

見朱儁背著手往外走，曹操就一旁隨著。他個子本就不高，朱儁比他還矮半頭，曹操得彎腰抬頭才顯得恭敬：「朱大人，那日多蒙您老的指教。」

「哦？」朱儁一愣，「我指教你什麼了？」

「您說胡廣老太傅英氣十足，我才明白過來。」曹操已經編好了一套說詞：「雖然他老人家有失耿介，但是梁冀之亂、王甫之惡，朝廷上下慌亂，若不是他老人家保持中庸代理國政，那偌大的朝廷不就沒人主事了嗎？」

「嗯，對。」

「其實為臣子者有時候是有些非議之舉，但都是迫於無奈；但凡能有利國家，何必計較其行為如何呢？」曹操故意把這句話說得響響亮亮。其實他自從那日遇到朱儁，一直在暗地裡打聽朱儁的履歷往事。得知朱儁其人有一短處，早年在會稽為從事，當時正是名將尹端為太守，逢許韶造反，尹端鎮壓不力被定罪論死。

其實那是朝廷調度之過，並非是老將軍之誤，朱儁為了救人，以重賄上下運動，買通宦官、督郵平息此事。人是救了，但因為手段不當甚受同僚非議，反成了他一生中最大的汙點。曹操就是利用這一點，在家編好了這席話，早暗自演練過多少次，表面上是說胡廣，實際上是要投其所好拍馬屁。

朱儁聽罷果然大喜，捋著七根朝上八根朝下的小鬍子：「對對對！你小子有見識，這話說到我心坎裡去了，可不是嘛！」

說話間已經出了袁府，曹操是騎馬來的，見朱儁上車，顧不得上自己的馬，趕忙搶上前為他掀起車簾。

「哎呀，太周到了。」朱儁高高興興上了車，回頭道：「你小子很對我的脾氣，有空到我家裡坐坐，咱們聊聊天啊！」

曹操要的就是他這句話，趕緊應承：「我一定去。晚生還要向您請教用兵之道。」朱儁一擺手：「學無先後，達者為師。提請教二字我就不敢當了。」

「您老謙讓。」曹操接著奉承。

「不說了，我得趕緊走！楊公剛得了一個大孫子，起名叫楊修。叫我過去喝喜酒呢！改天你有空一定來，咱們再好好聊。」朱儁說罷，示意車夫趕緊走。

「恭送朱大人。」曹操作揖相送。

這幾句話還真把朱儁說美了，車行出去老遠，他竟還伸手衝著曹操道別。直等到馬車轉彎而去，曹操才直起腰來，從馬樁解下自己的坐騎，樂呵呵上了馬。計謀得逞，一帆風順，幾句話就跟朱儁套上硬關係了，看來機會還是要自己爭取啊！但是行出去不久，他想起何顒的事情，又一陣悵然。

俗話說失意莫低頭，曹操信馬由韁低著腦袋往前走。

無獨有偶，恰好對面有一個行人抱著竹簡，也正失魂落魄似的低著腦袋。兩人迎面走來，誰也沒有注意到對方，竟撞在了一起。曹操和那人互道抱歉，閃身而去。恐怕曹操當時沒有想到，與他相撞的這個人竟是引發天下大亂的始作俑者。

他的名字叫唐周，所抱的竹簡便是舉報太平道謀反的告密文書。雖然楊賜、劉陶等大臣都為防患未然做了努力，無奈昏君劉宏不納忠言。

該來的還是來了，光和七年（公元一八四年）二月，黃巾之亂拉開了序幕。

第四章

反民驟起，百萬人大造反

寒夜突變

當曹操從睡夢中驚醒時，發覺屋裡很亮，原來院子已經燈火通明，光芒照了進來。莫非起火了？他披上衣服趕緊奔出門外。只見闔府的家奴院公齊刷刷站立已畢，手中燈籠火把照如白晝。

他還不知出了什麼事，就見秦宜祿舉著火把跑到他身邊：「大爺，出事兒了。您仔細聽！」

曹操抬起頭仔細聆聽，深夜寂靜，只覺自西北方向傳來悠揚的鐘聲。「朝廷出亂子了……這是玉堂殿的大鐘。」

自光武中興以來，漢都由長安遷至洛陽。

光武皇帝劉秀重造皇宮殿宇，在南宮朝會的玉堂殿外鑄造兩口大鐘，皆有一丈有餘，每逢緊急朝會或遭遇變故就要鳴鐘示警，凡俸祿千石以上的官員必須馬上入宮，片刻不能耽擱。

就在這時，樓異捧著燈、引著一身朝服冠戴的曹嵩走了過來。老頭見兒子還傻站著，催促道：「速速更衣，咱們一同入朝。」

「什麼？」曹操一愣，斷沒有六百石議郎也聞鐘上殿的先例。

「叫你換你就換，朝廷已經派人通告，凡在京四百石以上官員一律入宮議事。」曹嵩說罷轉身而去，「我先去吩咐車馬，你快點兒吧！」

曹操趕緊回屋，由著秦宜祿替他梳頭、更衣，忐忐忑忑都不清楚穿的哪套衣服了。此時他腦子裡冒出的第一個想法是——皇帝駕崩了。

當今天子劉宏雖然才二十九歲，但自中興三代以來天子盡皆早亡。先帝劉志算是最長壽的，也只有三十六歲。孝安帝終年三十二，孝章帝終年三十一，孝順帝三十歲駕崩，孝和帝二十七，孝質皇帝八歲被梁冀毒死，孝沖帝僅僅三歲而亡，孝殤帝兩歲就完了。

曹操越想越覺得是皇帝死了，進而又意識到皇長子劉辯才十二歲，將來的朝局該何去何從呢？正在他胡思亂想之際，只聽父親一聲斷喝：「你磨蹭什麼！還不快走！」

「是是是！」曹操緩過神來，趕緊隨在父親身後穿院出府。

等他們邁出府門才發覺，事態絕非皇帝駕崩這麼簡單。只見永福巷裡人來人往，各府都燈火燦燦，此乃達官雲集之地，所有府門前都有兵丁持戟而立，也包括自己家。莫非朝會的命令已經下達到每一家了？曹操依稀記得自己十三歲那年先帝劉志駕崩時的情景，雖然也是深夜突變，亂過一兩天，但絕沒有兵丁把門，也沒有連夜就把滿朝文武都召入宮內。

他們出來得有些晚了，遠遠近近的京官差不多都已經離開家門。本來挺寬敞的街道，無奈官車實在太多了，被塞得水泄不通。不少官員帶著家人在後面喊嚷催促，鬧得人聲鼎沸。曹嵩回頭看了眼兒子，提高嗓門道：「這可不行，為父身在列卿必須早到。此番陣仗一定宮裡有大亂子，到這會兒不必管什麼規矩，咱爺倆步行！」

曹操連連點頭，心道：「畢竟薑是老的辣，爹爹閱歷豐富、處亂若定，別看自己快三十了，還得跟老爺子學呀！」

滿街都是舉著火把身挎利刃的兵卒，十步一崗五步一哨，光線強得刺眼，也用不著家人取燈籠引路了。爺倆在諸馬車間穿來穿去，不多時就擠出了永福巷。哪知到了通往皇宮的平陽大街，眼前的景象更是觸目驚心：一隊一隊的兵士刀槍林立，另有兵丁把住城內各家住戶，平民一律不得邁出家門半步。看服色，洛陽北軍射聲、步兵、屯騎、越騎、長水五營兵丁盡皆出動彈壓地面，執金吾[1]調動指揮如臨大敵一般。實在是太擁擠了，各條街巷堵著的官員都下了車，推推搡搡間，也不知有多少人丟了牙笏。接著又聽到鐘鼓齊鳴，也辨不清方向了，洛陽城四周城門樓都在鳴鐘，響聲連綿不斷，這是催促官員速行。

曹操攙著父親也融入到洪流之中，越往北走人越多，再見不到一輛車了。這會兒也分不出什麼品級高低了，所有人倒都冠戴整齊不失朝儀，無奈心中慌亂步履倉促。皆是同朝為官熟識不少，大家邊走邊交頭接耳議論：

「怎麼了？怎麼了？」

「北軍造反了嗎？」

「不會是皇上他老人家……」

「有賊人圍城嗎？」

「宦官作亂！一定是張讓那廝……」

「皇上究竟在哪裡？不會還在西園吧？」

---

① 秦漢時率禁兵保衛京城和宮城的官員。

說話的人太多，嗡嗡的，後來也聽不出什麼了，加之連綿不斷的鐘聲，敲得人心慌。雖說還是二月春寒之夜，這麼多人在一起，卻也覺不出冷來了。

眼看至皇宮大門，奔走的隊伍突然停了下來，原來有兵丁嚴格盤查。曹操大老遠就見黃門蹇碩親自帶著兵卒，在前面挨個搜身，連獲准帶劍上殿之人這次都被禁止了，更有幾個老臣的拐杖也被收了去。今夜是寸鐵不得入宮。

進了皇宮就得守規矩，頃刻間所有人都不出聲了，漸漸地連鐘聲也停了。青黑的服色一眼望不到邊，彷彿一大群奔向巢穴的烏鴉。入儀門，穿過高牆相夾的複道，萬籟俱寂間，木屐踏著青磚都能聽見回聲，更增添了一種恐怖的感覺。

出了複道豁然開朗，只見玉堂殿前開闊之地，黑壓壓的羽林軍弓箭在手。五官中郎將、左中郎將、右中郎將、虎賁中郎將、羽林中郎將、羽林左監、羽林右監，這光祿勳七署將官和衛尉部屬個個鎧甲鮮明，閃出一條胡同，殿上燈火輝煌宛如蜃樓。

百官已在行走間依照品級爵位漸漸分出先後位置，潮水般的人流蹬階上殿。這會兒曹操才瞅見陳溫、鮑鴻鮑信兄弟等人皆在其中，都是憂心忡忡低頭瞧著路。這邊崔鈞扶著父親崔烈上玉階，還有楊彪、楊琦架著年邁蒼蒼的老楊賜一步一歇，那旁卻是袁基左攙右扶袁逢、袁隗倆老頭。早春的夜裡，玉階打了一層露水，對於年逾古稀之人實在困難。

曹嵩掙脫兒子的手，指指袁基小聲耳語道：「我腿腳靈便，你去幫幫他們爺們。」曹操趕忙過去，拉過袁隗的衣袖，架著老人家往上走。袁基點頭以示感激，畢竟這裡不是說閒話的地方。

官員朝會是有等級制度的，雖然玉堂殿容納二百人有餘，但今天來得太多太全了，等公卿、列侯、侍中眾官入內，就擠得差不多了。大夫以下官員就只有站在殿外了，再往身後看，佐丞、令史、掾屬、謁者、冗從等小官擠擠插插，有的排在玉階上，只能伸著脖子往裡看，還有的才剛出複道就擠不動了。曹操本想與鮑信兄弟湊到一處，但根本擠不過去，就挨著袁基擠在了殿門口最前面的位置。

這深夜朝會與往常大不相同，參拜之禮一概免去，本來尚書令、司隸校尉、御史中丞南列一排，號為「三獨坐」，今夜也全撤去了，好讓外面的人也看清楚。另外內廷的官員也在場聽朝。

只見皇帝劉宏早就坐於龍位之上，冠冕堂皇卻是倉促間披著衣裳沒有繫好，臉色也顯得十分蒼白。在他身後不遠處，張讓、趙忠、段珪等十二常侍都是垂首而立，還有呂強、郭勝等大小黃門也密密麻麻擠在殿角，連身歷五朝九十多歲的老閹人程璜都被攙來了，宮燈之後昏昏暗暗也瞧不清楚還有什麼人。

過了良久，窸窸窣窣整理衣冠的聲音總算是停了。只見蹇碩箭步如飛奔上殿來：「回萬歲，在京四百石以上官員絕大部分已經入宮。未到者皆由兵士拘禁在府，已不得出戶。」

劉宏沒說話，抬了抬手。

蹇碩會意，轉身對著殿外高呼：「關閉宮門！」

「關閉宮門……關閉宮門……關閉宮門……」宦官將聖命一層一層地傳出去。百官面面相覷：關門做什麼？

「眾位卿家！」劉宏站了起來，「此番不是朝會，是有駭人之事發生。今夜有人逕赴省中密報，太平道招兵買馬聚眾不下百萬，將於下月五日造反。」此言一出盡皆譁然。

「肅靜！都肅靜！」蹇碩扯著嗓門高喊。

「想那張角狼子野心，托邪術於正道，朕必將其明正典刑！可更駭人的是，反賊已有一支人馬深入河南之地，就在洛陽眼皮子底下。此賊名喚馬元義，乃太平道賊首張角之心腹，他派弟子唐周入宮收買宦官行刺寡人！」大家都能從皇上眼睛裡看出恐懼，「幸好那唐周臨事而懼，赴省中出首伏法，已將太平道賊勢上報。」

說著他從御案上抓起一卷竹簡擲於大殿之上，「此事若積薪於宅，不可不除！今夜必須將馬元義一夥反賊剿滅。朕已經傳詔，洛陽十一門同時戒備，京畿八關之地緊守禦敵。」

所謂八關，即函谷關、太谷關、廣成關、伊闕關、轘關、旋門關、孟津、小平津，乃京畿河南的守備要塞，都是一夫當關萬夫莫開之地。八關一旦緊閉，河南之地便與外界隔絕，這夥反賊的勢力再大，要想突出京畿可能性也微乎其微了。

「將作大匠何進！」劉宏高呼國舅出列。

曹操看得分明，何進雖然是九卿之貴，名義上掌管宮院修築的將作大匠，但恐怕這還是第一遭當眾被皇帝喚出朝班。他趨著身子哆哆嗦嗦從位子上爬了出來：「臣在……」那聲音顫顫巍巍的。

「寡人命你立刻就任河南尹，接管京畿治安，並有權監管洛陽五軍七署所有兵馬，起兵捉拿馬元義，剿滅反賊！」

何進把大圓腦袋緊緊貼著地面，磕磕巴巴道：「臣、臣……臣實在是才力不及，恐、恐不能勝任。」

百官聽他這樣說，無不側目：這是個什麼國舅呀！到這個時候還要推辭，真是一點兒為官之術都不通。五軍七署中這麼多精幹的校尉司馬，豈能真用你出謀劃策衝鋒作戰？明擺著是軍權太大，交給別人不放心，才特意給你這個皇親國戚的。這點兒意思都不懂，還當什麼官呀！

劉宏也瞭解他這位舅爺是什麼材料，但事到如今除了他也沒什麼人可以完全信賴了，便繞過御案親自扶起何進：「何愛卿切莫推辭，五軍校尉司馬眾多，定能輔佐你馬到成功。」

「這……好吧！」何進感覺皇上死死掐著他的腕子，料此事不可推脫，這才唯唯諾諾答應下來。

劉宏也鬆了口氣兒，回歸龍位一拍御案：「把宮中內奸帶上來！」

隨著這一聲喊，早有蹇碩領著羽林軍押上兩個五花大綁的宦官。大夥伸著脖子一看，不少人還真認得，乃是太官令封諝與中黃門徐奉。曹操倒吸一口涼氣：太官令主管皇帝飲食，要是在御膳中下毒，刺王殺駕不過舉手之勞呀！

「唐周密報之書已然言道你二人收受反賊賄賂，今天就殺你們祭旗，以正軍威！」

「冤枉啊！奴才貪些小財，絕無串通奸邪之舉！皇上……」兩個人還要分辯，卻被拖死狗一樣拉了出去。隨著淒厲的喊叫漸遠，大殿內一時寂靜。何進還直愣愣站在中間，都不曉得自己該幹什麼。監督五營的北軍中侯鄒靖見狀，趕緊從殿口擠進去跪倒：「啟稟陛下，軍旅之事十萬火急，不可再拖延，吾等當效死命。臣請即刻發兵！」

「嗯，速速領兵前往。」劉宏擺擺手。

鄒靖起身見何進還站著不動，朝他努了努嘴；何進看倒是看見了，無奈不明就裡，也朝他努嘴。鄒靖真有心豁出性命大罵他一頓，可國難當頭，只得強耐著性子道：「國舅呀！您是主帥，趕緊去典兵呀！」

何進這才明白過味兒來，匆匆忙忙往外跑，到了殿門口又想起還未辭朝，回頭躬身道：「臣辭別聖駕。」轉身沒注意門檻，絆了一下，險些當眾摔個大馬趴。曹操就擠在殿門口，看得清清楚楚，想笑又不敢笑，咬牙矜持。再看門裡門外的百官，也個個金魚望天，兀自忍著笑。這與緊張的氣氛太不協調了。

劉宏也有些尷尬，輕輕咳嗽了一聲，正色道：「今夜京師有變，所有官員不得出宮，就由羽林軍護衛，在宮中休息，待北軍抓獲賊首才准回府。」說是護衛實際上是監管起來，既然宦官中有內奸，百官中就更難免了，萬一有人替反賊送信或者趁機在城中作亂，便一發不可收拾。這樣把所有官員軟禁在宮，羽林軍就張弓於四周，天大的本事也興不起浪來了。

此時已近丑時[2]，大家都鬆懈了下來。劉宏受了這半宿的驚也疲乏了，歪了歪身子道：「諸位卿家，關於鎮壓反賊之事還有什麼要說的，今夜不論身居何職，但言無妨。」

此語一落，卻見從殿角之處閃出一個中年宦官來：「臣呂強有要事啟奏，請陛下恩准。」

劉宏也頗感意外，揶揄道：「你有什麼話可以回後宮再說。」

呂強低著腦袋：「臣此番奏對思慮已久，懇請陛下趁此機會與百官定奪。」

「那就說吧！」劉宏也懶得與他費話。

「請陛下速速赦免黨錮之人。」

聽到這話，所有人都挺直了身子，裡裡外外無數雙眼睛都懇切地看著皇帝。黨錮解禁，多少士人的願望啊！但是一次次的打擊接踵而至，都已經不敢奢望了。沒想到今天卻從一個宦官嘴裡說出來，這是誰都預想不到的事情。

劉宏瞥了呂強一眼，低下頭無奈地歎了口氣。他雖是九五之尊，此刻也不敢面對百官的直視。呂強也曉得這是犯忌諱的事，始終低著腦袋：「黨錮積年已久，人情多怨。若久不赦宥，輕與張角合謀，為變滋大，悔之無救。此時此刻，皇上當開君恩，赦免黨人，解除禁錮，示恩德於天下。若不赦免，恐怕資眾與敵，更增張角之氣焰。萬歲！您千萬要……」

「別說了！朕明白，」劉宏點點頭，自己各方面的敵人都可能結成同盟，這道理他還是懂得的，

「自今日起黨錮之人全部赦免，其中孝廉、明經之士仍可征辟為官。」

「皇上聖明啊！」不知多少人脫口而出，喊得真是振聾發聵！自竇武、王甫之變，橫亙十七年的黨錮之案總算是一筆勾銷了。曹操樂瘋了，不知不覺間竟和身旁的袁基四隻大手攥到了一起。但當他在列卿中找尋父親時，卻見老人家一臉不快地坐在殿中，再細看，樊陵、許相、賈護、梁鵠等人也面沉似水，這些可都是攀附宦官靠黨錮起家的人。更加引人注目的是劉宏背後的十常侍，雖然燈火恍惚看不清楚他們的臉，卻分明見到張讓等一雙雙眼睛狠毒地瞪著呂強。

劉宏故意敲了敲御案道：「但還有一事，寡人思索良久了……」

執手慶賀的官員一聽還有下文，立刻恢復了安靜。

「國難思良將，已故太尉段熲，能征慣戰廣立奇功，惜乎遭王甫牽連而死，實乃不白之冤。其家小尚在流放，今日一併赦免，允許返還故里。」說到這裡，劉宏提高了嗓門，「望列卿明白，凡是有功於寡人者，寡人定不辜負。」

此言一出，那些因黨人解禁不高興的人總算是有了點兒笑模樣。其實劉宏的用意很明確，現在朝中有不少人是因黨錮而得以晉升的，更有甚者是屠殺黨人的劊子手。身為皇帝是絕不能容忍一派勢力壓倒另一派勢力進而威逼自己的，他要讓兩派勢力並存以維持平衡。所以他說段熲不白之冤是

---

② 丑時，即淩晨一點至三點。中國古代將晝夜劃分成十二個時段，每一個時段叫一個時辰，具體名稱與對應時間分別為：子：二十三點至一點；丑：一點至三點；寅：三點至五點；卯：五點至七點；辰：七點至九點；巳：九點至十一點；午：十一點至十三點；未：十三點至十五點；申：十五點至十七點；酉：十七點至十九點；戌：十九點至二十一點；亥：二十一點至二十三點。

瞎話，實際上就是故意要給他翻案。只因段熲曾經捕殺黨人、太學士數千人，是諸多參與黨錮官員中下手最狠的。現在承認他的功勞就等於堅持黨錮的正確，順便給那些曾經迫害過黨人的大臣吃了一顆定心丸。

無論如何，這個結局也算是皆大歡喜了，接下來無事可做，就是靜候那位屠戶國舅的捷報了。

劉宏緊緊龍衣起身道：「宮門已關，列位愛卿不得擅自離開，你們就地休息。恐怕天還有些涼，公卿以上大人賞賜錦袍一件抵禦夜寒。朕已經命人備下湯餅為百官果腹取暖，這一夜大家可以隨便一點兒。」說罷起身回轉後宮，走了沒幾步，卻突然回頭道：「楊賜、袁逢兩位老愛卿，你們隨朕來。」

進宮時拐杖都讓蹇碩收去了，又跪坐了半天，楊賜、袁逢哪裡還站得起來。

「慢慢走，不著急。准你們兒子照顧著你們一同來。」劉宏擺擺手先走了。皇上與十常侍一走，所有人都輕鬆下來。玉堂內外熙熙攘攘，曹操知道自己身分碌碌不好進去伺候父親，便到了鮑信兄弟跟前。不多時，陳溫、崔鈞、楊琦這幫平素交好的人，也都聚攏過來。

鮑家兄弟是好武之人，尤其是鮑鴻更是好武成癖，開口便抱怨：「出兵打仗竟然沒有我的份。」

鮑信笑道：「大哥也太癡了，你先想辦法混進北軍再說吧！」

楊琦卻垂頭喪氣：「早聽我伯父之言，何至於有今日之變？」

崔鈞自言自語：「伯求兄也總算是熬出頭來了，可惜最後卻是因一個宦官的人情，不美不美。」

陳溫又嘀咕著：「我得看看馬公去，要是可以的話，先扶他回東觀歇著，他有老寒腿呀！」

看來各有各的滿腹心事，卻沒一個與曹孟德此刻所想貼邊。正獨自發愣間，卻見諫議大夫朱儁伸著懶腰，從殿裡走出來：「孟德小子，昨日下午咱還在袁府聊天呢！誰料想一夜之間風雲突變人心惶惶。」看來那兩句奉承話威力不小，朱儁竟主動來尋他。

曹操趕緊陪笑道：「我看您倒是泰然自若，毫不在意呀！」

「是禍躲不過！」

曹操總算是找到一個能說心裡話的人了：「大人，依您高見，何進此去能否拿獲馬元義？」

「八關已閉，一定是手到擒來了。」朱儁活動著腰腿，「但是亂子馬上就來。張角有百萬之眾啊！雖然事情敗露，能善罷甘休低頭伏法嗎？一場刀兵之亂近在眼前。」

這恰恰是曹操此刻所關心的：「大人，我看不止百萬呢！」

「哦？」

「各地的山賊草寇、邊庭的反民，還有那些因為種種暴政家破人亡的流民。張角一起，他們都得跟著反，天下就要大亂啦！」

朱儁歎了口氣，道：「皇上這算是折騰到頭了。馬元義好擒，後面的事情可怎麼辦呢？涼州羌亂已久，不可能在這時候調兵回轉，關東諸州想都不要想了，此時徵兵又不穩妥。單靠著北軍這點人馬，這仗不好打啊！」

曹操點點頭，又道：「不過今天我算是見識到皇上的風采了。聖上一點兒都不愚鈍，單拿今天赦免黨人這檔子事兒論，片刻之際他竟尋出段熲的舊事，腦子真是快呀！如此精明的君王，怎麼就沒把心思用到政務上呢！」

「這都是咱們一廂情願的事，其實咱們都錯了，皇上他不想祖宗基業、也不想朝廷大事，他與黨人無仇無怨，也與宦官沒有什麼恩情。」朱儁捋著小鬍子，眼中流露出幾許無奈，「他腦子裡只想玩樂，誰能陪他玩樂他就袒護誰。他的確精明，但是所做的一切都只是為了玩樂而已……可惜啊！」

「現在惹出這樣的大亂子，他算是玩到頭了。」

「我現在只想一件事，等到張角起事，涼州將領抽調不回，皇上又會派何人去平叛呢？」朱儁眨麼著黑豆般的小圓眼睛，「哼！八成這扎手的差事又要塞到我手裡了。」

曹操心中突然生出一種微妙的想法：他可是承諾過要帶我出兵打仗的，真要此人為帥，我不是也可以一展身手了嗎？既而曹操又覺得這想法很邪惡，自己是大漢的官員，應該盼著國家太平無事，怎麼可以盼著有人造反呢？這心情還真是矛盾呀！

這時袁基突然跑過來，作揖道：「剛才上殿時，多虧孟德賢弟攙扶我老父。」

「這點兒小事算不得什麼。」

「唉……我家本初、公路都不肯出來為官，慚愧呀慚愧！賢弟看到楊琦了嗎？」

「在那邊。」曹操用手指了指。

「多謝多謝。」

「有事嗎？」

「皇上請二老到後面議事，哪知說著說著楊公與皇上頂起來了，君臣二人聲嘶力竭對著嚷了半天。楊公心疼的老毛病又犯了，我得趕緊叫楊琦也去伺候。」說罷袁基逕自去了。

「聽見沒有，事到如今皇上還聽不進忠言呢！」朱儁苦笑道：「真要是打起仗來，只怕那領兵之人不死在反賊之手，反喪在奸臣之口。這差事可千萬別交給我。」

曹操與朱儁又聊了一會兒，漸到寅時，天濛濛轉亮。沒有一點兒戰報，把守的羽林軍還是毫不鬆懈。二人就下了玉階，尋個背風的地方，在御園青磚上席地而坐。畢竟還是早春，尤其黎明之際最是寒氣逼人，民間俗語喚作「鬼齜牙」，連鬼都凍得齜牙。

年輕人還好辦，但是出仕有早晚，議郎也有年紀大小，上歲數的官員熬了半宿又挨凍，實在吃不消。就在玉階邊上，有一個年邁蒼蒼的老議郎凍得哆哆嗦嗦，倚著欄杆直打晃。曹操認識，是蜀中名士董扶，最善讖緯星象之學。曹操素來不信讖緯之術，所以並不怎麼敬重此人。但是看老人家受凍也心有不忍，便走過去想要幫他焐焐手。

正在此刻，自殿上走出一位大人物。

此人身高八尺，不胖不瘦，白淨臉膛，龍眉鳳目，高高的鼻梁，元寶耳，一把濃密烏黑的髫鬚撒滿胸膛。任誰看，也猜不出他已經年近五十歲了，若是年輕必然是一等一的美男子。他舉手投足間透著天生的高貴與儒雅，但是這儒雅之中又似乎藏有不易察覺的鋒芒。這也難怪，朝廷百官，論及身分高貴當首推此公——宗正卿劉焉。

九卿之中以宗正卿為尊，因為這一官職是掌管皇家宗室事務乃至分封王國的。也正是因為其特殊性，這一職位必由宗室成員中身分高貴、名望出眾之人擔任。劉焉，字君郎，江夏竟陵人，乃漢魯恭王之後，孝景帝一脈玄孫，歷任郡守，以禮賢下士儒雅高潔著稱。四十多歲便享有宗正之貴，這也是立漢以來不多的。

只見劉焉快步走下玉階，順手脫掉皇上剛賞的錦袍，給董扶披上：「我早就惦記著您呢！」

董扶顫顫巍巍道：「不敢，這是皇上賜您的。」

「甭管那麼多，您老只管穿！」說著劉焉親手為他繫好。

董扶感動得熱淚盈眶：「大人您……真是……」

劉焉攙住他：「走！咱們一同進殿暖和。」

「官職低微。不敢！不敢！」

「有什麼不敢的？」劉焉一挑眉毛，「想要什麼跟我說，宮裡宦官、侍衛多少也得讓我三分。我說讓您進去，他們哪個敢說三道四？」

「劉大人讓您進去您就進去吧！」太倉令趙韙笑著走了過來。他後面還跟著議郎法衍、孟佗。

劉焉看見他們很高興：「走走走！都跟我進去，這麼大的玉堂殿還擠不下幾個人嗎？」說罷點手喚過一名小黃門，「你去盛五碗熱湯，給我端進去。」那宦官惹不起他，趕緊應聲而去。

曹操見了冷笑一聲，暗道：「好個拿大的劉焉，倒是會仗著身分收買人心。」

不過，曹孟德還真是小看了劉焉這個人物。他完全沒有意識到，在這種動盪局勢下，游離於宦官、清流之外的第三種勢力正在慢慢抬頭。當錦袍披到董扶身上時，以劉焉為首，趙韙、法衍、孟佗為謀士的東漢第一股分裂勢力已在醞釀之中……

執迷不悟

文武百官在皇宮中忍了一夜，直到第二天午時才盼來北軍的捷報。

馬元義得知唐周告密，率領徒眾自河南轉移至緱氏縣，想要突出轘關。但是八關皆已戒備森嚴，這夥偷偷滲入的太平道徒眾又只有數百人，結果在守關軍兵和北軍的夾擊之下悉數被殲，馬元義被官軍擒獲。

遠的顧不上，既然眼前之賊已經消滅，文武百官總算可以重獲自由了。等皇宮大門敞開時，可真稱得起扶老攜幼，一個個熬得臉色蒼白，打著晃還得保持官儀。漢家自叔孫通制禮以來，滿朝官員如此狼狽恐怕還是頭一次。

眼皮都睜不開了，誰還顧得上寒暄客套？百官走出御街便各尋自己府裡來接的僕人，曹家父子也由秦宜祿攙扶著上了馬車。

看得出來，這些家人也都是滿臉倦意，想必從主子們入宮，他們就在外面守候著了。北軍五營尚未撤防，執金吾所轄兵丁四處鳴鑼，宣布洛陽金市、馬市皆休市三日，城內緝拿太平道信徒。再熱鬧的事也勾不起曹家父子的注意了，昏昏沉沉歪在車裡，待回到府中解去朝服，腦袋一挨枕頭便鼾聲大作。

曹操這一覺直睡到轉天早上，坐起來還未顧得伸個懶腰，就見秦宜祿端著臉盆跑進來：「我的爺，您可算是醒了。」

「乏死了……」曹操打了個哈欠，「有事嗎？」

「這會兒外面可熱鬧呢，平陽大街上設了臺，要明令典刑殺馬元義呢！」

「唔。唔？」曹操愣了一下，京師大道上公開殺人，這倒是從未有過，「走，咱們看看去。」

梳洗完畢，曹操也沒敢驚動父親，帶著秦宜祿、樓異出了府門。平陽大街乃正南正北洛陽城最為開闊的街道，直通到皇宮大門，今日就在皇宮前的廣場上搭建了監刑之臺。

曹操來時已經有些晚了，隔著人群只模模糊糊聽到兵丁在廣場上宣讀著馬元義冗長的罪狀。這會兒大街上的熱鬧就比不得前日了，沒有衣冠楚楚的官員，圍觀的多是平民百姓，士農工商形形色色，把廣場擠得風不透雨不漏。皇宮門口要宰活人，這是多麼大的新鮮事兒？真有城外百姓特意趕來開眼的，裡三層外三層伸著脖子瞪著眼，就差騎到前面人脖子上了。還有一等市井之徒會尋巧，乾脆爬到車上房上聚神張望。

秦宜祿與樓異左推右搡了一陣子還是進不去，回頭看看曹操，卻是一臉不快。秦宜祿嘴甜：「我的爺，您是不是覺得亂？左不過是殺人，您要覺得煩咱就不看了。」

曹操搖搖頭：「我不高興不是因為看不見，只可歎這些大老遠趕來的看客，都是窮苦之人，馬元義造反又是為了誰呀？」

「為了誰？為的是榮華富貴想當……」秦宜祿四下張望了一番，小聲道：「想當皇上唄！」

「哼！說張角想要當皇上我信，說這些平民百姓都想要攀龍附鳳我卻不信。官不逼何至於反？他們雖被張角邪教所惑，但為的也是和他們一樣的窮苦之人吶！」

「這些大道理小的可弄不明白！」秦宜祿傻笑道。

曹操戳了戳他腦門：「莫說你不明白，這些看熱鬧的人哪個明白？只怕即將身首異處的馬元義也不清楚，他還一心期盼著中黃太一的太平盛世呢！」

秦宜祿一臉懵懂，樓異卻道：「大人，咱們這樣是擠不進去了，您不妨找一找北軍的同僚，帶咱們過去。」

一句話提醒了曹操，主僕三人繞過廣場往北走，來至監斬臺那面。早有北軍的兵士手持大戟攔路。曹操張望間正看見越騎司馬沮儁全身披掛站在不遠處，忙張手招呼。沮儁原是曹熾任長水校尉時的老部下，跟曹家的人很熟，見他在人群外站著，便示意兵丁叫他進來。就這樣曹操算是混了進去，可秦、樓乃家僕白丁，只得悻悻回府，暗自抱怨錯過熱鬧。

沮儁也真膽大，不言不語逕自將曹操引到了監斬臺側，刑場上一舉一動看得清清楚楚。

曹操都覺得唐突了：「有王法的地方，站到這裡合適嗎？」

「沒關係，」沮儁壓低了聲音：「今天是糊塗國舅作監斬，什麼也不懂。你又是官身，無礙的。」

果見七尺高的臨時監斬臺上，居中坐著剛剛拜為河南尹的國舅何進。他冠戴齊整，肋下佩劍，卻無所事事東張西望，猛一眼看見曹操，還特意拱拱手打招呼。宰豬屠狗他是內行，監斬殺人卻是不會的。他連朝廷的禮儀尚未學通，更何況這樣百年不遇一次的大事件。指揮現場的實際上是站在一旁侍立的北軍中侯鄒靖，見他五官不正大汗淋淋，想必跟著這位糊塗國舅辦差著了不少急。

「全是鄒大人撐場面呀！」曹操嘀咕道。

「嗯。前天夜裡拿賊才熱鬧呢，」沮儁掩口笑道：「一去一來的事兒，咱們這位國舅還惦記安營紮寨呢！最後仗打完馬元義都擒獲了，他還問賊兵在哪兒呢！真要讓他帶兵打仗，非亂了不可。」

一語未畢，只見軍兵齊聲吶喊，閃出一條胡同，自外面推進一輛木籠囚車。那馬元義膀大腰圓，面相樸素，看樣子不過是個普通的農家漢。此刻他臉色晦暗帶著烏青，嘴裡勒著繩子，支支吾吾講不出話。因為看押在軍中沒有顧得上更換囚衣，他穿的還是被俘時的粗布衣服，早撕得破破爛爛，露著幾處血淋淋的刀傷，還被故意沿著傷口綁得結結實實。

「五刑畢至一概不招，這傢伙還真是個硬漢子！」沮儁不禁贊了馬元義一句。

軍兵將囚車推到刑場中央，刀押脖頸牽出馬元義。這傢伙早料到會是一死，講不出話來便睜著一雙大圓眼，狠狠瞪著軍兵。三聲鼓震，響箭已畢，就該大辟（死刑）了。但何進面有不忍之色，他也是窮苦出身，又與馬元義是一般的身材相貌，可謂兔死狐悲物傷其類。鄒靖在他身畔耳語了幾句，他才勉強起身喊道：「行刑！」哪知喊過之後，並沒有人舉刀梟首，而是轟轟隆隆自監斬臺後趕出五輛雙駕的戰車。

車裂？莫說在場的百姓，連曹孟德都嚇了一跳。大漢自呂雉車裂彭越以來，再沒人使用過這等殺人方法，孝文帝年間孝女緹縈上書救父，肉刑廢除；光武爺中興倡導寬道柔術治天下，連每年秋決的死囚都是能赦便赦。即便馬元義身有大逆之罪，車裂也太過殘酷，而且壞了歷代先王的規矩。

「這也是鄒大人的主意？」曹操不禁問。

沮儁也面露不忍：「這是皇上欽定的刑罰，沒辦法更改。」

「想不到呀……」

「想不到的事兒還多著呢！這車裂的十匹馬，都是皇上驥廄的御馬，據說他老人家要借此機會試試馬力。你看看，趕車的都是宦官，孫璋也來了。」

曹操順著他的手瞧，果見驥丞、十常侍之一的孫璋也上了監斬臺。皇上真是無藥可救，馬元義一殺必定天下大亂，這等時候還有閒心訓練御馬，還叫宦官在此作威作福。

五輛馬車各就各位，馬元義被解開綁繩，四肢都被拴在馬車後的鐵索之上。勒嘴的繩子一被揭開，他破口大罵，皆是聽不懂的荊州土話。不由他反抗，腦袋已被套在鐵索上了。緊接著催命鼓響，鼎沸的人群立時寂靜下來，無數雙眼睛盯著這個即將快馬分屍的人。

馬元義兀自咒罵許久，聽不到有人喝彩，便突然大笑起來。五輛戰車催動，少時間鐵索繃緊，他的身軀漸漸離地。這個死囚的臉憋得紫紅，五官挪移，形如鬼魅。這是車裂最為殘酷的所在，要是十匹馬奮力齊催，人體必在一瞬間扯碎，但是要讓死囚遭受到痛苦，馬匹就要慢慢趕，叫他求生不得求死不能。冰涼梆硬的鐵索就在咽喉，窒息的感覺使馬元義的臉色由紫轉黑，兩隻血糊糊眼睛像要蹦出來。四肢不能動彈，而自身的求生本能使得他胸部連續起伏要緩過這口氣。但一切都是徒勞，他勉強張開嘴，用胸臆中最後一股氣息發出咆哮：「蒼天當死，黃天當……」

最後一個「立」字尚未出口，趕車的宦官已經鞭笞寶馬，驟然間一陣撕裂的聲音，半空中爆出個血球，活生生的人立刻被扯成碎片。看熱鬧的人發出一陣驚呼，如退潮般閃開近一箭之地，還有人嚇得從房上跌落下來。

曹操只見紅光迸現、一陣血腥，趕緊把眼閉上了。待人聲嘈雜良久才勉強睜眼，正見心肝肚腸撒滿刑場，馬車拖著一條大腿自面前而過。噁心的感覺襲來，轉臉再不敢看，只聽到臺上傳來尖銳的獰笑：「皇上的御馬果然好！我要回宮覆命啦！哈哈哈……」那賊閹孫璋還在賣狂。

「不將宦官斬盡殺絕，難消吏民之忿！」

曹操一抬頭，恰見袁紹橫眉立目走來，後面跟著一個未老先衰的士人——正是何顒。

「孟德賢弟，咱們又見面了。」何顒慘淡地笑了笑，黨錮已解，他不必再扮作袁府僕人，但眉梢眼角甚顯倦意，當年的英氣已蕩然無存。

「伯求兄。」曹操拱手道：「本初對我隱諱未言，但那日我在袁府已經看到你了。」

「哦？」何顒不滿地瞪了一眼袁紹。

袁紹有點兒尷尬：「我是怕消息外傳，沒有告訴孟德。」

見何顒有些氣惱，曹操還得幫袁紹搪塞：「本初兄也是一番好意，倒是應該恭喜伯求兄，您大難得脫，奔走十七載終於得見天日了。」

「雖然是解禁了，不過皇上並沒有給陳老太傅和竇武翻案，我們這是『蒙恩赦』，說到底還是有罪之人呢！」何顒一臉無奈，「十常侍如此猖獗，比之當年的王甫、曹節有過之而無不及。」

說話間早有人收拾了刑場，圍觀之人漸漸散去。曹操便攜手道：「我家離得近，二位兄長若無事，到我那兒坐坐如何？」

「去你家？」何顒一愣，「這合適嗎？」

此言當然是針對曹嵩而論的。

「有什麼不合適的，至少這次不用再後院翻牆了。」

何顒嘿嘿一笑，卻見袁紹拱手道：「我有些事情要辦，等國舅覆命還要商議些事情，先告辭了。」

曹操望著他的背影：「本初又在忙什麼？」

「殺宦官。」何顒壓低了聲音，「黨禁雖解，宦官還在，若不斬草除根，遲早也是禍患。」

「搔御虱如同撼山，此事不易辦成。」曹操邊走邊說：「再說宦官之中豈無善類？若非呂強仗義執言，黨禁也未必能解，一併視為讎仇大為不妥。」

「話雖如此，但養虎必然傷人，你不去傷他，他還是要吃你的。此事成與不成，且叫本初去謀劃吧！如今已經聯絡到張孟卓、劉景升、華子魚、荀公達等人。對了，還有鄭康成、荀慈明、陳仲弓三位高賢也在觀望之中。」

曹操心中暗驚，張邈、劉表等輩也就罷了，鄭玄、荀爽、陳寔竟也被袁紹攀上了關係。這三個人都是前輩隱賢，拒絕過朝廷多次徵召，他們若是出仕，恐怕連楊袁兩家都要退避三舍。

「話雖如此，而攘外安內必要兼顧。宦官之事可以暫且擱置，但馬元義一死，天下之亂迫在眉睫，這才是當下最要緊的事情。」曹操提醒道。他突然覺得何顒與袁紹他們都不太清醒，如今事端已發，最要緊的是要平息叛亂解決問題，而不應該在這裡沒完沒了的追究宦官的罪過。

轉眼間兩人已到曹府門前。正見從裡面走出一個中年宦官，乃是十常侍中素來跋扈驕橫的段珪。後面緊隨著一身便服的曹嵩，唯唯諾諾甚是恭敬。曹操頓覺緊張，卻見何顒昂首挺胸熟視無睹——是啊，伯求兄經歷了這些年的磨難，容貌大變，段珪已經認不出他了。

兩人閃在一旁，等段珪上了車，他倆才進門。

「你去看殺人了？」曹嵩打發走貴客，才撤去滿臉恭敬，換了一副晦氣的表情，「湊這等熱鬧幹什麼？百姓造反都是咱們當官的逼出來的，看著怪難受的……這位高賢是誰？」他還想說什麼，卻見兒子帶了個朋友回來。

何顒見到曹嵩本是一肚子的厭惡，但是聽他道官逼民反卻覺得這個人還有些自知之明，便拱手道：「在下南陽何顒。」

曹嵩一驚，眼睛睜得大大的，上下打量了許久才沉吟道：「是你……真的是你……」

「曹大人，晚生與您一別，將近二十載了吧？」

「是十七年，我記得清楚呢！」

「曹大人好記性呀！」何顒這話有點兒諷刺意味。

曹嵩知道兒子與他交情頗厚，但聽他口稱大人而不稱伯父，已明白他的生分之意，便抬手道：「請進去說話吧！」

曹操只是想帶著何顒回府聊聊，並未打算讓他和父親見面，不料在門口巧遇，躲都躲不開，也只得與他進了客堂。三人落坐，家人獻漿，誰都沒有說話。直到一口水下肚，曹嵩才率先開了口：「這些年你過得可好？」何顒賭氣道：「托您老的洪福，還沒死。」

曹嵩全不在意，只淡然一笑道：「黨錮已解，皇宮謗書一事也不再追究。顯名太學的何伯求大難不死，又可以興風作浪了。」

「哼！」何顒冷笑一聲，伸手摘去頭上的遠遊冠，露出花白的頭髮，「您睜眼看看吧，哪裡還有當年那個何顒！」這個曾經風流倜儻談吐風雅的翩翩儒士，如今未老先衰形容憔悴，連曹嵩也有些動容。

「老人家，黨人冤不冤您心裡最明白。何人當初為王甫謀劃掌握北軍，不用晚生再講明了吧！您這十七年來可有半分自責自愧？面對朝廷之事可有半點善政、半句善言？」曹嵩聽後自覺理虧低頭不語。

「當年若非孟德賢弟相救，我早就斃命官兵之手了。所以……咱們之間的恩怨可以不論，可您一把年紀豈能不明是非，難道就甘願為虎作倀嗎？王甫壞事是他罪有應得，曹節也死了，此後就不該再攀扯十常侍，您為官之操守何在？為父之臉面何存？子曰……」他雖然越說越氣憤，但還是考慮到畢竟老頭是曹孟德的父親，便口下留情，沒把「老而不死是為賊」說出來。

曹嵩不氣不惱，搖著頭像是在自言自語：「你有你的活法，可我也有我的活法。你可以說我恬不知恥，我還覺得你不識時務呢！保明君有保明君的方法，保尋常之主有保尋常之主的方法。若是不得其法，必給自身招致災禍。」他秉性油滑，只道劉宏乃尋常之主，而不明說昏君，言語謹慎可見一斑。

「你老人家倒是甚得其法，可是天下蒼生何罪啊！」

「我自己能保全就不錯了，哪還顧得上別人？哼！」

話不投機半句多，何顒知道憑自己是說不動這塊老骨頭了，起身道：「那咱就各行其是吧！晚生告辭了。」他還故意氣曹嵩，對曹操道：「孟德賢弟，今日多有妨礙，改日再尋閒暇來府上做客。」說罷拔腿就走，弄得曹操也不好阻攔。

「你且站一站！」曹嵩陰陽怪氣地叫住他。

「大人還有何見教？」

「聽老朽一句勸，出了我府速速離開洛陽。」

「你這是威脅我嗎？」何顒瞥了曹嵩一眼，不屑地笑道：「有楊公、馬公、陳耽、劉陶等耿直老臣立於朝堂之上，恐怕你老人家還沒有置我於死地的本事吧？」

「你誤會了，老朽是為你好啊！如今雖然解禁，但是洛陽城內還在捉拿太平道的奸細。你以為現在就安全了嗎？十常侍四處網羅罪狀，把平素不睦之人皆誣告為內奸。你是當年闖宮的漏網之魚，又有留下謗書刺王殺駕之嫌，若是不走必有大禍臨頭。獲罪於天，無可禱也！」曹嵩低著頭並不看他，「大風大浪你闖過不少，好不容易盼來春暖花開，可別讓小小的乍春寒凍死了。」

何顒一愣，半信半疑道：「真能如您所言？」

「我不騙你，你知道段珪來說了什麼嗎？呂強死了，是張讓進讒言害死的。」曹嵩苦笑一聲。

「唯一有良心的宦官這麼快就被處死了，今後誰還敢直言盡命？」何顒歎息不已，搖搖頭道：「我走。你放心，何某是正人君子，就算朝廷再次捉拿我，也不會攀扯你們父子的。」

「我以為你變了，看來還是沒什麼長進！江山易改稟性難移，你何伯求白了頭髮還是那麼頤指氣使。」曹嵩譏笑道：「你以為老朽怕你連累，我是想報你的恩情。」

「我與你有何恩情可言？」

曹嵩苦笑一陣道：「你的青釭劍救過老朽一命。」

曹操明白了，當年父親譏諷段熲，惹得拔劍相向，若不是自己憑借青釭劍隔斷，他確有性命之虞。何顒卻不知他家的事，矜持道：「不論您說的是真是假，何某領你這個人情。臨行前還有一句好話奉送您，《易經》有云：『積善之家必有餘慶，積不善之家必有餘殃』，這是非曲直您老自斟自酌吧！」說罷揚長而去。

曹操低頭等著父親發作自己，可曹嵩卻沒有生氣，起身拍了拍他的肩膀：「光天化日之下你竟把他招到家裡來了，真是兒大不由爹啊……如今一天比一天亂，以後朝廷會變成什麼樣，為父我也看不清。反正我也管不了你，你想上哪條船自己隨便挑吧！」

他聽父親這樣說，反覺得自己過意不去了：「爹爹，伯求兄受十七年之苦，講話難免有些過激，您老不要與他置氣。」

「這算得了什麼？比當年的橋玄客氣多了。」曹嵩無奈地搖搖頭，突然道：「小子，聽說你把朱儁捧得暈暈乎乎的，你想帶兵打仗嗎？」

「兒是覺得，國家今有……」

「別跟我講那麼多春秋大義，我就問你，想不想帶兵打仗？你要是想，這事兒我去給你辦！」

「想。」曹操不知不覺脫口而出。

「哼！你小子六親不認拉硬屎，到頭來還是有求我的時候吧？哈哈哈……」曹嵩滿意地笑著走了。

此後確如曹嵩所料，十常侍借徹查洛陽內奸的機會大肆打擊異己，上至尚書官員、下至黎民百姓，誅殺了一千餘人，其中不乏黨人親屬。殺戮之後，劉宏宣布大赦，唯太平道元凶張角不赦，下令冀州刺史將其捉拿治罪。

可是民心所向豈是靠一紙詔命就能平息？撼動天下的大規模武裝起義，還是毫無懸念地開始了。

第五章

一夜之間曹操變身將軍

黃巾起義

光和七年（公元一八四年）二月，在馬元義車裂之後，太平道大賢良師張角改變預定計畫，在冀州鄴縣提前起義。

河北的太平道徒一時雲集，以迅雷不及掩耳之勢攻克真定縣，建立了武裝總部。張角依照《太平清領書》中「有天治、有地治、有人治，三氣極，然後歧行萬物治也」的經義，自稱為天公將軍，其弟張寶稱地公將軍、張梁稱人公將軍。

由於太平道勢力謀反已久，早已經在州郡官府、富貴人家的牆壁上，以白土書寫「甲子」二字為記號，所以整個起義過程迅速而有條不紊。當年漢光武劉秀稱帝以讖緯《赤伏符》為依據，所謂「劉秀發兵捕不道，四夷雲集龍鬥野，四七之際火為主」。所以漢王朝以火德自居，張角便宣揚以土克火，提出「蒼天已死，黃天當立，歲在甲子，天下太平」的十六字真言，並命令天下起義之人以黃巾裹頭。因此，太平道反民被朝廷斥為黃巾賊。

河北起事後，短短一個月間，天下教眾無不響應。大漢冀、青、幽、并、兗、豫、荊、揚，八州之域天翻地覆，立時間反民不下百萬。其中除了太平道教徒，還有因災害而逃亡的流民、迫於賦稅而走投無路的百姓、不堪連年征戰的逃兵、失去土地被欺壓的佃農、因征伐鮮卑羌人而家破人亡的兵丁家屬，乃至於占據山野的強盜、對朝廷不滿的低等土豪也加入到反民隊伍中。他們聯合起來攻城略地，誅殺官吏豪強。

不久，安平王劉續、甘陵王劉忠先後被黃巾軍俘虜，一時間漢室宗親王國成為眾矢之的，常山王劉暠、下邳王劉意恐懼至極，竟不顧禁止私離封國的法令，喬裝逃亡下落不明。天下郡縣官員有不少是通過賄賂和買官獲得的職位，哪裡有一點兒為國之心、恤民之情、抵抗之力？黃巾軍未到，就先收拾好金銀細軟棄官而去。局勢一天天惡化，每天都有告急文書飛往京師。

到這時劉宏才意識到局勢的可怕，立刻召集身邊的人商議對策。無奈他平素親信的宦官、侍中皆是酒囊飯袋，毫無破敵之策。宦官束手無策，最可笑的是，那位被他視作半仙之體的向栩竟建議朗誦《孝經》退敵。無奈之下，劉宏只得召集朝會，向群臣廣開言路。

有人建議懲治奸黨，有人提出限制宦官，有人建議拿出皇帝的私房錢充入軍資，有人要求敞開驥廄散發御馬與兵，還有人建議考核二千石以上官員的政績……群臣一吐胸臆沸沸揚揚，劉宏這會兒方寸已亂，只好承諾全部採納。

經過一番商議，劉宏晉升剛被提拔為河南尹的國舅何進為大將軍，率領羽林左右軍以及北軍部分兵馬進駐都亭，作為名義上的平叛總帥；以二國舅何苗接替河南尹護衛京師。在河南八關恢復都尉之職，加強守備。抽調北軍、羽林軍乃至宮廷侍衛，並在三河招募鄉勇勉強湊成四萬人馬，任命在京述職的北地太守皇甫嵩為左中郎將、諫議大夫朱儁為右中郎將，由此二人率師出關作戰。另外，任命尚書盧植為北中郎將，以護烏桓中郎將宗員為副，帶領部分軍兵收攏河北餘部，北上討伐張角。

在這段忙亂的日子裡，曹操一直在觀望事態的發展，固然是為朝廷擔憂，更主要的則是父親答應過幫他在軍中謀個職位。

待到出征將領選畢，一切塵埃落定，他卻邊都沒沾到。眼看著鄒靖、沮儁、魏傑等一干北軍熟人秣馬厲兵整裝出發，他愁眉苦臉地向父親詢問，曹嵩竟笑而不答。

雖然皇甫嵩、朱儁、盧植皆是深諳兵法久帶兵勇之人，但局勢並沒向有利的方向轉變，原因是寡眾懸殊。大漢自光武中興以來，為了防止地方官員擁兵自重，罷撤了郡國乃至關城的守軍，只留下了東、南、西、北四支常駐部隊。北軍五營護衛京師、南軍七署守衛皇宮；西軍駐防三輔、東軍駐紮黃河，負責監視外族。自從羌人、鮮卑為患，西軍盡皆調至西北作戰，東軍也已抽調無幾，現所剩兵丁盡數歸於盧植統轄。如此一來，當遣出這三支部隊之後，朝廷實際已經無軍可派了！

地方本來就沒有正規部隊可言，所以黃巾游擊攻打的地區，只能依靠官員乃至地主豪強自發募兵抵抗，在這樣的狀況下，頹敗之勢一發不可收拾。幽州刺史郭勳、涿郡太守劉衛、南陽太守褚貢等相繼兵敗陣亡，至於那些棄官而走的人更是多得數不清。

最可怕的是，盧植率師渡河北上，遭遇張角親帥的主力堵截，戰事陷入膠著。而皇甫嵩、朱儁這兩支主力部隊剛剛出關進駐潁川，就被黃巾軍中最為精銳的波才一部圍困。

敵軍有十餘萬，而官軍合計只有三萬，朱儁被困在陽翟縣城，皇甫嵩被圍在長社縣。二軍莫說不能收復失地策應北伐，連突圍自保都成了問題，後來連與朝廷的聯絡都中斷了。連續十日得不到消息，洛陽城陷入極度恐慌。外地之人羈留河南無法出關，朝廷百官牽掛故鄉家小毫無訊息，老百姓個個驚懼不知所措，這樣下去洛陽很可能爆發譁變，大漢江山岌岌可危，說不定哪個瞬間就會化為烏有！

皇帝劉宏猶如驚弓之鳥，再沒有心思享樂了。即便是十常侍也意識到了亡國之危，只有硬著頭皮給劉宏鼓氣，並拿出以往扣留的奏章供其翻看。為了振奮人心穩定局勢，劉宏大力提拔壓抑的人才，甚至將與之發生爭執的老楊賜加封臨晉侯、奉以三老之禮，以往曾上疏要求取締太平道的劉陶、樂松、袁貢等人也盡皆升賞。並且他下令再次徵募河南之兵，公卿百官也得貢獻私有的弓箭、馬匹資戰，凡是通曉兵書戰法或勇力出眾之人，不管是官員子弟還是普通百姓，哪怕殺過人的罪犯、放過火的強盜，只要肯出來為朝廷打仗，一律公車征辟上陣保國。

曹操得知詔命，當即置備馬匹兵刃應徵，連樓異、秦宜祿這幫家丁們都動員起來。可老曹嵩卻竭力彈壓：「我的兒，現在征辟的公車滿街跑，即便應徵也不過是充當兵士守備京師。比你有資歷的人多的是，若是你只想混混軍營那現在就去，若是想自率兵馬立一番軍功，就給我耐心等著。」他這樣一講，曹操料知大有玄機，便放下軍械暫且忍耐。

三日後，突有天使（朝廷使者）臨門，宣曹操入宮議事，這必定是父親發揮的作用了，他速速更換朝服，跟隨公車入宮。待至皇宮使者卻不引他赴殿，卻往省中面見太尉鄧盛。

鄧盛字伯能，已年近七旬，他以早年在并州抗鮮卑的軍功起家，雖也有些名望卻遠不能與楊賜、劉寬等老臣同日而語。黃巾事起天下震動，朝廷急需以通徹軍事之人統籌局面，因此他才得以取代楊公，暫居三公之位。

曹操知道他是老行伍出身，格外尊敬，要按朝廷制度以大禮參拜，哪知鄧盛一把攙住道：「孟德，坐下講話。」

「不敢不敢！」曹操受寵若驚，「鄧公面前豈有下官的座位。」

「今日我非以太尉之身相見，乃是以同僚之禮有事相請，你只管坐，等會兒還有一人要來。」

他既然這樣說，曹操便不能推辭了，剛剛落坐，又聽門外有人稟奏：「侍御史大人到。」說話間走進一位四十多歲的官員，個子不高，膚色白淨，舉止端莊，身上的朝服規矩得連道褶子都沒有，一部黃焦的鬍鬚，帶著滿臉的刻板威嚴。

「子師，你來晚一步呀！皇上命你為將，今兒要是點卯豈不誤了時辰？」看來鄧盛與他頗為熟稔，見面就開玩笑。

那人卻一臉嚴肅道：「國家有難非是玩笑的時候，大人身居公台，此言甚是不當。」

曹操嚇了一跳，開個玩笑無傷大雅，這人也太過苛刻了。哪知鄧盛毫不計較，只笑道：「二十多年了，你那倔脾氣什麼時候能改一改呀？這邊坐吧！」

「諾。」那人規規矩矩施了大禮才坐下。

鄧盛對曹操道：「你還不認識他吧？我來引薦一下，這位是侍御史王允王子師。」

「哦！」曹操沒想到是他，恭維道：「昔日郭林宗有贊：『王生一日千里，王佐才也』，想必說的就是王兄您吧？」

王允略一拱手，正色道：「同朝為臣，何論先後，允不敢擔大人一個『兄』字。」曹操聽他一開口就是拒人於千里之外的架勢，方明白傳言非虛。

王允乃太原祁縣人，以剛直果敢而著稱。十九歲便以郡吏之身闖入中常侍宅邸，手刃為害一方的大宦官趙津，惹得先帝震怒郡守抵命，他也險遭不測。但隨著年齡增長，他不但沒有改變性格，反而愈加苛刻犯上。二十二歲時因為一個小吏選舉有私，他就當堂呵斥太原太守王球，惹得王球惱羞成怒，將其下獄打算處死。不過也是他命大，當時鄧盛恰好官拜并州刺史，聞聽此事大為稱奇，快馬傳文辟他為別駕從事，這才僥倖救他一命。此後的仕途王允一路頂撞而來，卻越犯脾氣越有人緣，引得三公並辟，擢升侍御史。今日曹操口稱王兄不過是一句客套話，他卻以同僚之義不敢實受；鄧盛與他的交情有公有私，但連一句玩笑都開不得，足見王允為人之刻板。

鄧盛有些尷尬：「子師，不必太過呆板。這位乃是議郎曹操曹孟德。」介紹完怕他說三道四，又補充道：「昔日棒殺蹇碩叔父的洛陽縣尉就是此人。」

王允聽罷點點頭：「好，為官自當如此。」

鄧盛趕忙解釋道：「孟德你千萬不要與他計較，他言道『自當如此』已經算是最好的評價哩！」

曹操一笑而置之，王允卻有些不耐煩：「鄧公，咱們還是趕緊處理要緊事吧！」

鄧盛清了清喉嚨，這才進入正題：「我今奉聖命請二位前來是因為朝廷將有重任授予你們。不過這兩項差事有萬般風險，皆要出生入死，所以你們量力而為，可以應允也可以不奉詔。先說孟德你的事，今朱儁、皇甫嵩兩路人馬被困，若不相救，久之糧草斷絕，則王師不復矣。而今朝廷幾無人可派，現勉強募兵三千。」說到此，他目光炯炯看著曹操，「孟德，你可敢領這三千人去潁川解王師之圍嗎？」

「敢！」曹操乾脆地答覆。

「好！」鄧盛一拍大腿，「果然諸人眼光不錯。你還不知，朱儁臨行曾對我盛讚於你，日前又有馬公與崔烈、張溫、張延、樊陵、許相、賈護、任芝、江覽等大臣相繼舉薦……」

曹操聽著這串良莠不齊的人名暗自好笑：這些大臣派系各異、有正有邪、有老有少，但皆是平素與爹爹多少有些交情的，想必老人家沒少費口舌。「總之，萬千重任皆負你身。你既敢受命，即刻擢拜騎都尉，明日都亭面見大將軍，領軍出關！」

「諾。」曹操起身施禮，朗聲道：「不才既受詔命，必定為國盡忠死而無怨。」

「大軍未動何言死字？」鄧盛接過令史捧來的印綬，親自交到他手裡，「年輕人，老夫在此靜候你的捷報。」

曹操這才歸坐，又見鄧盛接過另一份印綬，對王允道：「子師，你為官二十餘載，心如鐵石劫難不屈。如今有一份更凶險的差事非你莫屬。」一臉嚴肅的王允突然笑了：「王命所致，何談凶險？要命的大禍我闖過多少？能活到今天已經是便宜。」

鄧盛卻笑不出來：「豫州乃河南之門戶，萬分衝要之地。自波才兵至，一州皆亂，刺史生死不明，各地書報斷絕。現有詔命，任你為豫州刺史，收攏州郡殘兵，恢復建制，外抗賊眾，內修吏治，這差事可不簡單吶！」

王允未接印綬，開門見山道：「入豫州赴任不難，但朝廷可遣多少人隨我前去？」

鄧盛伸出一個指頭：「只有一百人。」

曹操嚇了一跳：「黃巾賊幾乎占領豫州全境，單波才的主力便有十萬之眾，以百人隨同王大人前去，豈不是羊入虎口？」

鄧盛苦笑一陣，無可奈何地道：「你來時也看到了吧！皇宮守衛皆靠蹇碩所領宦官，羽林軍已經盡數遣出，你那三千軍兵已是強弩之末，守城的全是百姓和囚犯，河南之地已無兵可徵了，再派只怕就得靠各府的家丁蒼頭了。」

王允卻一笑而置之：「事已至此，允與朝廷共存亡便是。這差事我領了，不過還需應我一件事。」

「你但言無妨。」

「一百人還是太少，且容我星夜趕回祁縣，家鄉尚有宗族男丁可用。另外我還有一好友宋翼，頗有資財僕僮，若是順利還可湊出一二百鄉勇來。」

鄧盛很感動：「子師呀，老夫實在是無計可施，連累你把全族和朋友的身家性命全都押上了。」

「無國哪裡還有家啊！」王允接過印綬。

曹操頗受觸動：「我也願意動員家丁充軍一併前往救援潁川。」

「好好好！國難顯忠臣，你們一個是中流砥柱、一個是後進英才，受老夫一拜。」鄧盛起身便要施禮，二人趕忙架住。

曹操與王允出皇宮時天色漸晚，二人拱手而別。曹操坐上早已準備好的青蓋兩幡官車，感慨不已：進去時還是個散秩議郎，出來已經是握有兵權的二千石高官了。只可惜洛陽城如今路徑人稀，莫說官員子弟，不少百姓都上了城，誰還能看到自己這番威風呢？

待至府門，只見家丁蒼頭列立兩旁，秦宜祿第一個跑過來：「恭喜爺，您高升了！咱家有兩輛青蓋兩幡車了，您要是和老爺一起出門，多威風呀！」

「哈哈哈……」曹操大笑不已，任由他扶著下了車，取過印綬逕赴正堂。見父親已經備下酒食，等候多時了。

「父親大人。」曹操捧著印綬跪在曹嵩面前。

曹嵩沒有翻看官印，只伸手摸了摸青紅白三彩的綬帶，問道：「是都尉還是中郎將？」

「是騎都尉。」

曹嵩沉吟半晌：「子曰『三十而立』，你今年恰好三十歲。為父我蒙你爺爺恩蔭，還用了十五年，你自舉孝廉不過十年光景就拿到二千石俸祿了。」

「孩兒也是蒙父親提攜。」

「為父只能幫襯，不能賜厚德與你。我只不過說動了許相、賈護等輩，崔烈、張溫他們各憑人心，至於馬公、朱儁就更非為父所能及了。說到底，路還是靠你自己走出來的呀！快坐下吧。」說著曹嵩親自給兒子舀了一盞酒，「可是你要想清楚，這仗打贏了你才能得享榮耀，若是不勝也不過是虛幻一場。」

曹操端起酒盞：「孩兒決心已定，若是不勝，致使王師覆滅，孩兒自當戰死沙場為國盡命，不辱我曹家所受皇恩。」

曹嵩按住他的手：「為父怕的就是你這句話。」

「哦？」

「人人都會說寧為玉碎不為瓦全。可是你要明白，能把碎了的玉再拼好才是最難的……阿瞞，你想德兒嗎？」

「弟弟……」曹操思量了一會兒，「咱們曹家人丁尚旺，宗族僕僮合計有千人之多，西有夏侯家彪悍之族，東有丁氏兄弟閉門成莊，三族合力恐比兒子這三千人馬還精壯些，必定無虞。」

「話是這樣說，不過萬中有一，只怕猝不及防。為父現在要做最壞的打算，倘若……」

「咱家不會有難的。」

「你聽我把話說完。倘若王師已敗或者不能得勝，你千萬不要赴死，也別再回來！」

「什麼？」

「戰敗後不要回洛陽來。」曹嵩黯然神傷，「王師一旦敗績，波才勢必兵進河南，那時京師陷落迫在眉睫，你還回來幹什麼？你就帶著殘兵速速回譙縣家鄉。若能夠召集鄉勇前來勤王最好，若不能，就閉門自守以待天時，要是連守都守不住……那就和德兒遠遁他方，萬萬要保存我曹家的後代骨血啊！我那孫子昂兒不能有損，你明白不明白呀！」

「您不必這般傷悲，朱儁、皇甫嵩皆老成之將，黃巾賊乃烏合之眾，想必王師不過暫時受困而已，您……」曹操還想繼續說，卻發現父親的臉頰處淌下一滴淚水。

那一刻他突然意識到父親已經老了，天天在一處生活，他竟然忽略了這一點，那斑駁的白髮、像刀刻一般的皺紋，即便再精明之人也有老邁的那一天啊！他馬上改了口，「兒子答應您！」

曹嵩鬆了口氣：「這我就放心了……三千人馬也太少了。」

「沒辦法，現在能征慣戰之兵只有這麼多了。王子師充豫州刺史，所轄只有百人，連夜回鄉招募人馬。」

「明天出征，你帶著這闔府的家丁一同前往。」

「兒子早有此意。」曹操喝下那盞酒，「孩兒還有一事不明，您為什麼不讓我隨朱儁出征呢？」

「哈哈哈……」曹嵩破涕為笑，拍拍胸口，「即便現在調你入北軍，你資歷不足，左不過是個別部司馬，我曹某人的兒子豈能為他人之功名忙碌？」

曹操呆呆地看著他，方才的傷感一掃而空：老人家，國家危若累卵之際，您還要耍這等小聰明啊！這等心機雖不太光彩，可是再看看一旁光鮮的印綬，這感覺真有些哭笑不得。

「發什麼呆呀！你又想什麼呢？」曹嵩喝了口酒，悻悻地瞥了他一眼。曹操不好指責父親，揶揄道：「孩兒在想……此番受命平叛，當效周亞夫力挽狂瀾建立功名。」

「力挽狂瀾？」曹嵩冷笑一聲，「你知道死多少人才能成就一員名將嗎？紙上談兵不叫本事，到戰場上你就明白什麼是打仗了。」

震懾軍兵

第二日淩晨，曹操入宮請來王命兵符，整備闔府四十餘名家丁，出洛陽赴都亭點軍。都亭在洛陽城外十里，乃是天下總驛站，現有大將軍何進親自屯兵於此。說是屯兵，實際上已經沒有什麼士卒了，兵馬盡赴八關守備，即便如此還是有些捉襟見肘。

何進聞曹操到，親自迎出軍帳，身邊相隨的親兵竟是袁術、馮芳、趙融、崔鈞四位官員子弟，後面陳溫、劉岱充作主簿，鮑家四兄弟執戟守門。都亭大營如今只剩下義勇之兵了。

曹操本想大禮參拜，卻見何進幾步趕上好像要還禮，便直起身子沒敢下跪，只抱拳拱手施禮——上次相見穿便服，被他革囊磕得頭暈眼花，這次彼此都穿著鎧甲，若再磕在面門上，未出征就要先掛彩了！

「大將軍在上，恕末將甲冑在身不得施以全禮。」

「沒關係，大兄弟往裡邊上坐吧！」何進還是滿口大兄弟。

陳溫趕忙打斷：「大將軍，這裡是軍營沒有主客位。孟德是來點軍出征的，不是代您為帥執掌兵權，他不能坐上位。」

「是是是。」何進不好意思地搓著手。

曹操沒敢笑，只道：「王師被困已久，末將打算速速點軍，趁著天亮前速速啟程，若能在午時趕至緱氏便可休整，來日天明再出關口，請大將軍恕末將遲誤半日。」

何進聽不明白他的用意，袁術卻眼睛一亮，插嘴道：「你是想來日直赴救圍，不在陽城縣紮營歇息了？」

「不錯。今賊兵勢大，朱儁困於陽翟、皇甫嵩困於長社；陽城雖未失陷，但守兵不過數百，難以自保。我若出關在那裡過夜，萬一再被敵人包圍，豈不是救人不成難解自困？」

袁術連連點頭：「嗯，這確是高明之法。點你為將我原有些不服，不過這麼一聽，你還真有點兒出眾的見識……服了服了！」

「我看孟德已有成算。」崔鈞道：「咱們休要聒噪，還是速速聚兵叫他走吧！是不是呀，大將軍？」

何進是什麼也不懂，好在他性子隨和從不反駁，聽崔鈞說要點兵即刻依從。擊鼓鳴金調集人馬，少時間三千兵馬盡皆列隊。曹操不看便罷，一看心中大喜：這三千人雖然鎧甲有別、高矮不一，卻都是精神抖擻英氣不凡。也難怪，除了宮廷侍衛就是各府有武藝的家兵，槍矛齊備不說，有些人還帶著傳家的名劍兵刃，最可貴的是都有馬匹箭囊，只要指揮得法皆能以一當十，不愧是京師人家子弟。相比之下，自己帶的家丁就寒酸不少了。

何進不善言辭，皆由袁術、馮芳代為訓話，曹操卻小聲對何進耳語道：「大將軍，賊人皆是農戶出身步戰為主，我軍馬匹眾多，但是我那些家兵尚有十餘人無馬，可不可再撥十餘匹馬？我軍若能人人有馬，行軍速度便可加倍，星夜之間可至潁川。」

「行。」何進不待他說完就回轉後營了。少時間有兵丁引出十餘匹好馬，皆有鞍韂單鐙。最後何進還親自牽出一匹棕紅色的好馬，親手把轡繩遞給他：「老弟，這匹馬是我當大將軍別人送的，說是什麼大碟子大碗的，給你騎吧！」

曹操可懂得，這是大宛馬。昔日孝武帝為得大宛種馬，遣李廣利不遠萬里攻伐西域，中原自此才有此種，實乃萬中選一的上品。曹操受寵若驚：「這可使不得，此乃大將軍的寶坐騎。」

「咳！我又不上戰場，這麼好的牲口給我就成廢物了。給它找個好主子，也算沒白跟我一場，騎吧騎吧！」

曹孟德頗為感慨：雖說何進不通政務，但卻憨厚淳樸毫無心機，有這樣一位國舅未嘗不是好事。

軍馬散發下去，眾軍兵又領數日口糧。曹操見是個空子，不言不語溜到大帳邊，對守門的鮑信道：「二郎，別人的話可以不聽，你可有什麼要說的？」鮑信連連點頭，欣慰笑道：「你若帶兵我自是放心，不過有一言供你參詳。」

「咱倆還客套什麼？我不過是讀了些書，真要是臨陣遠不及你，快說吧！」

「你打算先救哪一處人馬呢？」

「出轘關自當先奔陽翟，此地乃潁川首縣，陽翟一解豫州皆震，另有王子師入城接任刺史，大事可定。」

鮑信撇撇嘴道：「不妥啊！我若是領兵，當先救長社。」

「為什麼？長社路遠啊！」

「孟德你詳思，賊兵有十餘萬之眾，雖烏合之徒足以成大患。陽翟大縣，長社小地，陽翟離京師近，長社離京師遠。圍陽翟必用大軍，困長社用兵則少。你只有這三千人，倘若先突重地恐不容易。倒不如先易後難，先救長社，與皇甫嵩合兵一處再救陽翟，就好辦多了。」

「承教承教！」曹操連連拱手道謝。

鮑韜插話道：「孟德兄，還有一事你要千萬小心。這些兵都是大小有頭臉的，興許不太服管教，你可得拿出精神來鎮住他們才行。」

「三郎放心，這個我自有辦法。」曹操神祕地一笑。

老大鮑鴻卻一臉不快：「你都當了騎都尉了，我們哥們卻在這裡執戟把門，半步也離不開。真洩氣，出關殺幾個賊人才痛快。」

曹操寬慰他道：「大哥您不要急，想當年韓信不過也是一執戟郎，後來金台拜帥掙來三齊王，您將來必有一番好運。」

鮑鴻大喜，老四鮑忠卻用戟杆捅了曹操一下：「這可不能比，韓信被呂后害死，難道我大哥也打贏了仗反喪在自己人手裡？」

哥幾個都笑了——卻不料日後鮑鴻果應此言。

曹操辭別鮑家兄弟，又與諸位朋友依依惜別。提提胸臆中那口豪氣，踏鐙上坐騎。漢軍大旗迎風起，三千兒郎個個強，青釭利刃腰中繫，大宛寶馬胯下騎。左有秦宜祿，右有樓異，披掛整齊按劍護衛。只聽得戰鼓齊鳴，人歡馬叫，這支隊伍就要出發。

陳溫慌裡慌張跑到曹操馬前：「慢著慢著！」

「何事？」

陳溫咬著後槽牙低聲道：「把兵符拿來呀！」

曹操嚇了一身冷汗：漢家兵馬認符不認人，入營調兵先驗虎符。可如今老行伍都出征了，他與何進一個是首次領兵、一個是糊塗將軍，滿營的人誰也沒有過帶兵經驗，竟這時才想起來要兵符，再遲一步何進如何向皇上交代？他怕軍兵看見笑話，忙從懷中摸出虎符遞給陳溫。陳溫會意，以袖遮擋，趕緊揣到袖中：「走吧走吧！」曹操半驚半喜，總算是穩穩當當帶著這支隊伍離了都亭。

天氣晴和，微風陣陣，他親自於前帶隊。也是馬隊快，行了半日許，已到緱氏縣，吩咐沿城休整，按下營寨。緱氏的鄉勇早備下水和糧食，一切安排妥當，曹操又進城見了緱氏縣令，午後不再行軍，就在此休養，暫駐一夜。

第二日天明，曹操卻不忙著點卯出兵，仍舊吩咐眾兵卒休息養神。按兵不動的時間一長，那些兵卒就有些微詞了。他卻絲毫不理會，只管在帳中閒坐，不緊不慢地擦拭寶劍。哪知沒一個時辰，秦宜祿就跑進來：「我的爺！您……」

「叫將軍。」

「我的將軍爺，您還不著急呢！外面可有人罵您呢！說您受了皇命，連關都不敢出，還說您是……」

「是什麼？」

「說您是人情換來的騎都尉，沒有真本事。」秦宜祿斗膽道。

曹操不當回事，冷笑一聲道：「帶我去看看。」他起身隨秦宜祿出了帥帳，只見不少軍兵都嘰嘰喳喳地議論，還有人甩著馬鞭在聚攏旁人。這些兵都不是尋常百姓，又都覺得自己有些本事，臉面大得很，瞅見他出帳竟無一人施禮。也不知誰喊了一聲：「大家看呀，宦官孫子出來了！」引得滿營人皆放聲而笑。

曹操平生最在意的就是這件事，但兀自忍耐，呼喊道：「給我靜一靜！」樓異、秦宜祿都跟著喊起來：「都閉嘴！都尉大人要訓話了！」諸人這才漸漸靜下來。

「本都尉奉天子之命，率爾等征討反賊，助二軍成就大功。你們為什麼無故在這裡喧譁？速速回帳休息！」

有一個滿身鎧甲十分鮮明的兵士嚷道：「我等不明！朝廷派我們是去救援王師，而不是在這裡睡大覺的！現今波才盤踞潁川，兩路兵馬被圍，堪堪落敗，都尉大人怎麼可以在這裡停滯不前，貽誤戰機？我等乃是自願從戎為國盡忠，若是大人不前，我等自往一戰，死也不做這縮頭烏龜！」

「對！對！」還真有不少兵士跟著他嚷。

「如此短見之人也敢譏笑本都尉？你們怎知我停滯不前？」曹操掃視著帳前諸人，突然咆哮起來，「豎起耳朵來給我聽好了！兵法有云，知己知彼，百戰不殆。現賊兵多咱們何止十倍？我等若此時出兵，至關隘已是午時，倘於關隘休整，來日出戰，軍情必泄！

「倘午後出關，白日之間若遇敵軍，勝敗還未可知。黃巾賊乃烏合之眾，這樣的部隊打一場敗仗則士氣低迷不振，可真要讓他們打一場，他們便越戰越勇，真以為自己是神兵天將呢！所以我軍這第一仗只能勝不能敗！我叫你們養精蓄銳，午後正式啟程，咱們穿轘關而過，片刻不停，就趁著夜色直奔長社，天色未明可至，到時候一鼓作氣直摧賊兵營寨，皇甫嵩之圍立時可解！」

聽到他這番有理有據的發作，所有人都不言語了。曹操斜眼看看那個帶頭譏笑他的士兵：「你不知軍情妄自多言，還敢藐視本都尉，論軍法就當斬！」

那兵自知理虧，但還仗著膽子道：「某乃楊尚書府的……」

「住口！我管你是哪家的人，既在軍營就該服從軍令。昔日孫武子斬吳王之姬以正軍法，我曹某人也用你的腦袋壯一壯名聲。樓異，把他推出去斬了！」

隨著這一聲令下，樓異帶著兩個曹府親兵架住此人就往外拖。那兵這會兒才知道害怕，連連喊嚷告饒，滿營兵士一片譁然，誰也不敢講情。曹操也不理睬，把臉轉了過去，背對滿營兵士，卻朝秦宜祿一個勁兒撇嘴使眼色。秦宜祿何等機靈，趕忙抱拳道：「將軍且慢動刑，我軍未戰賊人，先殺己兵，這不吉利呀！」
「唉……」曹操假裝抬頭歎了口氣，轉身道：「赦回此人！」
樓異並未走遠，忙招呼親兵又把他推了回來。這次他可老實了：「謝大人不斬之恩。」
「非是本都尉不斬你，只是殺你有礙軍威。我將你遣出軍營，不要你了！滾回洛陽去吧！」
那人聞此言聲淚俱下：「我身懷武藝，奉主子楊尚書之命前來投軍，為的是殺敵報國榮耀門庭；若是被遣離軍，必使主人蒙羞。只要都尉大人讓我殺敵，即便戰死在下無憾。望您開恩，千萬不可將我除名呀！」說罷連連叩頭。
曹操覺著差不多了，點點頭：「還不錯，尚知廉恥。既然如此，今夜奔襲我要你衝在第一個，你給我將功折罪。」
「謝大人！」
「在場將士聽真，」曹操一腳蹬到豎旗的夾杆石上，「我軍只有三千騎，將投萬險之地，人人都要使出渾身的本事來。救援王師咱們只能打一戰，一戰必須成功！有沒有決心？」
「有！」眾兵士高舉槍矛齊聲吶喊。
「好，秦宜祿速速傳令，命全營將士回去休息。咱們午時用飯、飲遛馬匹，未時拔營起兵。」
「諾。」秦宜祿應聲而往。
曹操見兵士盡皆散去，也回到帳中安歇，頭一次訓示軍兵，心裡實是有些忐忑，倚在帳裡，不由自主地笑了起來。
樓異把水袋遞了過來：「說了半天話，您喝口水吧。」
曹操這才覺得渴，接過飲了一口。

「大人，您這都是故意的吧？」

曹操差點兒把水噴出來：「你……你說什麼？」

樓異擦拭著曹操的兜鍪，頭也不抬：「其實您心裡早有成算，但是故意不對三軍明言。表面上散漫不著急，就是想引起三軍議論，好藉機發威震懾軍兵吧？」

曹操連連咋舌：「我這個都尉是怎麼當上的你也知道，而這些兵多有背景，若不滅一滅他們的囂張氣焰，臨陣指揮不靈可就麻煩了。」

「您英明果斷，小的實在佩服。」樓異覺得今天自己忍不住多嘴了，趕緊補充道。

「唉，你真心明眼亮。都說秦宜祿機靈，我看他是聰明在皮上，你才是骨子裡的聰明。」說雖這樣說，曹操覺得自己的心思被看穿，多少有些彆扭。

長社之戰

事到如今可謂一切妥當，就等著時刻到來。曹操吩咐諸人休息，可是自己卻安穩不下來。畢竟是第一次用兵，難免緊張。他強自閉目養神一動不動，直至秦宜祿把戰飯端到他面前，他才睜開眼勉強進了兩口。

「我的爺，您再……」

「叫將軍！」

「我的將軍爺，您再多用一些。」秦宜祿憨笑道。

「吃不下去。」曹操把碗一推。

秦宜祿也真敢說話：「您不吃，我可吃了。我得吃得飽飽的。」

「你真絮叨，吃吃吃！」曹操不理他，在大帳裡蹀著步，「撐死你這沒皮沒臉的東西。」

「您說我沒皮沒臉，小的我就沒皮沒臉。」秦宜祿端起碗卻沒有吃，「您這為將的不吃飽了，我們這當兵的心裡不踏實。晝夜奔襲，萬一您體力不支指揮不了可怎麼辦？所以我就得多吃，到時候要是兵敗好逃跑呀！」

「放肆！你……」曹操聽了光火，回頭要發作，卻見秦宜祿笑嘻嘻又把碗捧到他面前：「我的爺，為了打贏仗，您還是再多用些吧！」

曹操「噗哧」一笑，接過碗來：「你這塊滾刀肉呀！」

秦宜祿越發諂媚：「小的還希望自己是塊肉呢！我要是肉，這時候給爺您吃了，上陣好有氣力呀！您出去看看，弟兄們勁頭可足呢！大家都說您是天神下界指揮若定。您要是天神下界，那我們就都是天兵天將了，這仗咱怎會不贏呢？」

小人自有小人之能，曹操雖知他說的全是瞎話，但是此刻卻頗為受用，提氣不少，端起碗來把戰飯吃個光。早有樓異把大宛馬刷洗飲遛，綁縛箭囊，劍矛不知擦了多少遍，閃閃泛光。一切準備妥當已近未時，曹操傳令拔營出發。

這次再行軍便與昨日不同了，三千騎快馬加鞭，鐵蹄揚塵士氣洶洶，中時未盡已到轘關前。軍兵通報已畢，曹操命自己的隊伍就地休息汲水，自己帶親兵順馬道馳上雄關。

鎮守轘關的乃是羽林左監許永，現已充作守關都尉，曹操見他滿眼血絲，料是多少天沒有踏踏實實睡覺了。

「原還有些賊人來至關前，盡被擊破。現兩路人馬被圍未拔，他們便不輕易來犯了。陽城、密縣以西尚無賊人大兵駐紮，你若救長社，此刻出關可在陽城、密縣暫歇。」

「不耽擱了，我即刻出關，晝夜兼程直搗長社。」

許永早聞曹操之名，不過也知他這是首次帶兵，不禁略一皺眉：「晝夜奔襲？你考慮好了嗎？」

「嗯。烏合之眾盡皆農民，日出而作日落而息，正好趁著夜色掩護奔襲長社。現士氣高漲，可不能拖延。」

「好吧。」許永見他言語決然，不再多言，拱手道：「一路上千萬要小心謹慎。」

「謝許大人關照。路途尚遠不敢耽擱，曹某就此別過，將軍多受勞苦了。」

「彼此彼此。」

曹操跨馬下道，三千人休整已畢，即刻開門出關。這一次行軍速度更快了，如一股狂風刮過，也不論官道小路，抄最近的道路直奔長社。沿途之上也遇到三兩個黃巾游勇，奔馳而過一概不作理會。待過了陽城，天色已晚。

四月的天氣已有些轉熱，但天黑後便涼爽起來。陣陣風兒吹來，涼涼快快正好馳馬，有人餓了便在馬上塞幾塊餅子乾肉繼續趕路。先前休養了一天一夜，加之始終露天行軍，所以即便天黑大家還能模糊看見。奔襲之術最要緊的就是保密行蹤，曹操只叫領頭之人打了兩個火把辨認道路，軍兵隨著火光而進，絲毫不亂。

「第一次這樣騎馬，好痛快！」不知誰嚷了一嗓子，大家的話匣子都打開了。

「是啊！我不當侍衛了，以後就從戎打仗！」

「哈哈哈！月黑風高正好殺人。」

「他們就是有探子發現，也趕不到咱前面呀！」

「咱們他媽贏定了！」

「哈哈哈……」曹操也仰天大笑：「揚名立萬就在今夜啦！」

這樣的行軍可謂迅速之至，方至子時已經馳過密縣，逼近長社縣境，再往前就是黃巾主力之地了。所有人都不再說話，馬上加鞭直衝著縣城方向奔去。

突然間，正前方燃起一大片火光！

「怎麼了？怎麼了？交戰了嗎？」軍兵皆有些意外，不由自主地慢了下來。曹操腦中嗡的一聲：這是誰勝誰敗？要不要冒進？

但是他立刻清醒過來，如此奔襲而來，倘若駐足，士氣必泄；況處於四戰之地，只能前進不能後退了。他拔出青釭劍，高聲喊喝：「傳我將令，不准猶豫怠慢，全速前進啊！」

說話間前方已經紅光大現，呼喊聲遠遠傳來。畢竟曹操帶的人沒上過大戰場，頭一次出兵就遇上這樣混亂的局面，士兵雖聞將令還是有些恐懼。

曹操正沒辦法，秦宜祿卻扯著公鴨嗓子嚷上了：「殺他娘的蛋！立功賺錢娶老婆，我第一個跟他們玩命呀！」話是這麼喊，他可守在曹操身邊沒動。

「對！對！立功賺錢娶老婆，衝啊！」大家的豪氣立刻被調動起來，都擎住槍矛往前衝。

這會兒根本用不著火把了，長社的大火早已經映紅了半邊天，把大路照得清清楚楚。轉眼間，遠處猶如黑壓壓的烏雲一般，黃巾軍已近在眼前了！

曹操的部隊由暗觀明看得清楚，而黃巾之眾皆是由明觀暗本就難辨，加之這三千騎兵沒有打火把，他們也不知道來了多少官軍。這些農民都是日出而作日落而息慣了的，半夜見到火起已然大驚，這會兒又有官軍衝來，哪裡還有心思抵擋。人心慌亂之際，一人逃跑眾人跟隨，尚未交戰已經大亂。

三千騎此時真應了秦宜祿之言，猶如天兵天將，直楞楞插入黃巾軍中，槍矛利刃借著馬力像穿蛤蟆一般逢敵便刺。有的人嫌費事，把長矛往馬頭邊上一順，催馬就往人堆裡衝，礙著死碰上亡！

曹操看得分明，這些黃巾軍毫無鬥志可言，軍備器械也簡陋得很。大多數人都是手持鋤頭棍棒，更有甚者，黃夜之間連武器都沒有拾到，莫說還手，就是招架之力都沒有——想必這把大火是皇甫嵩所為。

三千騎兵早就殺紅了眼，左衝右突，也不知廢了敵人多少條性命。曹操勒馬命秦宜祿傳命，不可分散追敵，先奔正前方與皇甫軍會合。吶喊聲、刀槍聲、火焰聲、哭嚎聲振耳欲聾，整個戰場彷彿是燒沸的大鼎，一片翻騰。

黃巾軍辨不明方向，在其間胡亂奔走逃亡，曹操好不容易聚攏住人馬，又聞哭嚎聲大作，更多的黃巾敗軍如潮水般自長社方向湧來。這些人更不及方才殺散的，他們連包頭的黃巾都沒了，赤手空拳披頭散髮，連鞋都沒有，人擠人、人踩人過來的，見到曹操這支隊伍，連瞧都不敢多瞧一眼，向兩邊作鳥獸散，根本手無縛雞之力了。

曹操指揮兵將頂著這股敗兵的洪流繼續往前衝，也不知衝了多久、殺了多少人，終於聽到鼓聲震耳、看見旗幟搖擺——漢軍討逆大旗映入眼簾！兩軍相遇之際，兵士互通來歷。一邊是快馬奔襲風塵僕僕，一邊是久困壓抑才得發洩，兩邊互不相識的人丟下武器執手相擁。早有斥候（偵察兵）探馬一路詢問，奔到曹操近前：「曹將軍遠來辛苦，我家大人有請。」

讓過追襲的皇甫大軍，三千騎跟著斥候兵前往。天已經濛濛亮了，曹操一陣釋然，猛然間在人堆裡瞅見一杆大旗，射聲司馬魏傑手持佩劍正指揮親兵追擊。曹操抑制不住心中喜悅，高叫：「魏司馬，小弟我也來了！」

魏傑倒是聽見了，遠遠地瞅了他一眼，似乎不認識一般，沒有搭理。這畢竟不是講話所在，曹操便不再打擾他，跟著繼續前行。又行了一大段路才望見旌旗林立、白旄高豎，土坡之上列著胡床，當中一員高大長鬚金盔金甲的老將，不是皇甫嵩還是哪個？

曹操止住隊伍，自己下了馬隨斥候一路小跑，奔到土坡前跪倒施禮：「末將曹操，參見皇甫將軍。」

「起來！」皇甫嵩下來相迎，「你也是欽差將軍，咱倆一樣，我當不起你這一拜。不過朝廷也忒小看我們這些老骨頭了，必是以為我坐而受困才差你來，豈知我這一把火足以使黃巾逆賊膽戰心驚！」

曹操低頭起身：「老將軍果然雄才大略！只是末將救援來遲，未能有助，毫無功勞，慚愧慚愧！」

「哈哈哈……」皇甫嵩撚鬚大笑，「你回頭看看你的兵！」

曹操回頭一看不禁驚詫。太陽升起，天已明亮，蒼穹之下最扎眼的就是他帶來的兵馬。出來時這些人還是參差不齊，但是現在盡皆一樣服色——紅盔紅甲紅坐騎，那是敵人的血染成的！這是殺了多少人啊……秦宜祿揮舞著大旗高聲喊喝：「大家都在，一個都沒傷！咱們一個都沒傷呀！」

曹操呆在那裡，只覺皇甫嵩拍了他肩膀一下：「曹將軍，這滿身血跡就是你的功勞呀！」他這才發覺自己也是一身血紅，難怪魏傑認不出自己。

「累不累？」

「老將軍夤夜縱火突圍尚且不累，末將何敢言累！」

「巨高之子真會講話。」皇甫嵩一笑，「這些天若非朱儁牽制大敵，老夫也不能得勝。那好，咱們合兵一處即刻向西殺奔陽翟！」

令出山搖動，三軍聽分明。漢軍乘勝殺奔陽翟，他們已被圍困了近一個月，今天可謂虎兕出於柙，皆奮勇爭先。黃巾軍原不過是仗著人多的優勢，卻被長社這把大火燒得膽戰心驚，再也提不起勇氣。漢軍所到之處如砍瓜切菜，還未到陽翟縣境，就有斥候稟報：「朱將軍聞知咱們得勝，也奮勇一戰，現已衝破敵陣，波才之眾已敗矣！再往前方數里，我軍即可與之會合。」

皇甫嵩、曹操等指揮的將領不勝歡喜。正高興間，又見北邊黃巾逃亡之眾大亂，迎面衝出一隊鄉勇，雖然人數不多馬上步下皆有，但也一個個殺得似血瓢，勇不可當。曹操一眼看見王字將旗：「是王子師，王使君也殺到了！」

漸漸的，迎面朱儁一軍的旗幟已飄忽可見，漢軍會合就在眼前。曹操再也抑制不住激動的心情：「潁川得救啦！洛陽得救啦！我大漢得救啦！」軍兵聽到也隨著歡呼。

曹孟德閉上眼睛聽著排山倒海的歡呼聲，拚殺一天一夜這才覺得勞累，淋漓的汗水淌著敵人的血自面頰上流過。他微笑著自言自語：「父親，兒沒有讓你失望……」

第六章

急赴前線鎮壓黃巾起義！

收復陳國

隨著長社一戰獲勝，朱儁、皇甫嵩、曹操三路兵馬會合，王允也順利進入陽翟接任豫州刺史，潁川黃巾潰敗，首領波才死於亂軍之中，洛陽躲過了覆滅的危機。皇帝劉宏大喜，即刻加封皇甫嵩為都鄉侯；封朱儁為西鄉侯，更因其牽制黃巾有功，又賜號為鎮賊中郎將，並命令他們繼續平滅豫州黃巾餘黨。隨著這一戰的成功，朝廷軍與起義軍的對峙形勢也發生了逆轉。

張角憑藉太平道蠱惑百姓起義，但他領兵打仗的本事卻難登大雅之堂。他號稱「天公將軍」，率領的乃是河北四州最忠心耿耿的教徒，可是本人卻志大才疏，連兵力不足自己十分之一的盧植都戰不過。他終究沒有撒豆成兵的本事，一切妖術邪法都不能禦敵，連連敗陣之後只得退過黃河，放棄黎陽、鄴城，將大軍龜縮於廣宗縣，不敢再出城一步。

首領挫敗，黃巾軍士氣受到空前的打擊。隨之而來的，各地豪強官吏自發組織的鄉勇大顯身手，反攻熱潮高漲，黃巾軍只得化整為零各自游擊，有的甚至竄入深山老林隱遁。

所剩的大部隊，就只剩下張角兄弟率領的河北義軍主力，以及盤踞陳國、汝南、南陽三郡，由太平道「神上使」張曼成率領的一部。

朱儁、皇甫嵩、曹操以及王允，花了數日時間肅清翟陽四圍的黃巾餘黨，接收了一批投降的義軍，總算是初步控制了局面。可接下來一步，陳國、汝南、南陽三郡皆有大量叛軍，又分處潁川的東西南三面，顧此不能顧彼，而潁川尚未大定，守備力量不足。眾人正冥思苦想籌劃下一步的戰略，忽有兵丁來報，從南陽郡來了使者。

大家盡皆大喜。南陽郡自太守褚貢戰死後，已沒有什麼消息，抵禦黃巾全靠地方的武裝，大家正為不明敵勢發愁，這個使者來得正是時候！少時那人來到，卻是一個民兵服色的小子，看樣子也就是十六、七歲，還背著個粗布大包袱。

「啟稟諸位將軍，我家郡將大人前日在宛城與賊大戰，將敵殺散，追趕數十里。」

明明是捷報，諸人卻面面相覷。皇甫嵩第一個問道：「你言道你家郡將大人大破敵軍，可是南陽太守褚貢為國盡忠人所共知。你說的郡將大人又是何人？」

「回將軍的話，」那小民兵道：「自褚太守戰死，本郡捕盜都尉秦頡秦老爺帶領我們堅守宛城，鄉里豪族推他暫攝太守之位。他可了不起了！」他說到這裡一臉的驕傲。

王允聽罷一臉不自在，方要發作，卻被朱儁一把攔住，笑道：「子師兄莫怪，這田野埋麒麟呀！咱們這裡還在發愁，這個秦頡竟然已將賊軍破了。」

「還有呢！」那民兵解下包袱打開，只見一顆血淋淋的人頭赫然呈現。朱儁端詳了一會兒：「這是誰的人頭？」

「此乃賊人首領，那位什麼神上使張曼成啊！」

諸人聽他一言盡皆站起，連久在陣仗的皇甫嵩都已瞠目結舌：「張曼成乃中原賊首，此人一死賊兵必散。真的是他嗎？」

「這還有假？夤夜之間，我家秦大人率兵深入敵陣，殺他們個措手不及，親手將張曼成斬於馬下。」那小子越發得意，「我也在隊伍裡，看得清清楚楚。」

「哈哈哈……」皇甫嵩撚髯大笑，「我看你家秦大人還真夠個太守之位！」

「那是自然。」那小民兵年紀尚輕故無拘無束，「我們那裡有本事的人多了去！有蘇代、貝羽兩位財主老爺，還有個叫趙慈的大哥，都是豪富一方的大財主，家裡僕僮佃戶好幾千，破賊全靠著他們的人呢！」

「你小子莫要急著誇口，既然南陽賊已敗，餘眾奔往何方你知道嗎？」曹操戲謔道。

那小子撓了撓頭：「我家大人說了，敵人盡往東逃，有的投了汝南，更多的奔了陳國。」

「好，你先下去休息吧。」朱儁接過話來。

「諾。」小兵作了個揖，走出幾步又回頭看看，「小的……小的……」

「你還有事嗎？」

「小的有肉吃嗎？」小兵的臉紅了，「我都三個月沒吃過肉了。」

「有有有，讓你吃個夠！」曹操笑了。

待小兵歡蹦亂跳地隨著親兵去了，半天未說話的王允才插言：「這個秦頡雖然暫敗黃巾，可怎麼能私自稱太守呢？」

「現在也顧不得這麼多了，」皇甫嵩親自包好張曼成的人頭，「有了這顆好東西，往京師一送，還愁他當不了真太守嗎？」

「可他現在畢竟不是朝廷任命的郡將，再說你聽聽剛才那小廝說的話，什麼蘇代、趙慈、貝羽，說好聽了是財主，說不好聽的，都是土豪惡霸！這等人打著朝廷的旗號作威作福，絕非什麼好事呀！」王允頗為憂慮。

「子師，現在也顧不得這麼多了。就算秦頡帶的這幫人都是無賴匹夫，現在也只能用他們。宛城被圍已有百日之久，莫說破敵，他能夠勉強堅守已是難得了。現在既然南陽初定，咱們就不至於三面受敵，可以放手對付陳國、汝南兩處。依你之見呢，公偉兄？」朱儁翹著小鬍子一笑：「汝南太守趙謙兵敗已久，這一處最不好打。依我說咱們不妨學一學孟德，先易後難，兵發陳國，挫挫他們的銳氣。」

「好！」曹操早已迫不及待，「末將願帶三千騎為先鋒，直搗陳國。」哪知朱儁、皇甫嵩沒有理睬他，兩人神祕地對視一眼，不約而同地大笑起來。曹操甚是詫異：「末將……哪裡不對嗎？」

「曹家小子，你是不是看我們倆老骨頭升了官，眼紅了？也想立大功掙個侯位呀？」朱儁玩笑道。

「晚生不敢。二位大人是不是已有破敵妙計？」

朱儁捋著小鬍子：「不錯。天底下哪裡有人造反，都要速速救援，唯有這陳國地方奇，咱們去得越慢越好。」

「哦？」

「這陳國陳縣藏著一員無敵將，可是他脾氣怪，兵又太少。咱們若不把他逼急了，他絕不肯輕易顯露本領的。但只要他一出手，反賊頃刻倒戈而降。」

曹操不敢相信：「真有這等事？您不會是玩笑吧？」

「孟德，軍中無戲言嘛！」朱儁故作神祕，「明日卯時點兵出發，三日內進軍陳國，到時候你就知道了。」曹操聽他道三日，豈有如此緩慢的救援？回頭看看皇甫嵩，見他也是默默點頭，笑而不言。

自第二日出兵起，曹操的眼睛就不夠用了。他安排樓異代他統率三千騎，自己卻一會兒跟著皇甫嵩、一會兒纏著朱儁，時時刻刻觀察著他們如何調兵遣將、如何選擇地方安營紮寨。他明白，大局扭轉，黃巾軍的失敗已是指日可待，必須要在這段時間裡，儘量多地把皇甫嵩與朱儁的用兵經驗學超來。

皇甫嵩心粗不理會，朱儁卻早看穿曹操的心思，乾脆把他留在自己身邊聽用，順便教他許多帶兵之道。所幸行軍不急，就這樣，不論是行進紮營，還是巡營用飯，這一個老頭、一個青年，倆矮個子將軍總是形影不離。兩天後，官軍眼看已到陳國陳縣地界，又一場戰鬥要開始了。

曹操命令軍兵紮下大營，埋鍋造飯，簡單巡查一番，便又跑到朱儁的中軍大帳裡。

「你這小子也真是的，飯都要在我營裡蹭。」

曹操一笑：「老將軍您治軍有方，飯食做的也比我們那裡香！」

果不其然，戰飯做罷，庖人都曉得他必到，乾脆端了兩份進來。看見吃食，曹操突然有了一個疑問，端著碗呆呆問道：「我跟隨皇甫老將軍時，覺得他愛兵如子，每次安營紮寨，他總是等將官安排已定才搭設自己的中軍大帳。用飯的時候，也是等大家都分發已畢，才自己吃飯。可是您為什麼卻是第一個吃第一個喝呢？」

話未講完，曹操不禁笑了——只見朱儁把頭壓得老低，埋頭往嘴裡扒拉吃的，後來連筷子都嫌費事了，伸手抓起一塊餅撕咬著，可能小老頭的牙不太好了，歪著腦袋使勁扯——那副尊容曹操看了兩天還是忍俊不止。原來這朱儁吃飯比打仗還乾脆，少時間如風捲殘雲般把吃食消滅得乾乾淨淨。接過親兵遞來的水呷了一口，見曹操抿嘴竊笑，便道：「你小子笑什麼？瞧我這吃相滑稽嗎？」

「不敢……不敢……」話雖這樣說，曹操卻差點兒樂出聲。

「哎呀！你小子是大官子弟，自小錦衣玉食，享福享慣了。可你知道我是什麼出身嗎？我家乃一介寒門，我還沒記事的光景我爹就死了，全靠著老娘織布為生。別說填飽肚子，有飯吃就不錯。」朱儁咂麼著舌頭，自嘲道：「你剛才問，為什麼我總是率先用餐。你想想，那皇甫嵩乃是西州望族，他伯父皇甫規、父親皇甫節都是赫赫威名的大將，自幼家境殷實也吃過見過。我沒出息，比他嘴急呀！」

「您不要玩笑，我是真心想知道為什麼。您老人家也不是不愛兵呀，為什麼好事總是搶在兵將前面，皇甫將軍為什麼總是最後想到自己？我想其中必有奧妙。」

朱儁正了正顏色，翹著七根朝上八根朝下的小鬍子道：「你小子以為那僅僅是愛兵的舉動？皇甫義真治軍，用的乃是『止欲將』之道。」

「何為『止欲將』，願聞其詳。」

「太公《六韜》有云：『軍皆定次，將乃就舍；炊者皆熟，將乃就食；軍不舉火，將亦不舉，名曰止欲將』，你沒聽說過吧？」

曹操從第一次見到朱儁就覺得這個人很奇怪，此刻瞧他引經據典更覺得莫名其妙，放下碗筷拱手道：「望前輩指點迷津。」

「別那麼裝模作樣的，吃你的，我一講你馬上就明白了。所謂『止欲將』為的不僅僅是在軍兵之中樹立好名聲，更為的是身體力行。他皇甫嵩真也一把年紀嘍，真要是衝鋒在前，恐怕沒有當年的本事了。所以要想辦法身體力行，親自體驗一下饑渴、勞累的感覺，這樣他才能掂量出當兵的還有多大的體力。」

「還有這麼一層道理？」

「你有機會再仔細觀察一下，他不是站在那裡擺姿態，而是時刻觀察軍兵吃飯時的樣子和飯量。嘿嘿！這個老滑頭。」朱儁笑了，「幸好我不是他的部下，以我這樣的吃相，他什麼也瞧不出來。」

曹操不禁咋舌，連觀察吃飯都有這麼多講究，看來自己還差得很遠，想至此曹操又問：「那您為什麼反其道而行之呢？」

「那可就是小老兒我的祕密了。」

「您說說，我不告訴別人。」

「皇甫嵩身高八尺相貌堂堂，又是名將之後，他行止欲之法，滿營官兵皆要稱頌。但是，似你我這等形容可萬不能用。」

「為什麼？」

朱儁站起身來：「你瞧瞧！我朱某人身高不足六尺，相貌不及中人，出身不過衙門小吏。本就沒什麼威望可言，倘若身體力行只會更顯平庸瑣碎。那樣誰還能敬我？誰還能怕我？我怎麼還能統帥三軍？哼！所以我得自己把自己的地位抬起來，無需身體力行，只差心腹之人探知全軍上下之情。我萬事不親臨而萬事皆知，士兵就會敬我懼我，以為我深不可測，不敢有絲毫違拗。」他說著話指了指自己的腦袋，「我治軍打仗靠的是這裡。說白了就是馭人之術。揚雄《法言》有云：『下者用力，中者用智，上者用人！』」

曹操眼前豁然開朗。

「孟德啊，孫子曰：『因敵變化，不為事先，動輒相隨』，其實你大可不必處處模仿我們，更不能照本宣科。只要你能審時度勢，這仗你愛怎麼打就怎麼打，兵你愛怎麼帶就怎麼帶，大可隨機應變隨心所欲。」

此刻，曹孟德發現他心目中對朱儁的形象徹底翻轉了，原本猥瑣矮小的樣子此刻彷彿變得格外高大威武，隨隨便便的舉動似乎都透露著令人捉摸不透的含義。他甚至想到，自己上了年紀必定也是朱儁這等相貌個頭，到時候自己能否有朱儁那樣的精明老到呢？既而，又想到此次緩慢行軍的原因：「前日您說救援陳國越遲越好，還要逼一員無敵將出戰，這究竟是怎麼回事？」

「《鬼谷子》有云：『智用於眾人之所不能知，而能用於眾人之所不能見』，你當明白智藏於陰，而事顯於外。若是全軍人人都能得知其中利害，那還算什麼祕密軍機，到時候就不靈了！」朱儁還是不肯相告，「明日出兵，自見分曉。」

曹操腦袋都有些大了，他自幼熟讀孫武子之書，卻在一頓飯的工夫，聽他引據了如此多的其他用兵經典，感覺句句皆有深義，感慨道：「《孫子》、《吳子》、《三略》、《六韜》，這些講究太多了。我要是有閒暇，不妨各選其精要自己節錄一卷書，乾脆就叫《兵法節要》吧！」

「哈哈哈……」朱儁仰面大笑，「曹家小子志氣不小呀！我等著你的《兵法節要》。現在快把你的飯吃完，速速回你的營，當你的騎都尉，明日還有一番熱鬧呢！」

曹孟德回營睡覺一夜無話，第二日清晨點卯出發。因為短短的路程耽誤兩日有餘，黃巾大軍早已經包圍陳國首縣了。三路官兵合軍逼近，就擇西北高平之地駐兵。面對一望無邊的敵人，二老卻下令只鳴戰鼓不許交戰。

陳縣黃巾乃潁川、南陽二郡敗兵所集，雖不下十萬之眾，其中卻還有不少婦孺兒童，戰力薄弱全依仗人數眾多。

他們聞官軍擊鼓卻不見出兵，甚是迷惑，雖人馬遠多官軍，卻不敢輕易交鋒，便只把陳縣圍得水泄不通。

哪知官軍這一擊鼓，自卯時直擊到巳時，士兵手腕子都酸了，皇甫嵩、朱儁就是不准下山作戰。曹操不明就裡，心中焦急，頂著火辣辣的日頭，就站在高坡之上，見雙方僵持不下，越發沒有主張。

又過了好一陣子，就聽轟隆一聲巨響，陳縣大門突然敞開！

黃巾軍見城門大開，便如潮水般揮舞兵刃往裡湧。哪知還未衝到護城河，就見自城門洞處猛地飛出兩支大弩，急速打入人堆裡。這兩支弩箭都是以兩人抱不圓的樹幹製成，弩頭削得鋒利無比，這一打力道極大，黃巾兵猝不及防被穿起一大串，連衝帶掛倒下一片。哪知這兩支弩剛剛打完，驚魂未定間後面又飛來六支。

黃巾軍大駭，不知不覺已經閃開一箭之地。方退開，就見自陳縣城中推出八輛弩車，每輛車皆由十二個光著膀子的彪形大漢操縱。緊接著，又衝出一隊步兵，這些兵個個硬弓在手，每人身上都至少背著四個箭囊。頓時間弓弩齊發，黃巾兵齊刷刷又倒下一排。最後只聞鼓樂大作，弓弩隊後面竟閃出一輛華蓋戰車來！

這輛車由三匹赤紅馬拉著，上有赤色華蓋垂珠簾，雙幡朱旗上繡九龍紋，駕車人金盔金甲，後豎紅漆大盾，左右擋板畫著猛虎逐鹿圖，朱漆描金的大輪子。現在已不是春秋戰國，沙場上戰車已是極少，而今日車上所站之人更是扎眼：此人四十歲左右，高大威武，一臉虬髯，不穿鎧甲不戴兜鍪，頭頂瓔珞冠冕，身披皂色龍衣，赤黃綬帶，雙掛玉環印綬，掌中握著一把看著就很嚇人的特大號硬弓。

曹操這才醒悟——此乃我大漢第一神箭手陳王劉寵啊！

陳國乃孝明帝之子劉羨的世襲封國，歷五世傳與劉寵。此王甚好弓弩之術，能左右開弓，發十箭共中一的，實乃蓋世無雙的箭法。諸侯王轄兵本有定數，乃朝廷派遣；唯獨這劉寵，受當今天子另眼相看，自選兵丁護衛一概不罪。他選的親兵以箭法為準，一千部下都是弓法出眾之輩，太平年月就陪著他縱馬打獵。黃巾軍皆是農民，平日見到郡將刺史已覺華貴非凡，哪兒經歷過這等人物？皈依太平道之人最是迷信，都以為劉寵是天神下凡，這仗沒打先懼怕三分。

劉寵也真是愛氣派，打仗竟還有樂工相隨，吹的吹打的打。他大弓高舉搭箭便射，一個百步之外的黃巾將領應弦落馬。眾人還未反應過來，只見他開弓再射，又一個頭目倒地。緊接著第三箭、第四箭，又有兩個將領中箭，這幾個人皆是箭中咽喉當場斃命。黃巾陣營立時大亂，劉寵將大弓一擺，那千人弓箭隊得令齊發，一時間箭如飛蝗，前面的黃巾兵頃刻間變成了刺蝟！

「天神莫要動怒，小民再不敢違逆啦！」不少虔誠的道徒當場跪倒，解下頭上黃巾便投降。那些心裡明白的也不敢打了，丟下兵器準備四散奔逃。圍城的時候擠得嚴嚴實實，要逃跑可就擁堵難行了。

朱儁見狀立刻傳令出戰，三軍人馬似猛虎下山包抄阻截。這些想逃的農民軍衝又衝不出，回去難免射死，也紛紛跪倒投降。一人降百人降，轉眼間反民似排山倒海般盡皆告饒。浩浩蕩蕩的陳國黃巾勢力，就這樣簡簡單單立時而定，再也不敢有絲毫反抗。

朱儁傳下命令，將賊首捆的捆綁的綁，登記造冊受降義軍。吩咐完畢帶著皇甫嵩、曹操齊催戰馬，奔至戰車前，三人滾鞍下跪：「臣等參見大王。」

劉寵一臉不悅：「爾等好大的膽子！既已督兵在此，竟然虛敲戰鼓不肯作戰，孤豈能容饒！你們的腦袋都不想要了吧？」
「臣有下情回稟。」朱儁叩頭道。
「講！」劉寵將大弓一背。
「大王名震天下，故而陳國之民無一人敢為僭越之事。然此等賊軍皆為他郡敗寇，不知大王之威大王之德。本當盡皆誅殺以彰國法，然上天有好生之德，故不妄加災禍與人。況賊眾之中頗有婦孺，盡皆屠戮有悖大王寬仁之道。臣等若衝殺往復，害命必多，」朱儁說到這，還沒忘了恭維兩句，「幸大王有天賜之能，指揮若定，弓弦所指元凶斃命，反民畏懼猶如神明。若非您恩威並施，百萬餘眾豈能縛手？實是大王之威，感天動地。臣等甚幸，三軍甚幸，百姓甚幸！」
曹操頭一遭聽朱儁這等諂媚語氣，覺得這馬屁拍得沒邊了，連感天動地都說出來了。到後面又聽他故意誇大，把十萬敵眾說成百萬，不禁低著腦袋偷笑。
「嗯。聽卿一言，孤忿少解。」原來這劉寵愛聽奉承話，「都起來吧！小小的反民何足掛齒，竟猖獗至此？足見爾等都是無能之輩，待孤王親率人馬，殺他個片甲不留！」
三人聞聽都嚇壞了。莫說諸侯王不可掌握軍權，就是能領兵，他堂堂王爺萬金之軀，戰場上若有個一差二錯，如何向朝廷交代？這罪責可擔待不起。皇甫嵩連忙勸阻：「反賊勢大，王爺不可以身犯險，倘有……」
話未說完，劉寵就惱道：「哼！皇甫義真，你是說孤王無能嗎？」
皇甫嵩嚇壞了：「不敢不敢！臣的意思是……」
「大膽！」劉寵沾火就著，簡直不是人脾氣。
朱儁眼珠一轉道：「大王息怒，容臣一言。臣以為大王之威萬不可施與小敵！兩軍廝殺乃是偏褌之事，大王若領兵督戰則為輕賤。現天下動亂人心未甫，大王若是能坐鎮都亭，威懾雄關，必使各地反賊聞風而降，天下大勢立時可定也！此舉不比領兵督戰強之萬倍、榮耀萬倍？」

劉寵手撚鬚髯沉思了一陣兒，連連點頭：「嗯，有理有理。孤可在都亭與敵一戰？」

曹操低著頭幾乎樂不可支，心道：「又上朱儁的當了。這王爺怎麼如此糊塗，入了都亭就到洛陽邊上了，那還打什麼仗呀？」

朱儁悄悄踩了一下他的腳，示意他別笑，又怕劉寵生疑，連忙趁熱打鐵：「軍國大事不可延誤，若不點軍前往久必生變，望大王三思。」

「對！」劉寵一拍大腿，「孤王速速回城，點齊一千兵馬即刻往洛陽護駕。」說罷搖擺大弓，「軍務緊急，回城回城！」

曹操一直忍著，待恭恭敬敬見他入城才笑出聲來：「這王爺金玉其外，腦子卻不怎麼靈便。諸侯王不得擅離封國，他這樣不得詔命私自入京，會不會有麻煩？」

朱儁也笑了：「如今天下動亂，京師正愁無兵無將，非常之時不可循尋常之法。他素有威名，此去皇上不會猜疑反倒安心。總之，咱們哄著他玩，再叫他入京哄著皇上玩唄！」

皇甫嵩也詼諧道：「他是高興了，只恐屯軍都亭，咱們那位國舅大將軍遇上他。可有的忙了！」

三人不禁大笑。

曹操心裡很明白：陳王劉寵雖然善射，畢竟驕縱輕敵，又太張揚排場。一千神箭手遇烏合之眾尚可，若逢修備齊整之大軍，不過是以卵擊石。黃巾軍篤信張角本就是愚昧，再看到他華而不實的車駕，愚昧之心驟起，畏若神明故不戰而降，這場勝仗其實僥倖得很。不過朱儁、皇甫嵩能預料到此番結果，擂鼓喧譁誘他出戰，這才真不愧智將之舉！

正說話間又有陳國相駱俊出城相迎。光武中興以來，宗室王雖各有封國，但無權干問地方政務，除了自己那些親隨，更不能私自徵兵。至於封國的治理，皆由國相處置，其俸祿職權與太守完全相同。四人寒暄已畢，受降義軍，登記造冊，歸別郡籍自有一番忙亂。

待萬事理畢，三人歸至大帳，皇甫嵩、朱儁皆有凝重之色。曹操不解：「今陳國已定，二位老將軍為何面有難色？」

「陳國雖定，只剩汝南未平。黃巾之眾已置於必死之地，接下來的仗不好打了。」皇甫嵩面沉似水。

「幸好咱們在這裡兵不血刃，實力未損。我已修書請荊州刺史徐璆、汝南太守趙謙二人歸攏敗兵，應該不日將至。另外，前幾天我曾表奏同鄉孫堅助戰，想必他也快要到了。若再從駱俊那裡撥些兵士，咱們都算上勉強可湊四萬人馬。」朱儁閉目沉吟，「可是汝南賊眾不下十萬，又皆是未曾敗績的生力軍，據說他們的首領彭脫頗有勇力。這塊骨頭難啃啊！」

曹操笑道：「我看此事不急在一時，咱們步步為營，穩紮穩打，必可破敵。」

朱儁睜開眼：「曹家小子，誰都知道步步為營的道理。只是咱們當今的皇上不是孝景帝，恐他老人家容不得咱們做周亞夫啊！穩紮穩打談何容易？」

「不會吧，我看當今萬歲頗為看重二位將軍。」

「哼！你初到軍中哪裡懂得其中道理，」皇甫嵩搖搖頭，「當初潁川告急，他自然只能放手給我們時間，如今京城之危已解，燃眉之急已去，他該催咱們速戰速決了。我想不出三天，朝廷必有……」

話還未講完，有人稟報，回京送信的司馬張子並回來了。張子並乃河間文士，因為聲望才學官當到步兵校尉，雖然現充別部司馬，卻只管些筆桿上的事情。

他慌裡慌張邁進大帳，還未駐足便高呼：「大事不好！盧中郎被鎖拿進京了！」

「怎麼回事？張角突圍了嗎？」三人皆大吃一驚。

「張角沒有突圍，是禍起蕭牆。」張子並顧不上喝口水，「盧植包圍廣宗一個多月，挖塹堆壘打造雲梯準備攻城。皇上嫌他遲緩，派宦官左豐催戰。那左豐借機向盧植索要賄賂，沒有得逞。誰料那狗閹人回去大進讒言，說盧植玩忽怠戰不肯出力。皇上震怒，派人將他鎖拿進京，準備治罪呀！」

「又是閹人，混帳王八羔子！」饒是皇甫嵩名望之族，也忍不住破口大罵。

「那廣宗之兵如何？」朱儁迫切問道。

「已調河東太守董卓代為統領。」

「唉……臨陣換將乃兵家之大忌呀！」朱儁一皺眉，「義真兄，你久在西州，這董卓可堪此任？」

皇甫嵩捋捋鬍子搖頭道：「論勇力才幹，與盧子幹相比有過之而無不及。但是，董仲穎久帶胡人之兵，是個魯莽粗人，而北軍將領皆名門高第，恐怕以他的聲望壓不住這幫人啊！不行，我得上疏保盧子幹。」

「慢！」朱儁攔住他，「咱們與他一個在南一個在北，如何能保？現在上疏非但救不了他，弄不好還得叫宦官扣個勾結謀反的罪名。你忘了呂強是怎麼死的嗎？」

曹操頗感憤慨：「盧大人的家就在河北，黃巾軍聞他為將，把他家鄉老小都給殺了。為國戡亂連家都捨了，反而落得如此下場，豈不叫人寒心！」

皇甫嵩早就寒心慣了，也不把曹操的話當回事，只道：「上書直言雖有觸發聖怒之險，但總不能坐視不管吧？況且咱們現在掌握大軍，皇上也不可能把咱們全處置了。」

朱儁慌忙擺手：「千萬不要這麼想，以臣脅君豈是非常舉動？即便把人保下來，將來皇上也要秋後算帳的！依我說，盧植自然要保，但是不能現在就保。他這事倒是給咱們提了個醒，若再不快平滅汝南之敵，恐怕後面坐進囚車的就是咱們幾個了。等兵馬到齊，咱們一日都不能耽擱，不管付出多大代價，一定要速戰速決！待此戰得勝，咱們再救盧植。」

曹操此刻突然明白：即便朱儁多謀、皇甫嵩威武，即便自己情願肝腦塗地，這場平亂的戰局依舊有無窮變數。因為戰場有兩個，一個近在眼前，一個遠在洛陽……

屍橫遍野

光和六年（公元一八四年）六月，朱儁、皇甫嵩、曹操三將，與汝南太守趙謙、陳國相駱俊、率領鄉勇的佐軍司馬孫堅一併組成聯軍，在西華縣浴血奮戰，在付出傷亡近半的慘重代價後，終於打敗了汝南的黃巾軍，斬殺其首領彭脫。黃巾餘眾再次北竄潁川，官軍連連追襲，在豫州刺史王允的配合下，終於在陽翟城外將中原黃巾勢力全面擊潰，潁川、陳國、汝南三郡徹底平定。

但與此同時，河北戰場卻大受挫折。北中郎將盧植下獄後，河東太守董卓拜為東中郎將接任統帥。由於臨陣換將，董卓無法控制局面，張角借機自廣宗全面突圍，官軍慘敗損傷過半。河北黃巾再次渡過黃河，在東郡集結為患。

這一事件不光使得北路戰場惡化，也使南路戰場的荊州再生變數。南陽太守秦頡本依靠豪強兵馬立足，卻在擊敗張曼成後大肆屠殺黃巾降眾。當地豪強的殘暴引發百姓不滿，加之張角突圍南下的激勵，南陽黃巾再次造反，以韓忠、趙弘、孫夏為首領，攻克宛城，會集反民達十餘萬。

迫於這種形勢，朝廷下令朱儁與皇甫嵩分作兩路：由皇甫嵩北上討伐河北黃巾，朱儁率領另一半人馬南下平滅南陽的暴亂。

皇甫嵩受命後在蒼亭打敗渡河的義軍，生擒其首領卜巳。

就在此時，太平道、黃巾起義的最高領袖張角病逝，河北黃巾軍情勢迅速陷入低迷。皇甫嵩趁機收整前番戰敗的官軍，再次進逼廣宗，用以逸待勞的戰術再勝大敵，是役陣斬了「人公將軍」張梁，俘殺黃巾軍八萬餘人。拿下廣宗後，官軍剖開張角的棺木，將其梟首送往京師。同年十一月，皇甫嵩繼續北上，包圍了下曲陽，這已經是河北黃巾的最後一個據點了，勝利近在眼前。

就在皇甫嵩連戰連捷的時候，南陽郡的戰局則陷入膠著狀態，朱儁南下與荊州刺史徐璆、南陽太守秦頡合兵後，擊斬黃巾首領趙弘。可是自包圍宛城後，黃巾軍堅守不出，從六月至十一月，官軍進行了無數次攻擊，始終未能攻克宛城。

皇帝劉宏對此大為不滿，連連派使者催戰無效，召集朝會商議，以怠戰之罪捉拿朱儁下獄。剛剛升任的司空張溫進言：「昔秦用白起，燕任樂毅，皆曠年歷載，乃能克敵。儁討潁川，以有功效，引師南直，方略已設。臨陣易將，兵家所忌，宜假日月，責其成功。」劉宏因此言姑且放過朱儁。但因為有盧植的前車之鑒，朱儁焦急不已。是時，曹操也在朱儁軍中。

「朝廷又發來催戰文書啦！」朱儁此時再也沒有一代智將的風度了，背著手在中軍帳裡踱來踱去，活像一隻困在牢籠中的餓狼，「若不是有張溫美言相助，我這會兒已經在押往洛陽的路上了。咱們所有的兵加在一起才一萬八千人，宛城有叛賊十萬多。莫說攻克，就是保持圍困的現狀都困難！」

曹操緊了緊大氅——自早春離京，現在已經是隆冬了。他眼神有些呆滯，鬚髮亂得如蒿草一般。西華之戰傷亡慘重，他帶出來的三千騎，如今只剩下不到一半了。而在座的張子並、秦頡、趙慈、蘇代、貝羽等人也是滿面愁容。

朱儁定下腳步，手扶著帥案：「憑咱們這點兒人馬，要想打贏只有包圍不戰，等到他們糧草耗盡。可是皇上根本不給咱們時間，他這是要把我往死裡逼呀……」

「依我看，咱們只能維持現狀。」曹操無奈地說：「若是皇上不允，我再給家父寫一封信，請他務必再想想辦法，拖延一下。」

「沒用了，有一不能有二。再說十常侍就怕有人立功奪寵，不知道在萬歲耳邊進了多少讒言。這事兒要是再管下去，連你爹帶張溫他們都得落埋怨。我下大牢也就罷了，不能牽連一大堆人跟著我倒霉呀！」朱儁撓著亂糟糟的鬍子，看看秦頡他們，歎道：「你們再好好想想，就沒有攻入宛城的捷徑了嗎？你們都是荊州人，難道就沒聽說宛城有密道什麼的嗎？」

秦頡搖了搖頭，覺得朱儁這話沒道理。他領著的趙慈、蘇代、貝羽都是荊州土豪，生於斯長於斯，若是有密道早就說了，何至於拖延幾個月之久。

張子並道：「以末將之見，宛城以外黃巾盡平。倒不如派人入城勸降，一來可速定南陽郡回軍報捷，二來也免得城破之日生靈塗炭。」

「我看行。」曹操立刻表示同意，他現在已經有些厭倦戰場了。

「這不行！絕對不行！」趙慈連連擺手，「這些賊人素無信義，前番斬殺張曼成，他們已經投降，這不是又叛變了嗎？這一次再也不能容他們投降了。」

貝羽也跟著起鬨：「沒錯，這些人冥頑不靈，必須斬草除根。」

「呸！」曹操壓不住火了，「你們還有臉說斬草除根！若不是你們屠殺百姓激起民憤，何至於再次將他們逼反？」

「那不是百姓，是降賊。」貝羽辯解道。

「當賊之前還不是百姓？逼反了人家還不夠，還要斬盡殺絕，你們還有一點兒良心嗎？」曹操氣憤不已。

趙慈騰地站起來：「曹孟德，你少在這裡賣狂！荊州乃是我們的家，我們的宗族田產都在這裡。若是草草受降叛賊，你抖抖袖子回去覆命了，他們要是再反，還得我們給你擦屁股！你只想著升官發財，貪生怕死，我們的身家性命你考慮過沒有？」

「你良心也太髒了吧？」曹操拍拍胸口，「我拚著性命帶三千人突襲長社，為了西華一戰損了大半的弟兄。你竟然說我貪生怕死？我爹爹乃當朝大鴻臚，在洛陽城誰能說我一個不字？我要是貪生怕死，就不出來蹚這渾水了！」

「都少說兩句吧，大家都是為了江山社稷……」張子並想勸兩句，但他是一個文人，軍營裡誰也不拿他當回事兒。

趙慈瞥了張子並一眼：「江山社稷我可管不著，但荊州乃是我們的一畝三分地，我們自己的產業可得保住。」

「大膽！你們的一畝三分地？你們眼裡還有朝廷嗎？」曹操可逮著理了。

趙慈是個粗人，什麼話都敢說：「皇上怎麼了？皇上現在用的是老子的兵！我又不吃朝廷的糧餉，少給我講這些大道理。」

「說這話，你也要造反嗎？」

「反了也是你這等贓官逼出來的！」

兩人越說越生氣，捋胳膊挽袖子就要動手，秦頡和蘇代連忙一人拖一個扯開。貝羽非但不勸，坐在一旁冷笑道：「哼！我算是看透了，這天下就他媽快完了。幫官軍是人情，不幫是本分。乾脆咱帶著弟兄們回家，把院門一關，什麼蒼天黃天的，我不管啦！」

「都給我住口！」朱儁把帥案拍得山響，「什麼時候了，你們還在這窩裡鬥！實在閒著沒事兒，到前面跟徐璆一同督戰去！官軍也罷，私兵也罷，不拿下宛城，誰都沒有好果子吃！都給我坐下！」

他畢竟是統帥，這麼一發作，所有人都不敢說話了，呆呆落坐，一片歎息之聲。這時候只見大帳的簾子一挑，孫堅一瘸一拐走了進來：「你們吵什麼啊？既然朝廷有命令，咱們去打就是了。」

孫堅字文台，乃吳郡富春人，與曹操同歲，卻身高八尺相貌堂堂，不知道比曹操偉岸多少倍。據說他是孫武子的後代，卻沒有老祖宗那等智將的矜持，反多了一些勇猛的氣概，打仗時衝鋒在前不顧死活。孫堅曾以捕盜都尉的身分參與過平滅許韶叛亂的戰鬥，也就是在那時結識了朱儁。此次朱儁為將，第一件事就是請他這個小同鄉拉隊伍來助陣。孫堅不負所托，帶來一千多鄉勇，在西華之戰中大顯神威，追斬了敵將彭脫。不過他也被亂軍所傷，倒在草叢中不能動彈，多虧他所騎的青驄馬頗通人性，獨自奔回大營嘶鳴不止，士卒隨馬而行找到孫堅，他才得以活命。

朱儁嚴肅地望著孫堅：「如果不計損失全力攻打，你覺得咱們有幾成把握拿下宛城？」

「皇上這麼樣催，有沒有把握也得打呀！」孫堅尋個杌凳坐下，「以末將之見，咱們再攻一次城，竭盡全力就攻一次。反正拿不下宛城都好過不了，倒不如豁出性命跟他們拚了。」

「又不知道將有多少生靈塗炭。」朱儁歎了口氣：「可事到如今，也只好如此了。」

「將軍，我來做這個先鋒。」孫堅主動討令。

「你的腿傷還沒好呢，還是我來吧！」曹操勸道。

「算了吧，你從洛陽帶出來的都是有身分的兵，如今死了一半多，再拚下去回去怎麼跟這些人家交代？」孫堅緊了緊綁腿，「我別的沒有，就是有膀子力氣，小小腿傷不足掛齒。我就不信彈丸之地的宛城能翻了天。」

「若不剷除這幫人，想當閉門的財主都不踏實。」蘇代悻悻道：「文台，明天我與你一起攻城。」

秦頡聞此言頗感激勵：「既然如此，我也上！」

「那我也去！老子跟他們拚了！」趙慈嚷道。

「對！」貝羽也說了話，「索性咱們都到第一線去督戰，反正就是這麼一仗了，豁出去幹吧！」

「那就這麼定了。先叫徐璆撤回來休息，明天卯時再出兵，發動全部人馬攻城，連庖人也得給我拿著菜刀上！」朱儁拿定主意，擺擺手不再說話了。

第二天清晨，朝廷與地方豪強的聯軍共一萬八千人全部出動。攻城前，朱儁連中軍帳都一把火點了，言明不拿下宛城誓不罷休，而黃巾軍一方也已經到了破釜沉舟的境地。

因為長期的攻城戰，宛城四圍的防衛溝塹早已經被官軍填平，城門已經出現破損，都是用民房的材料修補的。城牆之上空無遮攔，門樓和女牆都被拆了做滾木檑石往下投，後來東西都扔沒了，只能往下扔死人據守。城牆下死人都快堆成山了，有黃巾兵的屍體，也有官軍的、豪強私兵的，即使不搭設雲梯，攀著死人都能往上爬。

官軍將宛城四面圍定，開始攻城。朱儁與張子並、徐璆、曹操登上堆起的土山，居高臨下往城牆上觀看。如今的宛城光禿禿的，全靠著人力防守，甚至可以看見他們的首領韓忠、孫夏揮舞著大刀左右指揮。官軍有的站在雲梯上向城上刺，有的攀著死人往上攻。但是黃巾軍像發了瘋一般，手持所有能夠當武器的東西拚命抵擋。

這一仗從卯時打到巳時，官軍損失了兩千餘人，黃巾兵武器落後，死者更是不計其數。官軍無法攀上城牆，而黃巾軍手腳慌亂也只有招架之能了，這樣硬拚也不知道什麼時候才算完。

突然，黃巾軍要求罷戰，舉出降旗表示願意歸降。

徐璆歎了口氣：「總算是降了，咱們後撤些，容他們開門吧！」

「不行！」朱儁搖搖頭，「仗打到這一步已是覆水難收，他們有十萬人吶，咱們彈壓不住，降了也會再叛。」

「將軍，先叫士兵回來休息吧，不能再這麼拚了。」張子並眼淚都快出來了，「昔日我高祖因為能招降納叛才有我大漢江山，齒雍頑劣尚且封侯，您就准他們投降吧！」

朱儁此時眼珠子都紅了，他用兵半輩子，還從沒有遇上今天這等狀況，哪裡有心思跟張子並這個文人掉書袋，回頭衝他咆哮道：「昏聵！昔秦項之際，天下無主，才賞附納降以得人心。如今海內一統，只有這些黃巾餘黨作亂，今天准他們降了，明天不如意又要叛；叛了降，降了叛，那還有個完嗎？傳令下去，不准投降，繼續給我攻！」

令傳下去，戰鼓大作，官軍人人奮勇，可是黃巾軍也更加玩命的抵抗。雙方都像瘋子般亂砍，無數的死人從牆頭滾落。又從巳時打到正午，還是僵持不下。

朱儁的汗都下來了，小鬍子撅起老高，一陣陣跺腳著急，曹操和張子並、徐璆都不敢再發一言。朱儁閉上眼睛仔細思考了一陣，喃喃道：「我明白了，明白了……不行！不能再這麼打了，就是打到天黑也不會有個結果。他們不得投降又無法突圍才會拚命死守。萬人一心，猶不可擋，更何況他們有十萬人！我真他媽急糊塗了。孟德，你速速下山傳我將令，叫咱們的人假裝撤退，放他們逃，咱們半路截殺！」

「諾！」曹操趕忙帶著樓異、秦宜祿下山，分別繞城傳令。不多時官軍和豪強人馬盡皆後退，佯裝撤兵樣。

果不其然，黃巾軍以為看到了一絲生機，這時候也顧不得開什麼城門，韓忠親自帶著他們的兵自北面踩著死人下城突圍，頓時間宛城上下黑壓壓一片逃亡之眾，屍體山都踩塌了，真有不怕死往下蹦的。

後來連城門也開了，那些黃巾兵揮舞著刀槍長矛，乃至鋤頭木棒，霎時間將官軍北面防線撕了一道口子。

「追呀！」朱儁一聲吶喊，帶著自己的親兵也殺了下來，所有的人馬往北衝殺。黃巾兵前面跑，官軍後面追，全都玩了命。官軍一路砍刺，個個殺得血瓢一樣。直追出十里多地，那些義軍跑不動了，只得跪地投降，他們的首領韓忠跑在最前面，見大勢已去，也把刀一扔揮手投降。就在這個時候，秦頡騎著快馬趕了上來！

他原本已經斬殺張曼成，平了南陽之亂，就是因為韓忠帶人造反，才會戰事再起。秦頡這時也不管敵人有沒有投降了，舉起手中大刀就是一下，他用力太猛，生生將韓忠攔腰斬為兩段。

「哎呀！」曹操在後面差點罵出聲來，「你他媽……不能殺呀！」

韓忠一死，已經跪地投降的黃巾軍大駭，既然投降不能活命，繼續跑啊！北面跑是不行了，又扭頭向回跑。黑壓壓的隊伍往回奔，官軍也慌裡慌張後隊改前隊，掉轉馬頭繼續殺。

畢竟敵人有十萬之眾，大部分人還沒逃出城，出來的雖有被殺的、僥倖逃散的，不少人還是擠了回去，前面逃進去的也不管後面了，城門一閉繼續堅守。沒進去的可倒了霉，盡數皆被官軍殺死，草草估算也有萬人之多。

可是眼看已經到手的勝仗又回到了原點，攻城戰又要重新來。

這時孫堅從亂軍中突了出來：「今日之事必要拿下宛城，不怕死的跟我上呀！」喊罷他棄了戰馬，舉著大刀第一個登上雲梯，這會兒捨生忘死，腿也不再瘸了。有人跟著往上爬，還有人推著雲梯車往城邊靠。眼看著離城牆還有近一丈遠，孫堅突然一個箭步飛身跳起，竟像一隻雄鷹般落到城牆之上，大刀一落便砍倒兩個人。

這一舉動立時間扭轉了局面，他舞動大刀左右亂砍，總算護住了那個位置。後面的兵丁也就跟著上了城，兩軍短兵相接，黃巾軍便不是對手了。一處雲梯得手，緊跟著七八輛雲梯車都成功靠到城牆邊，兵丁如潮水般往上湧，蘇代、貝羽、趙慈也揮動武器登上了城。

義軍剛開始還在城上拚殺，後來見登城之兵越來越多，便放棄城牆往城裡逃竄。官軍又自城上衝入城裡，有人殺條血路打開東門，頓時間一片大亂。

東門一開，官軍的馬隊也有了用武之地。曹操、秦頡率先帶著自己的兵衝了進去。只見宛城以內處處廝殺，有的黃巾兵拆掉民房的門板掩護作戰，還有一些站在民房上擲瓦片。官軍不管不顧往前衝，有不少絆倒在地，被亂棍打死。雙方的屍體塞滿了街道，後面的馬隊只能踐踏屍體而過。在擁擠的街巷裡又打了近半個時辰，也不知什麼人高喊：「孫夏帶人出西門啦！」

看現在的形勢，若不除掉孫夏，這仗永遠不會結束。官兵不惜一切代價又殺出了西門。蘇代、貝羽、趙慈都身受重傷，所帶的私兵也已經死得差不多了，徐璆、張子並帶所部人馬維持住宛城，就只剩下朱儁領著曹操、秦頡、孫堅繼續帶兵追趕敗寇。

眼看孫夏最後的這支隊伍已經奔出了十餘里，官軍死死不放在後追趕。前面的想要逃命，後面的急著玩命，兩支隊伍就在南陽開闊的平原上追逐，人人滿頭大汗，似乎都已經忘了這是寒冷的冬天。雖然官軍有不少馬隊，但是黃巾軍明白落後就是死，加之他們衣服單薄反減輕了負擔，兩支隊伍始終保持著五里左右的距離。

曹操勒緊絲韁兀自顛簸，也不知追了多久，只覺得日頭已經轉西，喉頭乾渴難耐，疲勞和饑餓感已經折磨得他直不起腰來，只是最後的一股鬥志強撐著他。恍恍惚惚間，發覺前面黑壓壓的敵軍不再動了。

這裡是西鄂縣①的精山腳下，歷史註定要讓黃巾軍在這個地方覆滅。那些饑累的農民跑不動了，他們半生經受勞作之苦，體力終究比不得官軍，面對橫在眼前的精山山脈，再也沒有力氣翻山越嶺繼續逃亡了。眼瞧著官軍已經追上，孫夏從人群中擠了出來，張開雙手向著官軍呼喊：「我們投降！我們投降！不要再……」

他還未喊完，孫堅已經催馬上前，一刀削去了他的頭顱。那具沒有腦袋的軀體沒有倒下，兀自朝天噴著憤怒的鮮血！

「跪地求饒也是死！咱拚吧！」那些倒在地上喘大氣的農民又一次蹦起來，揮舞著所有能拿的東西，迎著官軍的馬隊襲來。頃刻間所有人都殺得血葫蘆似的，只有黃巾和鐵盔做標誌。戰馬嘶鳴著衝撞往來，刀槍與農具相撞，時而火星四射。被砍落的頭顱被人踩馬踢滾來滾去，被刺倒的馬匹無力地掙扎直到被踏成一攤肉泥。遠遠望去，汩汩的鮮血好像汪成一個個血潭，進而漸漸凝固、發紫、變黑。這一次比西華之戰更加慘烈。

也不知道拚了多久，黃巾軍終於喪失了最後的鬥志，連四散奔逃的氣力都沒有了，紛紛坐倒在地，目光呆滯地等待著死亡。官軍則像憤怒的鐵錘，鑿出一片片血海。這已經不再是戰爭了，而是屠殺！

曹操定下馬來，看著四周往來斬殺的兵丁，到處都是血、到處都是殘肢斷臂，到處都是撕心裂肺的哭嚎。他覺得自己彷彿置身於地獄血海，他大聲呼喊：「夠了！夠了！不要再殺了！」

可哪裡有人聽他的，那些軍兵仍然像魔鬼一樣宣洩著各自的憤恨。曹操一眼看見不遠處樓異舉著槍亂刺，他趕上前一把拉住他的槍桿：「別殺了！夠了！」

樓異已經殺紅了眼，奪過槍還想刺人。曹操湊上去，回手給了他一記耳光：「別殺啦！你他媽聽沒聽見啊？」

「我聽到了！」樓異竟然對著自己的主子咆哮一聲，隨即眼淚像潮水般湧了出來，「為什麼不殺？咱們的兄弟都沒了……嗚嗚……你睜開眼看看！咱們三千騎還剩幾個人啊……」他把長槍一扔，伏在馬上痛哭不已，「為什麼要打仗？為什麼要打這該死的鬼仗呀！」

是啊，為什麼要打仗呢？曹操抬頭望著這血染的戰場：官兵也已經殺不動了，都耷拉著臂膀，茫然若失地矗立在大地之上。餘生的農民似行屍走肉，撫著創傷往四外搖晃著散去……夠了，所有人都已經厭惡這場荒唐的戰爭了！

朱儁督著所剩無幾的親兵趕來，他面色慘灰，神情憔悴，彷彿一日之間又蒼老了十歲：「結束

---

① 今河南南陽石橋鎮，據史書記載，此處亦是東漢科學家、地動儀創制者張衡的出生地。

了，終於結束了。」

「我錯了……我這輩子再也不想上戰場了。」曹操咬牙痛哭出來。

血紅的夕陽映照著血染的大地，屍橫遍野萬籟俱寂。

中平元年（公元一八四年）十一月，朱儁剿滅南陽黃巾軍。

與此同時，河北的皇甫嵩攻破下曲陽，斬首「地公將軍」張寶，俘虜黃巾餘眾十萬。為了防止再次反叛，他將十萬人全部屠殺，以屍體混合沙土築成京觀②警示黎民。

至此，氣勢磅礴的黃巾大起義徹底失敗，餘眾轉為游擊，藏於深山老林中繼續抵抗。朝廷晉封皇甫嵩為左車騎將軍、朱儁為右車騎將軍，在二人力保之下盧植無罪赦免。秦頡正式受命擔任南陽太守，孫堅升任別部司馬。除此之外，蘇代、貝羽、趙慈等人官封縣令、縣長，似他們這樣因軍功擔當官職的地方豪強天下數不盡數。這也為後來的豪強割據埋下了隱患。

曹操力戰有功，轉任兗州濟南相，成為封疆之吏。但是，他從洛陽帶出來的三千騎，只有不到二百人凱旋回朝。他總算是明白了，任何一位將軍的威名都是靠殺戮與血腥鑄就的。

---

② 聚集敵屍，築成土堆，成為「京觀」。

第七章

升任濟南相，一口氣罷免八名昏官

赴任濟南

光和七年（公元一八四年）冬，在官軍和地方豪強的聯合絞殺下，黃巾起義宣告失敗，數十萬百姓死於戰亂。皇帝劉宏宣布改元中平，取意中原平定。不過，天下太平只是他一廂情願之事。福無雙至禍不單行，朱儁、皇甫嵩、曹操等人所率的得勝之師剛剛回到洛陽，還沒有緩過氣來，涼州又爆發了新的叛亂。

由於涼州羌民屢屢作亂，朝廷與其之間的大小衝突時常爆發，斷斷續續已經打了二十多年。在「涼州三明」皇甫規、張奐、段熲主持西北軍務的時代，為了避免羌人與其他少數民族勢力之間的聯合，朝廷任命了許多羌族和雜胡首領為歸義羌長；給予他們的部族以優待，讓他們捍衛劉家的統治。

經過這些年的發展，那些投誠的部落慢慢遷移到了涼州的內部地區，生活習慣也逐漸漢化。但隨著黃巾起義的爆發，他們親眼目睹了漢朝廷的不得人心，桀驁不馴的野心和狂妄的血性再次被喚醒。

中平元年（即改元前光和七年）十一月，湟中義從①的部落首領北宮伯玉、李文侯等暨旗造反。他們勾結了先零羌部落，大肆在涼州掠奪財物，並串通漢族軍官邊章、韓遂，以及悍匪宋建等人一起作亂，攻克涼州軍事重鎮金城，殺死了護羌校尉冷征、金城太守陳懿。

涼州刺史左昌雖然即時動員兵力，卻力戰不敵節節敗退，叛軍鋒芒已直指三輔之地。

劉宏只得命剛剛還朝的左車騎將軍皇甫嵩再次為將，率兵平定羌亂。並赦免了因兵敗蒙罪的東中郎將董卓，命他將功折罪，再統部隊作為皇甫嵩的副手，重返涼州戰場禦敵。

這一次，曹操可不願意再主動請纓了。雖然他自幼喜好兵法，但上了沙場才真正明白戰爭的殘酷性和破壞性。這一年他已經目睹了太多人喪命疆場、太多城池村鎮化為廢墟，經過西華、宛城兩場刻骨銘心的肉搏，他所率領的三千騎活著回來的不足十分之一，血肉橫飛的場面不斷煩擾著他的夢境。更讓他不能釋懷的是鎮壓黃巾引發的深刻思考：百姓作亂雖惑於邪道，但也是被苛政所逼，而官軍則是為了捍衛江山社稷而戰，兩者從本心而言無所謂誰對誰錯，那麼致使數十萬人喪命戰爭的根本原因又是什麼呢？

曹操畢竟是讀《孝經》長大的，在潛意識裡不願意把矛頭指向皇帝，也不敢那樣考慮問題。思來想去他得出了一個結論：朝廷的失德、官員的腐敗，才是導致悲劇的罪魁禍首。不解決這個問題，百姓的叛亂就不能遏止，還會有更多無辜的人死於戰亂。因此他決定接受朝廷的任命，到濟南擔任國相，並且赴任後的第一要務就是切實整頓官吏。

他雖冥思苦想卻沒有注意到，濟南相這一職位其實是他父親曹嵩早就物色好的。在曹嵩看來，領兵打仗畢竟是粗人的營生，常在刀尖上混日子，難免有失手的時候。即便能始終戰無不勝攻無不克，一旦天下太平，鳥盡弓藏又能有什麼好的歸宿呢？現在大兒子得勝歸來，家鄉的小兒子也安然無恙。軍功有了，家業也未受損，這時候差不多該見好就收了。濟南國處在青州，在黃巾叛亂時所受的破壞並不大，所以這濟南相實在是一個不錯的肥缺。若是兒子能八面玲瓏處處穩妥，加之有平亂之功和自己的提攜，三五年的光景，便可以飛黃騰達超登列卿了。兒子既然是列卿，老子擔任三公還不是順理成章的事兒？

父子二人就是在這樣貌合神離的狀態下依依惜別。曹操登上他赴任濟南整頓吏治的道路，曹嵩則繼續游走宦官外戚之間，追求問鼎三公的機會。

曹操命秦宜祿提前半個月出發，先回譙縣送信，然後到濟南首縣東平陵打前站。自己則與同僚友人盤桓了數日，又逐一拜謝了馬日磾、朱儁、張溫、崔烈等前輩，才離開洛陽。

這一路上曹操可謂感慨良多。當年他受命往河北擔任頓丘縣令，道上只有樓異等五名家丁相伴，經歷了寒冬大雪、賊人剪徑、荒郊迷路，最後到任時狼狽不堪，僅剩下樓異一人隨在身邊。如今又是一個隆冬，又是在東行的路上，所受的待遇卻有天壤之別。

國相官俸二千石，職同太守，治下十餘個縣。這十多個縣的官司訴訟、民生農桑、孝廉選舉、稅收供奉，乃至典兵守備的大權，都付與其一人之手，這樣重任實是封疆大吏，遠非當初的小小縣令可及。所以當他的皂色官車行走在驛道上的時候，無論什麼人都要為他讓路，凡到館驛必由驛丞親自接待，迎入最好的房舍居住，早預備下炭火把屋裡烤得暖暖烘烘，所獻餐食珍饈皆備，伺候的人無微不至。莫說自己，就連樓異他們的夜壺都有人搶著倒。

---

① 湟中義從，東漢河湟地區，歸附漢政府的少數民族部落。

這都不算什麼，還有一路之上所過之地，上到同級的太守，下到縣令、縣尉無不前來逢迎。好話說盡、笑臉陪夠，還要相贈路費。說是路費，其實是金銀財寶、綾羅綢緞、當地特產，樣樣都價值不菲。當然，這些官員不僅僅是向濟南相盡同僚之義，也衝著曹操是平亂功臣炙手可熱，更衝著他父親曹嵩位列九卿頗受十常侍青睞。曹操揣著一肚子整頓吏治的心思，自然是不願意收這些東西的。但那些官員送禮不成扔下東西就走，不受也無法處置。

更重要的是官場講人情，你一概不受，別人只會說你假清高、說你孤僻、說你目中無人，留下這樣的名聲，以後的差事就會寸步難行。若是三五年前有人說幾句壞話也就算了，可如今他已經三十一歲，是當爹的人了，不願意再在仕途上經歷太多挫折了。萬般無奈下，曹操只得定下規矩，凡官員相贈，金銀寶物一概不取，只將土產諸物留下一半，以示領受人情。饒是如此，未至濟南，各郡縣所贈之物已堆滿了兩輛馬車。

曹操坐在車上，時不時前後環顧自己的隊伍。六輛大車載著家什禮品，四十多個家丁緊守護衛；樓異身著皂色錦衣，騎著大宛寶馬，配著腰刀，威風凜凜當先開路——這樣的氣魄豈是當年可比？但與當初更不同的是，他遇不到結伴的路人了，也找不到可以與他促膝聊天的百姓了。頂多是在行路間望見零星幾個田間的農人，他們遠遠瞅見官車，不是轉身逃避就是恍然跪倒磕頭，臉上恐懼的顏色溢於言表，彷彿怕自己撲過去吃了他們似的。黃巾之亂是平定了，但官吏和百姓之間則更加疏遠了，尤其他這個有功之將，無形中帶了幾分殺氣。威名是樹立起來了，但這種威名卻沾染了洗不掉的血腥！

曹操上任的濟南國乃青州首郡，本光武帝之子、郭皇后所生劉康的世襲封國。後來國嗣斷絕，到了熹平三年劉宏冊封河間王後裔，一個與老祖宗同名的劉康復為濟南王，這個劉康死後又有其子劉賁世襲。因為皇帝劉宏本身也是河間王一支所出，實際上劉賁是當今天子的一個遠房姪孫。雖然這一帝一王隔著兩代，實際年齡卻相差無幾。濟南國下轄十個縣：東平陵、著縣、於陵、台縣、菅縣、土鼓、梁鄒、鄒平、東朝陽、曆城。皆因為此郡盛出鐵礦，乃青州富庶之最，所以才把王室封在此處。當然，如此富庶的濟南國，也是十常侍賣官斂財的首選之處。

曹操一路上因為應酬耽誤了不少時日，好不容易車馬來至東平陵城門，又見早有郡縣兩個衙門的人和成群的百姓，排列得整整齊齊在外迎接，為首的乃是打前站的秦宜祿與東平陵縣令。他們這些人老遠就看見曹操的車馬隊伍，一聲令下鼓樂齊鳴，還有人載歌載舞歡迎新官上任，真比娶媳婦還熱鬧。

曹操命人停車撤去簾子，面無表情地看著他們在那裡鬧騰，直等了有小半個時辰，舞也跳完了，歌也唱完了，那些鼓吹之人見郡將老爺的隊伍不過來，就不停地吹，直吹到腮幫子都腫了才沒滋沒味地歇下來。曹操見他們都沒勁了，這才下車，帶著樓異走過來。所有人見這等架勢，不知大人是喜是怒，都低著腦袋跪倒在地。曹操矜持著環顧了一番衙門諸人，又走到眾百姓、舞樂之人近前，才道：「諸位鄉親衙役，有勞你們迎接本官了。但曹某人初到此地，無功無恩於諸位，不敢擔此大禮，你們都起來吧！」

大家聽到他冷冰冰的聲音，誰都不敢動。秦宜祿是跟慣了他的，第一個爬起來道：「我家大人叫你們起來，大家都起來吧，我家大人最隨和了。」

眾人這才爬起來。曹操一眼看見位白髮蒼蒼的老人，忙走到近前，問道：「老人家，您身體可好啊？」

老人哆哆嗦嗦不敢答對，秦宜祿忙過來攙住，笑道：「您老說話呀，我家大人最是憐貧惜老的。」

曹操拉起老人的手，又道：「老人家不必怯官，您高壽了？」

「不敢不敢，小人今年七十九。」老人這才回話。

「七十九歲啦，不像呀！」曹操和藹地笑了，「您老精神矍鑠，我看著也就是六十多歲。」

「哈哈哈……」老頭聽父母官說他年輕，高興地笑了。

這一笑曹操看見他的牙齒已經掉了不少，又問：「您這麼大的年紀還來迎接本官，累不累呀？」

「不累不累，大人您素來愛民如子，為官清正……得睹君儀，三生有戲啊！」

曹操聽他把「三生有幸」說成了「三生有戲」很是詫異，又問道：「您老說真乃什麼？」

「三生有戲。」老頭又說了一次。

曹操這才仔細打量所來的百姓，其中有老有少有男有女，書生、農民、工匠、商賈皆有，大姑娘老太太都穿著出門的好衣裳，還有身著錦繡的地主富戶垂首而立，甚為恭敬。什麼階層的人都來了幾個，這分明就是衙門安排好的。

他回頭又問老人：「我看您一身農戶打扮，也讀過書嗎？」

「咳！大人您真是拿小老兒玩笑。我給人當了一輩子佃戶，莫說讀書，字也不認得呀！」老人憨笑道。

「哦？既然您不認字不讀書，剛才您誇我的那幾句話，又是什麼人教的呢？」

「那都是衙門的人教的。」老人脫口而出，「小老兒記性不好了，昨天背了半宿，還不太精熟。嗯……愛民如子，為官清正。得睹君儀，三生有戲。三生有戲啊！」

曹操「噗哧」一笑，環顧眾人，有的掩口而笑，有的金魚望天，有的面露尷尬；縣令在一邊跪著，腦袋都快扎到地裡去了。他又拍了拍老人家的手：「您老好記性，一點兒都不錯。今天是讓曹某看了一場好戲呀！您老辛苦啦！」

「不敢不敢。這都是衙門吩咐的。」

曹操也不氣惱，把手一抬作了個羅圈揖道：「我曹某人方到濟南，就給大家添了麻煩，實在是對不住列位。下官這一路上得各地官員饋贈不少，一會兒大家不要走，每人都有些薄禮相送。窮人多領，富人少得，但人人都要沾沾下官到此的喜氣。」

「謝大人！」眾百姓喜氣洋洋跪倒謝賞，這次是真高興了。

曹操又勸大家起來，吩咐樓異散發禮物，這才走到東平陵縣令面前道：「縣令大人不必多禮，快快請起，今天您最辛苦呀，真是有勞您了。」縣令聽他語氣平緩也不知是好話壞話，只好回答：「不敢……不敢……在下東平陵縣令趙某，在此迎候大人乃理所當然。」

曹操將其攙起，並不提及方才之事，只是叫其速速回衙理事，不必顧及他的事；自己則帶著樓異先往王府拜謁濟南王劉贇。

封國之王雖然沒有治理之權，但畢竟是王室的代表，國相在名義上還是輔佐其為政的，所以上任第一件事就是拜謁王爺。劉贇雖為當今天子的姪孫，卻頗為躬親和藹，不似陳王劉寵那般驕縱跋扈。一番有模有樣的客套已畢，他還親自將曹操送至二門。

曹操在二門外又向王爺深施一禮，見他回去了，才轉身長出了一口氣：「山頭也算是拜過了，接下來就要看我的手腕了！」

懲治貪官

曹操離開王府，秦宜祿早就在外面候著了，將其引至國相府。進了門，見家人僕從還在亂哄哄地安排家什，裡裡外外插不住腳。曹操便將秦宜祿叫到官府大堂上暫且問話。

「回爺的話，我上個月回到家鄉送信，二爺聽說您打了勝仗又拜國相可高興了，叫我給您帶來幾卷書。」秦宜祿說罷，招呼家人搬過一只箱子。

曹操很好奇弟弟曹德送什麼書，親自打開箱子，拿出一卷展開來看，不禁讚歎：「哎呀！這是王符的《潛夫論》，正是為父母官該好好看的書。」

「這書很有用嗎？」秦宜祿不解。

「豈止有用？王符隱居一世，自己未曾為官，卻在家中寫出這部奇書，可謂為官者之經籍。」曹操連連稱讚，「弟弟身在鄉里還能考慮這樣周全，真是難得呀！」

秦宜祿見他高興，又湊興道：「黃巾賊作亂以來，咱家裡人組織鄉民抵抗，又與夏侯家、丁家一併據守，沒遭什麼罪。聽說子孝大爺在淮南、子廉大爺在蘄春也都殺敵立功了。」

「不求有功，無事就好。」

「大爺，您真該回去瞧瞧，兩位大奶奶可想您了。」秦宜祿憨皮賴臉道：「昂兒少爺現在都會背《詩經》啦！什麼『呦呦鹿鳴，荷葉浮萍』[②]的，可討人喜歡啦！都是卞夫人教的。孩子長得特像您，就跟一個模子刻出來的一樣。」

「哪能似你說的那樣？」曹操雖這麼講，但心裡還是很思念老婆兒子。轉眼的工夫，曹昂都三歲多了，自己這個當爹的連一句話都沒教兒子說過；還有多少個不眠之夜，心裡牽掛著那位卞氏嬌娘，不知道如今她和正房丁氏相處得怎樣。

秦宜祿是曹操肚子裡的蛔蟲，見他出神已然明白其心思，勸道：「有兩句話或許不該小的我說……您既然想她們，為什麼不把孩子大人都接來呢？您如今在濟南也立足了，還愁家小沒地方安排？若嫌咱大奶奶多事，咱就只把二奶奶接來，反正少爺還小，帶著孩子不方便。」說這話時他緊著拋媚眼兒。

原以為主子聽了必定高興，哪知曹操臉上沒什麼變化，只道：「算了吧，兵荒馬亂了，道上我也不放心……你到這兒幾天了？」

「回爺的話，已經三天了。」

「這三天裡，你覺得這個東平陵縣令怎樣？」

「我看這個官還不錯，雖說為了巴結您拉了這麼多百姓，但是為小哪兒有不怕大的？辦事精幹也就是了。」秦宜祿陪著笑道。

曹操聽完並沒回答什麼，這時樓異自前衙過來道：「啟稟大人，東平陵縣令求見。」

「哦？看來這個官還真關心我，我方把他打發走，這一會兒不見他又追來了。」曹操笑道。

「那是，」秦宜祿趕緊接過話茬，「同在一個城裡辦事，低頭不見抬頭見的，他能不跟你處好關係嗎？」

② 「呦呦鹿鳴，食野之蘋。我有嘉賓，鼓瑟吹笙。」源自《詩經・鹿鳴》，此處是秦宜祿誤言。

「依你說，我見還是不見呢？」

「那得見見啊，好歹人家陪著笑臉來了。俗話說伸手不打笑臉人，你無論如何也得給個面子呀！」秦宜祿笑得更開了。

「倒是幾句好話。」曹操連連點頭，卻又問：「樓異，你說該不該見呢？」

樓異一個字也不敢多說：「全憑大人做主。」

「反正這會兒沒事，咱就見見他，看他是不是有要緊的公務要上奏。」說罷抬手示意他帶路，親自出去迎接縣令。

東平陵的趙縣令是靠賄賂閹人買來的官，原以為買得濟南首縣是肥缺，上任才知道自己做了小媳婦，同一座城裡還有個婆婆濟南相管著。好在他八面玲瓏又捨得花錢，硬是把前任國相哄得順順當當。可沒想到黃巾賊一舉事，那個國相老爺全不顧二千石大官的名聲體面，連招呼都沒跟王爺打一聲就帶著家眷跑了，後來才打聽明白，原來他的官也是靠十常侍運作來的。幸好濟南的黃巾沒有鬧起來，趙縣令的身家性命金銀財寶算是保住了，但是一切都得從頭開始。翹首期盼了幾個月，總算打聽明白是大鴻臚曹嵩的兒子補了缺，懸著的心便放了下來。老曹嵩依附十常侍素有耳聞，料想他兒子必定也是同樣貨色。可是，沒想到曹孟德一下車就揭穿了他拍馬屁的行為，雖未加斥責，但說話的口氣不冷不熱，實在摸不透底細。他趕緊給秦宜祿塞了錢，請他在曹操面前美言，又回家寫下一份豐厚的禮單揣在袖中，恭恭敬敬再來拜謁。

「趙縣令，您真是客套了。」曹操拱著手走出來，「這一天之間兩次拜會，曹某人實在是受寵若驚。大人您愛民如子，為官清正，得睹君儀，三生有幸呀！」

縣令明知道這是拿他教給百姓的話挖苦自己，也只有憨著臉道：「郡將大人，您這是取笑下官呀！慚愧，慚愧！」

「那件事不提了，曹某素愛詼諧，你也不要見怪。」曹操卻笑容可掬拉著他的手道：「裡面請，裡面請。」

「下官不敢，還是請大人在前。」

「唉！」曹操拍拍他的手，「曹某人初到貴寶地，萬般事務還有勞趙兄您指點，況且今日若不是您帶領百姓來迎接，曹某焉能一下車就博得愛民的好名聲？趙兄不必推辭，請請請。」

趙縣令聽他這樣說，心裡那塊石頭總算是落了地，陪笑道：「郡將大人實在是賞臉，不過下官實不敢搶大人一個先。」

「既然趙兄如此謙讓，咱們二人攜手攬腕一同入衙。」曹操說罷拉著他的手就往裡走。趙縣令此刻有些飄飄然了，大鴻臚曹嵩之子、堂堂濟南國相、掃滅黃巾的功臣曹孟德，竟然拉著自己的手稱兄道弟，自己的臉豈不是露到天上去了？穿門入衙間，他彷彿已經看到了自己頗為可觀的前程。

進到大堂，二人按賓主落坐，獻茶已畢。曹操故意屏退秦宜祿、樓異等人，關切地問道：「我瞧趙兄有四十餘歲了吧，您是哪一年的孝廉明經出身？」

趙縣令撓了撓頭：「下官非是孝廉出身，乃是出了四百萬錢助資西園才得此任，讓您見笑了。」

「這有什麼好笑的，出資修西園也是為皇上出力嘛！」曹操瞥了他一眼。趙縣令聽他是這樣的口風，忙補充道：「我出資西園，乃是得中常侍趙忠、段珪兩位老大人相助。實不相瞞，在下的堂叔與趙常侍是通家之好，多蒙其提攜。」他知道曹嵩與趙忠關係甚密，故意挑明了這層關係。果不其然，曹操越發和藹：「趙兄何不早言呀？既然如此，若有什麼想法您只管推心置腹，我父子倘能幫襯，也不枉您對朝廷一片赤誠之心啊！」

「不敢不敢。下官本非才幹出眾之人，能勉居此職已是僥倖，何敢多求？」

「您太謙虛了。以君才幹，坐我這個位子又有何不可呢？」曹操拍了拍他的肩膀。

趙縣令樂得嘴角快咧到後腦勺去了，趕忙自袖中抽出帛書的禮單雙手捧到曹操眼前：「聞大人征討黃巾多有勞苦，能得勝而歸遷任國相實是大喜，下官有薄禮相贈，以表存心。」

曹操略一皺眉，接過禮單看看，冷笑道：「大人實在是破費了。」

「小小禮物，不成敬意。」

「這可不小了，光錦緞就有三十匹，莫說小弟的妻妾，就連我家中的僕婦丫鬟都有好衣服穿嘍！這得感謝您的厚德呀！」

「豈敢豈敢。」趙縣令連忙陪笑。

「不過我曹某人實是不忍，您一個六百石的縣令，俸祿那麼少，」說著曹操俯下身子，面帶笑意湊到他耳邊輕聲道：「光靠您撈的那點兒小錢，夠嗎？」

「啊，哈哈哈……」趙縣令樂了，「俗話說一處不到一處迷，十處不到九不知。大人您恐怕沒來得及打聽，這東平陵有多處鐵礦，小的精心處置也能有不少收益，今聞大人到此，小的將這些年的積蓄全數奉上也就是了。」

「唉……」曹操搖搖頭，「君子不奪人之美，您這份禮太重了。我曹某人不能收啊！」

「大人您這就是不給我面子了……」

「趙兄不必客套，禮雖然不收，但是求您辦件事情。」

「您有吩咐下官自當盡命，何敢當一『求』字。」

曹操歎了口氣，沉吟道：「曹某受天子之命征討黃巾，一路上渴飲刀頭血、睡臥馬鞍韉，受了不少罪，真是九死一生呀！」

「大人真乃國之忠良。」趙縣令見縫插針，趕緊拍馬屁。

「你也見到我那家人秦宜祿了，他跟著我殺敵立功，也是出生入死幾經風險。」

「他到來之日下官未敢怠慢，已有好心相獻。」

「已有好心相獻？哈哈哈……」曹操仰天乾笑了幾聲，突然又皺起眉頭，「秦宜祿得趙兄周濟，曹某感激不盡，只是……」

「只是什麼，您只管說。」

「剛才大人言道得勝而歸遷任國相實是大喜，這話一點兒都不假。但如此好事，卻只有趙兄一人為我賀喜，未免冷清了。」

「您的意思是……」

「若是濟南全郡的縣令都能到此，大家一同為我賀喜。曹某人作個小東，痛飲一場豈不快哉？」曹操說著把禮單又塞回到他手裡，用力地捏了捏。

「哦，哦。」趙縣令明白了：這曹孟德胃口大，光要我一個人的賄賂不夠，得全郡十個縣令都來逢迎。想至此忙拱手道：「下官明白，下官明白。」

「我初到此地，與各位大人都不熟悉。您是都認識的，就有勞趙兄辛苦一下吧！三日後，我在府裡擺下宴席，您把各位大人都請來，咱們好好慶賀一番，到時候一醉方休。」

「下官本不當推辭，但是……」

「但是什麼？」曹操把臉一拉。

趙縣令趕忙起身跪倒：「半月之前，朝廷已派黃琬來青州擔任刺史。此公乃當年功臣黃瓊之後，又是老太傅陳蕃舉薦之人，因不融於世道被朝廷廢棄二十餘載。如今黃巾事起，此人受楊公舉薦再次出仕，就是要來此間考察青州官吏行徑。大人召集一郡之官慶賀，傳到他耳朵裡，恐怕對大人不利。」

「就因為這個？起來起來……我在濟南他在齊，哪裡管得了這邊的事？再說我父子何等身分，自有辦法處置，不勞趙兄您擔憂。」說著曹操又湊到他耳邊，「我不叫您白辛苦。若是此事可以辦妥，我得了他們好處，趙兄您就不必再破費了。」

趙縣令一聽喜不自勝，不花錢就買了好，放著河水怎麼不洗船？趕忙又作揖道：「大人放心，此事交與下官了，一定辦得妥妥當當，滴水不漏。」

「嗯，此事若需奔勞，您可與我那家人秦宜祿一同籌措。」說罷曹操神祕地一笑，大聲對外面嚷道：「宜祿，替我送客！」

按照這一番指點，三日後的傍晚，濟南國的縣令們如期而至，紛紛帶著禮物禮金。趙縣令儼然一副眾人之首的架勢，不但親手謄寫了禮單，而且還特意把諸人的履歷都書寫了一份，交到曹操手裡。

曹孟德備下酒宴招待眾人，卻發現濟南治下十位縣令只到了九個，便故作不悅道：「誰沒有到呢？怎麼不給本官面子！」

一個胖乎乎的縣令搶話道：「鄒平縣令劉延沒來。此人仗著自己是皇姓，恃才傲物，從不把我等放在眼裡呢！」

「就是就是，劉延太不像話了！」諸人附和道。

曹操看看那位胖乎乎的縣令，不禁笑道：「這位老兄，您又是哪一縣的父母官？」

豪強財主。」

那人憨笑道：「在下曆城縣令。」

「曆城是好地方呀，乃本國鐵礦最密之地。您通曉司鐵之道嗎？」曹操問道。

「略知一二吧！」那胖子捋了捋鬍子，「就是把鐵煉出來，便宜時就存著，貴了就賣給附近的

曹操咬牙冷笑道：「您這不是替朝廷司鐵，而是靠鐵礦做買賣。」

「下官本就是販私鐵的。」

「鹽鐵乃朝廷專屬之物，你不知道幹這營生犯王法嗎？」

那胖子笑道：「大人恐怕不知，皇上修園子動用了太多的鐵，即便是私煉之鐵也在其中。下官就為朝廷供了不少好鐵，後來得鉤盾令（主管皇家園林之事）宋典舉薦，才任曆城縣令的。」

「原來是十常侍舉薦之人，難怪如此。我看那履歷未必為準，這裡沒有外人，幾位大人都是以何捷徑為官的，不妨都講來聽聽，曹某日後也好關照。」眾人自報家門，有的是靠宦官舉薦，有的是走鴻都門學士的門子，有依附董太后族人得官，還有的是巴結皇上的乳母而得，唯有菅縣縣令是孝廉出身。曹操仔細看了看禮單，對菅縣縣令道：「您破費的也不少啊……既然是孝廉出身，何必如此呢？」

菅縣縣令紅著臉道：「入鄉隨俗，入鄉隨俗便是，我也不能破了規矩嘛！」

「哈哈哈……你倒是能和光同塵。」曹操大笑起來，又看了一眼禮單，「不對啊，你們九個人，為什麼這禮單上只有七個人呀？」

趙縣令臉都白了：「下官日前已經……」

「你的事情我知道，還有誰未曾送禮不在其列？」

只見最末一張几案後的人站了起來：「下官未曾孝敬大人。」
曹操看了他一眼，只見此人個子不高，相貌平平，才二十歲出頭的樣子，問道：「你是台縣縣令張京？」
「諾。」
「你為什麼沒有為本國相備禮？」
「下官已然備好禮物，見到諸位大人所贈之物，不敢再進獻了。」
「你贈本官什麼禮物？」
張京猶豫了一會兒，還是從袖中抽出自己的禮單遞上來。曹操接過來一看——竹簡十冊。
曹操一陣冷笑：「你就送本國相十冊竹簡？」
張京咽了口唾沫，揵塞道：「此乃官府行文當用之物，送與上司甚為妥當。」
「哼！他們送金送銀送錦緞，你卻只有竹簡相贈，也忒小覷曹某人了吧！」
「恕下官斗膽直言，」張京猛地一抬頭，「大人乃是侯門子弟，更是朝廷戡亂功臣，不宜因財貨玷汙聲名！」
「哦？」曹操眼睛一亮，「你好大的口氣呀，教訓起我來了。你不也是花錢買的官位嗎？竟沽名釣譽，如此假清高。」
曹操這樣一說，八位縣令紛紛對張京嗤之以鼻。張京覺得臉上發燒，跪倒施禮道：「郡將大人，張某雖是花錢買的官，但有心為朝廷效犬馬之勞，為百姓解倒懸之苦。自我上任以來，雖不敢說把台縣治理得夜不閉戶，但也是潔身自好清明如水。在下有金有銀可以給百姓花，也可以賑濟災民，就是不能賄賂上差，汙我張氏祖宗的門楣！既然大人嫌我的禮薄，這個縣令我也不當了，大人盡可奏免我的官職，是罪是罰是生是死，我姓張的等著您！」說罷起身除下頭頂的進賢冠，往地下一扔，轉身就往外走。

「給我站住！」曹操喝住他。

張京料定他要對自己下毒手，也不回頭，梗著脖子道：「在下去官也就是了，望大人自重，莫要因我張某一條賤命壞了您的大好前程！」

「哈哈哈……要罷官的不是你。」

張京大駭，轉過臉看著他。只見曹操把其他人的禮單舉在手裡，正顏道：「你們八個給我跪下。」

那八個縣令這會兒才知道事情不對，趕忙離席跪倒。

曹操擲開禮單，將桌子一拍：「諸位聽清楚了……既然皇上設萬金堂西邸賣官，那我也不管你們的官職因何而得。但你們喪心病狂，膽大妄為，竟然欺壓百姓、私營鐵礦，還敢賄賂本官！現在人證物證皆在，我明日就上疏朝廷，並傳檄刺史黃琬。鄒平縣令劉延為官正派，不屈權貴；台縣縣令張京雖左道輸錢為官，但赤心為民不屈權貴。除了他二人，你們的官都別當啦，回家等著治罪吧！」

八個縣令嚇得冷汗都下來了，菅縣縣令提著膽子道：「下官孝廉出身，非是賄賂閹人得官，望大人開恩。」哪知此言一出，曹操勃然大怒：「你這無恥的東西！還有臉提自己是孝廉，你這個孝廉跟張京那個買官的怎麼比？自甘墮落同流合汙，誰也救不了你！」

八個人連連叩頭：「下官以後不敢了，求大人給我們一次機會。」

曹操搖搖頭：「沒有以後了……百姓為何造反？還不是貪官汙吏所逼嘛！朝廷派兵剿滅叛亂的

時候，不論降與不降一概誅殺，幾曾給過他們機會？朝廷既然不曾給他們機會，我也就不能給你們機會。」他閉上眼睛歎了口氣，那些血肉橫飛的場景又映入腦海，他馬上睜開眼，「吏治不清，萬事難理。我意已決！」

「大人！」張京叫曹操，「您雖為郡將，亦無罷官之權，還是等奏明朝廷之後，再打發他們回家吧！」

曹操微微一笑：「有我父在朝，先斬後奏誰又能如何？我即刻修書往黃刺史處。現在容他們暫居職位，還叫他們臨走前再撈幾筆嗎？」

曆城的胖縣令聽罷，立刻把冠戴摘了，嘀咕道：「算了算了，我販鐵的錢也賺夠了，當這官純粹是賠本賺吆喝，為了給子孫臉上貼金。既然如此，我不當就是了，回家過我的財主日子。」

曹操瞪了他一眼，倒也拿他無法。張京卻冷笑道：「胖子，子孫的福氣是德行積累出來的，豈是拿錢買來的？你不有鐵嘛，回去打造一個特大的鐵箍吧！」

「做什麼用？」胖子一臉懵懂。

「拿鐵箍把你家的祖墳套上。」

胖子也真是憨，還接著問：「套祖墳有什麼用？」

張京笑道：「好叫它結實一點兒，省得叫老百姓罵裂了！」

「你……」胖子氣得咬牙切齒。

曹操懶得跟他們再廢話：「今天畢竟是我請你們來的，都吃好用好，本官不陪了。」又囑咐張京，「此處交與你張羅了，畢竟他們是客人。替我多敬他們幾杯，算是餞行了。」

「大人還有什麼要事處置嗎？」

曹操歎了口氣：「貪賄之風極難禁絕。處理完公事，我還得處理家事啊！」說罷轉入後宅。他回到後院，見天色已黑，月掛蒼穹。沒有回屋，只把秦宜祿、樓異二人叫到一個僻靜角落。

秦宜祿諂笑道：「爺心裡不痛快嗎？我和趙縣令召集諸縣令，這差事辦得不好嗎？」

「好……非常好。」曹操滿臉愁容，「宜祿，你知道我為什麼不讓家眷來濟南嗎？」

「爺您深謀遠慮未卜先知，小的哪裡知道？」秦宜祿訕笑道。

「那我告訴你，我不讓他們來，就是怕內眷太多，萬一她們哪個意志不堅定，受了別人賄賂。那時候我不能潔身自好，又怎麼能剷除貪官刷新吏治呢？」說到這裡，曹操停頓了一會兒才道：「宜祿，你得了那些縣令多少好處？」

陰暗的樹叢下，秦宜祿見曹操的眼睛直勾勾看著自己，趕緊跪倒在地：「爺！小的知罪了。饒了小的吧，小的一時糊塗，收了趙縣令一幢宅子。我這就退回去，以後再也不敢了。」

曹操歎了口氣：「事到如今，你還是不肯說實話。樓異，你替他說說吧！」

「諾！」樓異抱拳道，「秦宜祿協同趙縣令召集諸縣大人，先後收受各地縣令賄賂二十萬錢，蜀錦十四，玉璧兩枚，犀角一對，大珍珠四顆。」秦宜祿驚得啞口無言，冷汗立時淌了下來——物品數目絲毫不差，原來曹操一直派樓異監視他。

「他說得對不對？」曹操這一問，秦宜祿才回過神來，連連磕頭道：「小的錯了！小的錯了！」

「晚了。」曹操搖搖頭，「我召集那些縣令不是為了索要賄賂，恰恰相反，就為了抓住把柄罷他們的官。我自詡清正，但這件事做得不公道。我故意引誘他們行賄，又沒有給他們一點餘地……可是我卻給了你三次機會啊！我怕你會收受賄賂，提前差你打前站，你得了趙縣令的宅子，這是第一次。一次我可以饒你，第二次我派你聯絡諸縣令，你又得了那麼多好處。最後我問你得了多少，你竟然還想避重就輕，匿下那些財物。三次啊！你太讓我失望了。你走吧！」

「您、您不要我了？」秦宜祿嚇了一跳。

「我不能再要你了。」

秦宜祿涕淚齊下：「爺，您真的不要小的了嗎？小的錯了，求爺您饒了我吧！只要您不趕我走，哪怕做牛做馬都行！日後您與洛陽書信來往，還指著小的來回奔波呢，您……」

「你本就是我爹派來監視我的人，對嗎？」曹操低頭看著他，「當年弟弟提醒過我，我早就對你注意了。」

秦宜祿又吃一驚，沒想到這些曹操都已經知道了。

「我私納卞氏、招惹人命、結交朱儁，這些事都是你告訴我爹的吧？我不怪你，爹也是為了我好。現在想來當初是做過不少荒唐事，但如今我已為人父，不能再靠著老爹的幫襯過日子了。弟弟送來了《潛夫論》，王符說：『君子戰戰慄慄，日慎一日，克己三省，不見是圖』，只要做到這些，我不再需要任何人的幫助了。你回洛陽，回到我爹身邊去，伺候他老人家吧！」

「小的不走！小的捨不得爺！我跟了您十年呀，您真那麼狠心嗎？」秦宜祿抹了把眼淚，抱住曹操的腿。

「放開手！我不殺你已經很對得起你了，回洛陽伺候我爹去吧！」

秦宜祿一陣顫抖：「不……老爺的脾氣，小的最清楚。差事辦砸，老爺絕不會饒了小的，弄不好他老人家會殺了我的……」

「哼！」曹操眼中迸出一縷凶光，「我就不會殺你嗎？」

秦宜祿嚇得坐倒在地，哆嗦得像一片雨中的樹葉，手裡兀自拉著他的衣襟，不敢再說話。

「當年在頓丘，受賄的衙役被我整死，你也親眼得見！論理今天我也該殺了你！」說到這兒曹操凶惡的眼神又黯淡了，「但我念你跟了我十年，念你往來奔波為我受苦，念你在陣前臨危不懼為國殺敵，念你辛辛苦苦伺候我衣食，所以才這樣安排。若不是因為這些，我就把你當眾典刑以正國法了！別再糾纏了，明天就走！為了我能為一代嚴明之官，為了刷新濟南吏治，為了不讓更多人受害，我罷了八個縣令的官，不能只袒護你一個人呀！爛的肉長在我身上，壯士斷腕，我不得不割！」說罷曹操掙開他的手，轉身就要走。

「爺！」秦宜祿大叫道：「讓小的最後給您磕個頭吧！」說罷涕泗橫流，故作悲慘之相，希望能勾起曹操惻隱之心。

曹操漠然回頭看看他，心腸還是沒有軟下來，低聲道：「當初你是洛陽城一個看門的兵丁，抱怨無錢娶妻立業。那時我曾經許諾，幫你成一個家。可這些年咱們未有片刻安寧，我也就忘卻了……如今你這把年紀還沒娶妻，我還是有愧的。所以，你收的那些禮原物退還，值多少錢我給你。你若不敢見我爹，就帶著錢回老家，娶妻置地過太平日子吧！」說罷拂袖而去。

「回家？離鄉這麼多年我哪兒還有家啊？嗚嗚嗚……」秦宜祿哭了多時，無可奈何爬起身來，又瞪了一眼樓異：「你……你為什麼這麼狠心？我跟了爺十年，可是咱倆自洛陽守門的時候就在一處，不下十三年啦！十三年了，你就這麼算計我啊！明知道我受賄，還叫我去聯絡其他的縣令，這也太歹毒了吧？」

樓異低著頭，歎息道：「是他吩咐我這麼辦的，我也沒有辦法。」

「我不信，爺不會這麼算計我的，絕不會！我天天哄他高興，一定是你！一定是你！」秦宜祿咬牙切齒指著他的鼻子。

「真的是他自己的主意……爺變了，他已經不是當初那個處處留情的人了。」說著樓異也流下了眼淚，「你也已經不是當初那個一門心思巴結差事的宜祿了。真的是你做錯了……爺太聰明了，而且他不允許別人比他還聰明！你就是錯在這一點上。」

陰暗的院子角落一時寂靜，只有無奈的歎息聲此起彼伏。

第八章
心灰意冷棄官不幹了

禁斷淫祀

中平二年（公元一八五年）又是多災多難的一年，剛出正月曹操便得到消息，洛陽皇宮發生了火災。

這場大火從南宮燃起，急速蔓延，以致自皇宮複道以南所有的樓臺殿宇，無一倖免。如此猛烈的火勢，當時根本無法撲救。

皇帝帶著太后、皇后、皇子、嬪妃移駕西園躲避，宦官、羽林退入北宮暫且安置。皇宮裡外大門一關，火勢被隔絕，接下來就只能盼著老天爺下雨了。可天公偏偏不作美，需要天降甘露的時候，卻連個雨點都沒有，生生叫這場大火沒完沒了地燃著。在這段日子裡，整個洛陽城被火光映照著，夜晚都猶如白晝。

這火一直燒了半個月，直燒到南宮建築群完全化為瓦礫焦炭。

劉宏回到洛陽城，目睹慘狀惋惜不已。痛定思痛之後，他決心要修復南宮，而且要將它建得比當年光武爺劉秀修的還要宏偉。於是就在南宮廢墟上當即傳旨，宣布天下賦稅提高為每畝十錢。

劉宏想用這種方式湊錢以支撐南宮的工程，但是提高賦稅再次激發了百姓的不滿。沒過幾天，果然有河北黃巾再起，活動於黑山一帶的起義軍首領張牛角、褚飛燕等人，又開始大肆劫掠官家府邸，推翻地主土豪。由於朝廷的主力軍尚在西北，對河北這一次暴亂沒能鎮壓成功。一時間，各種名號的黃巾小頭目比比皆是，姓李的大眼睛頭領就自稱「李大目」，個子高大又一臉大鬍子的就自稱「左髭丈八」，官婢奴隸出身的首領就叫自己「左校」，嗓門大的叫自己「雷公」，接著什麼劉石、黃龍、郭大賢、王當、孫輕、于毒、白繞、睢固、浮雲、張白騎、羅市……各種各樣的匪號滿天飛，常山、趙郡、中山、上黨、河內等地的山谷密林之間，無處不見黑山軍的影子，朝廷已經無法控制，只能緊守城防，避免他們抓住可乘之機。

河北這樣亂，西北的戰事也不輕鬆。羌胡和匪人進犯隴右，皇甫嵩與董卓東西轉戰，雖然將叛賊趕出了三輔之地，卻再也沒有能力繼續追擊了。涼州局勢一片混亂，刺史左昌被罷免官職，接任者宋梟乃一介書生，更無辦法禦敵，無奈之下竟再次提出宣揚《孝經》退敵，把當初向栩的鬧劇又上演了一遍。野蠻的羌人、凶狠的惡霸、剽悍的土匪各據一方，不但襲擊官城而且互相殘殺，老百姓苦不堪言，張掖郡以西的地區更是完全脫離了朝廷控制。

即便是在這種不利的局面下，皇帝仍然沒有放棄對百姓的壓榨，似乎是不修好南宮誓不罷休。號令所有能控制的郡縣，堅持每畝地十錢的稅收，凡有違反者嚴懲不貸。

事下到濟南國，曹操又是一陣撓頭。他修整吏治剛剛有成效，眼瞅著貪官汙吏在濟南幾乎禁絕，而朝廷苛刻的政令又到了。一畝地通肥也產不到三斛糧食，除去十錢的稅剩不下多少了，這不把老百姓往死裡逼嗎？他把自己關在屋子裡反復思考著，如果自己不執行朝廷的政令，結果是自己必定要離開濟南。如果那樣，會是什麼樣的結局呢？自己的前程可以不論，畢竟有父親關照，不會有太大損失。可是濟南的百姓呢？辛辛苦苦換來的這個沒有貪汙的局面呢？

最終曹操屈服了，他只能按照皇上的意思去辦，提高了賦稅。為此他還特意到田間去看那些百姓幹活。貧苦的百姓連耕牛都賣了，辛辛苦苦在地裡掙命，一個個骨瘦如柴，連眼淚都沒得流了。莊戶地主雖然有田，也一臉不自在，有了黃巾的教訓，他們也不敢再威逼佃戶了，提高的稅不少得靠自己往裡填，給國家充完義兵，還得受這種夾板氣。那些土豪當著曹操的面，指桑罵槐地譴責朝廷失德，這會兒誰都不再把他這個威名赫赫的郡將放在眼裡。但他曹操還能怎麼辦呢？把他們都抓起來嗎？再逼下去，濟南也要造反了……曹操回想起當年擔任頓丘令的時候，拒絕徵兵誅殺豪強，現在比起來，似乎自己的道德底線已經降低了許多，難道自己的人性已經敗壞了嗎？

他坐著馬車越過一座座莊園，穿過一片片田野，目睹之人無不死氣沉沉，只得默默無言地回東平陵。正行進間，又看見沿路之上許多百姓扛著紙牛、紙馬成群結隊匆匆趕路，還有些衣著講究點兒的人捧著香爐、酒盞，邊走邊嘀嘀咕咕的。這可引起了他的好奇，便道：「樓異，他們這是幹什麼？送殯嗎？」

樓異騎在馬上連忙答話：「回大人，這可不是送殯，是祭祀。咱們來濟南有些時日了，我早發現這兒的老百姓有這個習慣，每逢初一、十五還有些特別的日子，百姓就扛著祭品去祭祀，似乎是求某位神仙什麼的。」

「難道又是中黃太一？」曹操想起張角的往事不寒而慄。

「那倒不是，據說這種祭祀延續了一百多年了，張角才幾年的光景。不是太平道搞的鬼。」

曹操長出一口氣，太平道給他的印象太深了……說話間那隊百姓已經不見了蹤影。但他轉念一想，如今郡縣課稅繁重，百姓生產已是困苦，怎麼還把金錢和精力投入到這種祭祀活動中呢？他遲疑了一會兒，還是喊道：「停車！」

樓異趕緊下馬，扒著車沿問：「大人，您有什麼吩咐嗎？」

曹操擺手示意他閃身，仔細打量了一番所有從人，挑來挑去，最後選中一個看著挺機靈的小童，點手道：「你過來……莫要看別人，就是你，過來！」

那小童才十一、二歲，不過是個外院打雜的小厮，別說辦差，連一句話都沒與曹操說過，此次出來不過是管餵馬的。他見曹操叫自己，還未近前就先有點兒哆嗦，連施禮都忘了，戰戰兢兢往前邁了兩步。

「我有件要緊的差事交給你辦。」曹操並沒有計較他的態度，「你給我追剛才那隊扛著貢品的百姓，瞧著他們去哪兒了，都幹些什麼，千萬別叫他們發現。然後回來告訴我，快去！」

「回……回……大人，那隊百姓……他們……」小童嚇得話都說不利索了。

「你給我把話說清楚！」曹操倚著軾木不耐煩道。

「回……回……大人，那隊……他們……」

「算了吧！有什麼事兒還是我去辦。」樓異插嘴道。

哪知曹操的倔勁上來了，指著小童的鼻子道：「不行！今天我就要用他！我就不信了，我一個堂堂國相連個孩子都支使不動。」

「他太小了。」樓異又勸道。

「小什麼？既在官寺內，就是辦事人。幹這差事我就要個年紀小的。夏侯元讓、孫文台都在十二、三時就手刃過賊人。我十三歲的時候偷東西、翻牆頭、說瞎話、打群架，什麼不會呀？」

眾隨從聽郡將大人無意中道出小時候的醜事，都咬牙強忍不敢笑出聲來。小童卻哭喪著臉，這才把話想好：「回大人的話……那些百姓已經走遠，前面就是山坳了，我道路又不熟，要是三繞兩繞找不到……就誤了大人的行程了……咱們還是下次再尋訪吧！」

「你過來。」曹操朝他招招手，「我有要緊的話囑咐你。」

小童不明就裡把臉湊過去，哪知曹操抬手擰住他的小耳朵：「你小子給我聽好了，百姓不顧勞作前去祭祀，這件事可大可小。要是真有什麼圖謀不軌之事，就好像家裡的房漏了。房漏了是刻不容緩的事情，你卻叫我等十五天再修，萬一這十五天裡下了大雨，滿堂家私毀於一旦，這責任是你擔待還是本官我擔待？」

「鬆手鬆手！您快鬆手！」這一擰小童顯出了稚氣，「我聽話就是了……您說什麼我辦什麼！」

曹操這才鬆手：「這麼點兒小事還叫我麻煩，快去！」

「小的這就去。」小童捂著耳朵都哭了。

「你哭什麼呀？」

「要是找不到，小的怎麼跟您交差，您準得打我。」

曹操笑道：「叫你去跟去尋也就是了。找不找是一回事，找不找得到是另一回事。我那匹馬給你騎，找不到我不罰，找到了我有賞！」

「謝大人！」那小童破涕為笑，立刻就奔曹操那匹大宛馬，他個子小，費了半天勁才爬上去。樓異看了有些擔心，喝道：「小子！這馬可是大將軍贈給咱大人的，值的錢現在行市都夠買個縣令的，你可得留神。」也不知他聽沒聽見，一溜煙就跑了。

曹操瞧著他的背影不禁歎了口氣：「唉……交代點兒差事費了這麼多事，宜祿要是在身邊多好呀。」

樓異也頗感思念，但又不好說什麼，卻道：「我只怕這小子拐走大人的寶馬。」

「用人不疑，疑人不用。」說著曹操解下腰間的錦囊，「樓異，這個給你。去尋個農戶，拿錢換兩件種地人穿的衣服來。」

「您這是？」

「等那小廝回來講明，咱倆扮作百姓去探一探虛實。」

樓異聽後嚇了一跳：「大人萬不可以身犯險，若有閃失，小的擔待不起。」

「你說的這是什麼話？當初也是咱們倆，連幾十個賊人都鬥過，訪一訪百姓又有何不可？」

「大人當初不過是縣令，如今已是堂堂郡將。況且潁川之勝、宛城之捷，大人威震關東一時。雖顯名於世，亦難免結下冤仇，若是民間宵小懷鬼魅之心，欲傷害大人，必有危難。您不可不防。」

曹操一怔，馬上明白了。樓異說話其實是婉轉的，說破大天，不過是因為自己鎮壓黃巾殺人無數，窮苦百姓從心裡其實是恨自己的，若是布衣而行讓人認出來，難免要被毆打。可自己落了這樣的名聲，又能怪誰呢？他擺了擺手：「罷了，等那小廝回來再做理會吧！」

國相的車駕停到一邊，諸人也席地而坐，只等著那童兒回來報信。不想這一等就是兩個時辰，驛路上連個人影都沒有。曹操這會兒憶起樓異的話，想必那孩子找不到那些人，怕交不了差，拐了自己的大宛馬去了。眼瞅著天色漸晚，回去的路還遠，只得暗罵自己眼瞎，帶著人怏怏回了東平陵。

待到了國相府，天早就黑了，曹操氣得連晚飯都沒吃就臥床而眠了。這一覺直睡到夜半三更，突然被一陣交談聲吵醒了，迷迷糊糊坐起來細聽，原來是守門的樓異在與人爭執。

「你不能進去，大人睡下了。」樓異壓著嗓門道。

「我回來了，現在就得交差。」一個略顯稚嫩的聲音答道。

「孩子，你先回去睡覺吧。有什麼事明兒再說吧。」

「明兒再說？房漏了明兒再補，下雨你擔待嗎？」

曹操得知那童兒回來了，聽他還拿房漏了打比方，不禁莞爾。樓異還在外面與他理論：「你不要這麼固執，大人那不過一句戲言。」

「大人！大人！我回來啦！」那童兒不理他，扯開嗓子嚷起來了。

「別喊了，這太沒規矩了……」

「樓異！」曹操披上衣服，「叫他進來吧！」

還不等樓異答話，房門閃開道縫，那童兒一猛子扎了進來：「大人，小的回來交差了。」樓異隨後也跟了進來。

「年紀不大，嗓門倒不小。」曹操打了個哈欠，打量他穿著一身滿是補丁的破衣服，「你怎麼去了這麼長時間，還這副模樣？」

「回大人的話，小的……小的……」這孩子不見曹操還理直氣壯，見了曹操又緊張起來，跪在地上說不明白，「我……到了之後……後來我就……結果……」

樓異氣大了：「你半夜把大人鬧起來，到底想說什麼？」

童兒更慌了，連連叩頭：「小的錯了！小的錯了！」

曹操沒用晚飯，這會兒有些餓了，起身拍了拍他肩膀：「小子，你吃東西了嗎？」

「沒有。」孩子怵生生答道。

「樓異，我和這孩子都還未吃飯。你去把庖人叫起，做兩碗熱湯餅（麵湯）端過來。」

待樓異走了，曹操把孩子拉起來，讓他坐下：「有差事先要想好了，然後慢慢說。」

「諾。」童兒坐在那裡叨咕半天，才小聲道：「小的想好了。」

「你說吧！」

「小的騎馬去追那些人，因為找不到他們，轉了好幾個山坳，最後在山間一個小祠堂找到他們。有幾個財主在那裡焚香禱告，那幫窮人都跟著磕頭，後來還有巫婆弄個盆斂錢。有錢的就多扔，窮人就扔一兩個子。」孩子說著抹了抹緊張的汗，「想必每逢初一和十五都是這樣。」

「你沒打聽一下他們祭祀的是誰嗎？」

孩子撓撓頭發：「小的怕大人怪我弄不明白，就在山裡尋了個獵戶人家，把我的好衣服與他家孩子換了，又把馬拴在他家，我就跑出來混在人堆裡了……」

曹操眼睛一亮：這孩子看似怯懦，辦事卻格外細心。

「我就問那些年歲大的老農，他們說拜祭的是……是什麼豬什麼猴的，反正能保佑大家平平安安。巫師還念叨，要是不拜祭他，老天就會降下災禍。現在戰亂年月，只有紙牛紙馬，若是太平時節還要供奉真牛真馬呢！小的打聽明白，回來道上又迷了路，好不容易回到東平陵，城門都關了，幸虧有人認出您的馬，才容小的進來。」

「你再說一遍，他們供奉的是誰？」

「什麼豬啊猴的，還是豬鬚什麼的……」童兒撓撓頭，越著急越想不起來。

曹操恍然大悟：是朱虛侯劉章。

朱虛侯劉章乃漢高祖之孫、齊王劉肥之子。當年高祖劉邦龍歸大海，呂后擅政稱制，有呂祿、呂產欲行篡逆之事，劉章協助周勃平定諸呂，手刃偽丞相呂產。孝文帝正位，加封他為城陽王，名震關東諸州。自前漢以來，青州百姓紛紛供奉劉章塑像，大小祠堂不下二百餘座，香火供品不絕。

剛開始僅僅是對劉章的祭奠和感激，後來王莽篡政天下動亂，老百姓追念劉氏舊德，沒糧也來拜他，缺錢也來拜他，患病也來拜他，以至於討不到老婆、找不著婆家、生不出兒子也來求朱虛侯。再加上有鄉紳巫婆藉機招募錢捐從中漁利，大肆宣揚劉章的威武靈驗，簡直將他誇耀成了無所不能的神仙。於是祭祀劉章的風俗父傳子、子傳孫，在青州始終延續著。

說話間，樓異端了兩碗湯餅進來。曹操親自拿了一碗遞給孩子：「你小子還算機靈，快吃吧！」熱氣騰騰的麵條入了口，孩子總算是放開了膽，笑道：「大人，您還有什麼事吩咐小的嗎？」

「嚯，學會請令了？現在用不到你了。」曹操也端起碗，「樓異，你說咱們該怎麼辦？」

「依小的之見，應該勸告百姓，叫他們以後少搞這種祭祀，既費錢又耽誤農事。」

「劉章是國家的功臣吶……」曹操丟下這麼半句話，悶頭吃了幾口湯餅，突然把碗一撂抹嘴道：「不過是功臣就不該禍害百姓，更不能在死後貽害後人！我意已決，搗毀朱虛侯的祠堂，從此以後濟南境內再不允許祭祀劉章。」

樓異嚇得一哆嗦：「大人，這可不是鬧著玩的，那是朝廷宗室的祠堂，豈是說毀就毀的。」

「這我知道，但此乃淫祀。孟子曰：『不違農時，穀不可勝食也』，要是因為這樣的事情，耽誤了農時，朝廷還不是要逼著我破他們的家？況且這裡還有土豪和巫師蠱惑人心藉以謀利，更要徹底剷除！」曹操背著手在屋裡轉了兩圈，「自黃巾亂起，百姓不慕詩書而慕左道，淫祀之事不制止，日後難免鬧出別的亂子來。小疾不治必養大患，咱們索性來個乾脆的，把劉章的祠堂塑像全部搗毀，斷了這條禍根！」說完他走到桌案前，拿起筆來寫了一道命令，「明天就將此交與主簿，傳檄十縣，一體執行。」

「諾。」樓異接過竹簡而去。

曹操見那個童兒吃得香甜，一大碗湯餅已經見了底，便把自己吃著一半的那碗又放到他身前，笑道：「半大小子吃死老子。你這長身子的時候，不在家吃你老子，跑衙門吃我來了。」

哪知這句話說完，那孩子手裡空碗險些落地，淚水在眼圈裡打轉。曹操也愣住了：「你怎麼了？」

孩子抹著眼淚：「我老子娘都死了。我是東平人，家鄉鬧災荒，爹娘有口吃的都給了我，他們是活活餓死的。後來村裡人造反，要不是我年紀小他們不肯要，我一定也裹了黃……」說到這兒他感覺到自己失口了，捂住嘴不敢再說一個字。

「若不是年紀小，你也裹了黃巾跟著造反了。」曹操無奈地搖搖頭，「你不必隱晦，這我都能想到。沒糧食沒活路，不反等什麼呢？那你怎麼到濟南來的？」

孩子這才放了心，哽咽道：「我是跟著逃荒的人跑到這兒的。沿街乞討的時候，遇見您府裡幾個當差的，他們瞧我可憐，留我在府裡幹些雜活，也算有了口飯吃。」

曹操見他身世如此淒慘，又聞是秦宜祿收留的人，不禁動容，摟住孩子道：「哭吧，哭出來就好了。以後好好當差，膽子要放開，不能再隨便哭鼻子了。」

孩子聽他這樣說，哪兒還忍得住，抱著曹操的脖子咧開嘴就哭，鼻涕眼淚都把曹操的衣服弄濕了。就這樣哭了好半天才止住悲聲。曹操拍著他的背，安慰道：「你雖貧苦但比我強得多，我小時候想哭只有趴在我娘墳上……我還沒問你叫什麼名字呢？」

「小的姓呂，」那孩子小臉一紅，「叫……叫禿兒。」

「呂禿兒！哈哈哈……這算什麼名字啊。」曹操大笑不已。

「回大人，我小時候頭髮長得稀，爹娘就叫我禿兒。」那孩子也破涕為笑，「大人說了辦成差事有賞，您就賞我個名字吧。」

曹操點點頭，卻一時想不出什麼，回頭正見桌案上放著一卷屈原的《楚辭・大招》，沉吟道：「《大招》開篇就說：『青春受謝，白日昭只。春氣奮發，萬物遽只。』汝乃少年之人，如白日初升暮春方至，從今以後你就叫呂昭吧！」說著曹操又拿起筆來，在手掌上寫了一個昭字給他看。

那孩子看著曹操手中的字，也用手指在自己掌中比劃著：「我認得這個字，是『昭展』之昭。」

「錯了，招展這兩個字是這樣寫。」曹操又在他手中寫道，「若喜歡這個展字，那你元服①之後就字子展吧。」

「呂昭呂子展，謝大人賜名。」呂昭跪在地上就磕頭。

曹操今晚難得這麼高興，站起身大聲叫道：「呂昭！」

「小的在！」

「你剛才討差事，我現在想好了。我命你快去睡覺，明天為本官領路，去抓那些巫師歹民，把他們給我趕出濟南！」

「諾。小的明白，大人要學西門豹治鄴，把那幫巫婆馬屁全給扔到河裡去！」

曹操仰天大笑：「這個比方說得好！沒瞧出來呀，你小子還懂點兒史事。」

「都是聽村裡唱曲的瞎眼公公說的。」呂昭笑道。

「小小年紀能牢牢記住能臣之名就不錯。我看你有上進之意，以後跟在我身邊做書僮，辦差之餘也要用心讀書識字，說不定日後你還能成就一份功名呢！」

---

① 古代男子成年開始戴冠的儀式。

「小的豈有那等本事？」呂昭撓撓頭。

「遠有第五伯魚、胡廣，近有朱儁、王允，他們皆是小吏出身，不都成名臣了嗎？你好好努力吧！」

「諾。」

「去吧去吧！我也要睡了，明天咱們一起動身掏那幫歹人的老巢！好久沒這麼痛快了，今晚一定能做個好夢。」說罷曹操伸著懶腰回裡屋去了。

卸磨殺驢

曹孟德一聲令下，濟南國十個縣同時行動起來。張京、劉延等縣令都親自帶人捉拿巫師方士，搗毀朱虛侯的祠堂。

雖然在短短兩個月間，濟南二百多座劉章的祠堂盡皆夷為平地，但百姓在家中私自供奉的事情卻屢禁不止。出了多少道告示、抄沒了多少畫像，連曹操本人都記不清了，可依舊收效甚微。時間一長，他也釋然了：皇帝昏庸、政令繁苛，百姓對劉章的供奉實際上已經成為一種思想寄託，這種依賴豈是外力可以打破的呢？好在騙錢的巫師都已亂棍打出濟南，帶頭的鄉紳也都受到了處罰，至於老百姓在家搞的那點兒迷信，就由著他們吧！

就在這個時候，一連串從京師傳來的消息引起了曹操的不安。首先是京城發生大風暴，皇帝借此名義指責三公失德，將太尉鄧盛罷免了。鄧盛在黃巾之亂時臨危受命，坐定洛陽籌措大局，如今卻被草草趕下公台。緊接著，皇甫嵩、朱儁的左右車騎將軍名號被撤掉。朱儁被降職為光祿勳；皇甫嵩被削去了六千戶的封邑，連領冀州刺史的殊榮也被剝奪了。朝廷改用張溫為車騎將軍，統領董卓、周慎、陶謙、孫堅等人繼續討伐西涼叛賊。後來又有驚人消息，豫州刺史王允、荊州刺史徐璆先後獲罪被打入天牢。

曹操不得不猶豫：這是怎麼回事？去年平亂的功臣一個個不是罷官免職就是身陷囹圄，這絕不是什麼巧合。難道皇上要卸磨殺驢嗎？或者又是十常侍搗鬼？鄧盛乃一代忠良，朱儁、皇甫嵩百戰名將，王允、徐璆是披荊斬棘之臣，如今西涼未平、黑山未定，這些人就罷黜不用了。飛鳥未盡，良弓先折；狡兔未獲，走狗已烹。如此行事，將來誰還肯為國戡亂效力呢？

進而曹操又意識到，下一個被打擊的會不會就是自己呢？破壞宗室功臣的祠堂塑像，他幹了一件多麼容易讓人抓住把柄的事啊！但這些事情根本沒有時間細打聽，朝廷下派的新差事又來了。

皇上的餿主意總是一個接著一個，從不管官員與百姓能不能接受。南宮焚毀之事他一直耿耿於懷，為了儘快把宮殿修復，他下令凡是被征辟的官員，上任前都要向朝廷繳納修宮錢。政令一出，天下譁然，這與黃巾以前的賣官之舉有何不同？郡守一級的官員調動升遷，這筆修宮錢自上往下層層盤剝，細細算來竟要花到兩三千萬，這比當年的賣官更厲害。最可惡的是，一旦被升遷轉任，就是想辭官不幹都不行。西園的官兵抄家斂財，脅迫著你去上任，逼著你挖地三尺魚肉百姓，直到把那筆修宮錢湊齊才行——這樣的吏治與強盜何異？

既然修宮錢有了，就要籌集材料了。劉宏大筆一揮，命令太原、河東、狄道諸郡輸送木材，關東之地也要輸送鐵礦、紋石。運抵京師之後由宦官驗收付錢，十常侍之一的鉤盾令宋典坐纛主管。

事下濟南國，可把曹操忙壞了，紋石之物挑了又挑，揀了又揀，為了採買這些東西，險些將濟南各縣的庫房花空，曹操還自掏腰包雇了不少民夫和車馬來運送。好不容易置辦完畢，又考慮到黑山軍神出鬼沒劫掠財物，便由台縣張京親自帶隊，樓異率領鄉勇跟隨押運。連車帶人浩浩蕩蕩百十多口子，總算是吵吵嚷嚷出了濟南國。

曹操以為這差事算是對付過去了，哪知清靜了不到十天，樓異火燒眉毛般從洛陽跑了回來。原來宦官對石料百般挑剔，竟要求全部運回重新置辦。眼瞅著郡縣府庫幾空，百十口人困在京師，石料不收還堆在洛陽城外風吹日曬，曹操可著急了。他馬上召集臨近的幾個縣令，連同闔衙的功曹吏員商議對策。

可這哪裡是議事，簡直成了訴苦會。縣令抱怨沒錢做事，功曹嚷著採辦的辛苦，就連那些小吏也都滿肚子牢騷。曹操越發焦急，若是千八百萬錢自己家出也罷了，可那些紋石價值不菲，為了這些東西，一郡的官錢都花乾了，就算父親把家底抖楞乾淨也是買不起的。

樓異哭喪著臉，向大家講述：「列位大人，那些宦官也太欺負人了。我陪著張縣令到南宮繳石料，宦官竟然指著我的鼻子抱怨，說石料有稜角！諸位聽聽，大石頭它能沒有稜角嗎？」

鄒平縣令劉延氣得吹鬍子瞪眼：「諱天下之大然！」

「張大人說了，他既然挑稜角咱們就給他磨。回到都亭驛我們就把石料卸了，那些大石頭堆成山，我們沒黑沒白磨了整整兩天兩夜呀！」

「又怎麼樣？」

「還是不收呀！宦官又說石頭的紋路不對。這鋪殿座的石頭，紋路還有什麼可挑的呀！」

眾人聞言無不喝罵。劉延口快心直，扭頭問曹操：「國相大人，這些宦官分明是故意找茬，您是不是與那鉤盾令宋典有仇呀？」

刀怕兌了鞘，劉延此言正中下懷。曹操也在思量此中蹊蹺，一干平叛功臣紛紛謫貶，這次會不會是借題發揮故意找尋他的麻煩呢？樓異聞聽把手一擺：「不對不對！我家大人與宋典根本不相識，而且他們挑的不止是咱們。河東有一批送木材的，已經往返三趟了，那幫閹人就是橫挑鼻子豎挑眼，死活不肯收料付錢。最後談來談去，宦官勉強留下，才給了十分之一的錢呀！」

曹操聞此言心才踏實，冷笑道：「哼！那些閹人不過是貪些賄賂，實在不行咱給他。」

樓異躬身道：「大人，這一次可沒那麼簡單。若是掏幾個錢就能解決，張縣令自己就處置了。我們拿話引他們，那些閹人根本不搭理話茬。宋典整日深居宮中不露面，就是想賄賂他都找不到門路。」

「怪哉怪哉！這到底是要幹什麼呀？」曹操腦子有點兒亂，「你沒去尋我爹爹，叫他老人家想想辦法？」

「我去找老爺了，這次老爺也沒有辦法，他也見不到宋典。」

曹操的眉頭擰成個大疙瘩，百思不得其解：「怪哉！這到底是怎麼回事呀……皇上到底是急還是不急呀？照這樣選材，什麼時候南宮才能修完？」

「修完？」樓異冷笑一聲，「開工的事兒連影子都沒有，那些收來的料就在南宮廢墟上堆著，挺好的木料風吹雨淋，有的都朽啦！收來的好料不保存，還一個勁兒催運新的，真不知道他們都是怎麼想的。」

眾人聞此言更加詫異，進而猜測皇上和十常侍是不是叫黃巾之亂嚇傻了。正在議論紛紛之際，有差役來報：「啟稟國相，刺史黃大人到，就在外面迎候大人。」說著遞過一張名刺。

「這又是怎麼回事兒，刺史要來竟然事先不派人通告。」曹操接過名刺發作道：「你們這些當差的是怎麼搞的？車駕入城都不知道通報一聲，人家到了府門口才告訴我。」

「回大人。」差役面有難色，解釋道：「黃大人是微服前來，沒有乘車駕。」

「我真是急糊塗了。」曹操趕緊起身，「黃大人想必是微服查訪，我得出去迎接。」

劉延在一旁道：「黃使君既來，咱們這些縣令功曹也得出去迎接吧？今天可真熱鬧，州郡縣三級官竟湊到一處了，百年不遇呀！」眾官員撩袍端帶紛紛跟了出去。

這群人擁擁搡搡出府門，把青州刺史黃琬嚇了一跳。他今天沒穿官服也沒乘官車，只帶了三個僕人以便裝出行，本想找曹操談論些隱祕之事。哪知來至國相府，守門人一通稟，擠出十多個官員來。上至國相曹操，下至縣令和郡縣的功曹，見了面有作揖的、有下拜的，一下子就把他弄懵了，還未緩醒過來就被眾星捧月般讓進了府門。

黃琬字子琰，江夏人士。高祖父黃香是一代名士，溫席奉親孝名感動天下；他祖父黃瓊乃剛烈之臣，在先朝為鬥跋扈將軍梁冀幾度出生入死。黃琬本出仕甚早，但因是太傅陳蕃所舉，被宦官誣陷為朋黨，生生被朝廷禁錮在家達二十年之久，直到黨錮解禁才重見天日。楊賜再次薦舉他為官，可人生中本該大有作為的時間早已錯失，四十五歲的年紀，竟滿頭白髮，無一根黑絲，皆因所受的煎熬太多了。

眾人紛紛落坐，黃琬環視這滿屋的官員，問道：「諸位大人為何齊聚此間？」他久被禁錮變得性情柔弱，言語中還有幾分怯意。

「使君，您遠道而來必有要事，還是您先說吧！」曹操待他分外恭敬。若論官階俸祿，太守國相乃二千石封疆之任，而州刺史不過六百石，但刺史不司政務單管監察，有權干問郡縣所有官員的清濁。特別是黃巾之亂平息後，州刺史又有了領兵平亂的權力，所以地位更顯殊異。

黃琬也不客套，緩緩道：「朝廷正在向各地調集木材、石料重建南宮。也因為宦官苛刻刁難，大多不能順利上交。現在外地有不少官員打著更換石料的旗號盤剝民財、欺壓商賈，藉機中飽私囊。倆月以前，賈琮赴任冀州刺史，提前放風說要將貪賄之人不論大小全部治罪。哪知到了任上，闔州官員竟盡皆逃官而去，就剩一個癭陶小縣的縣長董昭敢繼續留任，吏治敗壞實在是觸目驚心！」

曹操不禁搖頭歎息：「大人您微服出行，一定是考察本州官員是否清廉嘍！」

「沒辦法，現在手下人的話我都不敢信。」黃琬擺擺手，「不查不知道，一查嚇煞人呢！齊國在我眼皮底下還算好，平原、北海兩郡貪官成堆，更嚴重的是東萊郡。我上書奏免東萊太守，也不知怎麼走漏了消息，東萊太守派出一個叫太史慈的小吏，竟跑到洛陽把我的彈劾奏章給毀了，這簡直成了天下奇聞！」

曹操聽得哭笑不得：「貪官上下齊手，甚是難對付呀！」

「我轉來轉去，還就是孟德治下的濟南最好。各位縣令在此，我直言相告：我私下裡往你們各處都去了，百姓對你們的評價還是甚高的。若都像你們濟南這樣，我這個刺史就不著急了。」

曹操羞赧地搖搖頭：「使君您過譽啦！濟南也好不到哪兒去。您忘了嗎？我一上任就奏免了八個縣令……像這兩位是曆城令武周、東平陵令侯聲，本月剛剛到任的。」

武周、侯聲趕忙再次見禮，黃琬見二人舉止端莊，料是耿介之人，不住捋髯頷首。

曹操笑指劉延：「實不相瞞，在座的只有這位劉縣令是漏網之魚，其他諸位都是新上任的。」

黃琬特意多打量了劉延幾眼：「嗯，劉縣令是個好官。」

劉延抬手推辭：「下官實在毫無建樹平庸至極，不算什麼好官。」

「你切莫謙讓。現在根本談不到什麼建樹政績，不貪賄就算是好官了。一個柿子爛了就要爛一筐，不把十常侍他們……唉！」黃琬被禁錮二十年，可謂刻骨銘心，再不敢當眾說宦官什麼話了，趕緊轉移話題，「你們為什麼都湊在一處啊？」

這煩心事兒又勾起來了，曹操低頭道：「還是因為運送石料的事情，宦官挑三揀四不收啊！」

「哼！」黃琬冷笑一聲，「別著急，他們還沒挑到時候呢，到時候准收。」

「哦？為什麼？」曹操追問道，黃琬卻緘口不言只是冷笑。劉延見狀，料他有私密之言對曹操講，趕緊識趣地起身：「既然如此，我衙中尚有不少公事要辦。時候也不早了，諸位大人安坐，下官先告退了。」他這樣一講，武周、侯聲也隨之站起，其他人也紛紛尋藉口告退，不一會兒的工夫就走了個精光。

曹操見只剩黃琬一人了，才問：「使君，聽您方才所言，這件事究竟有什麼玄機？」

「修宮之事是假！」

「什麼？」曹操一皺眉，「此話怎講？」

「你好好想想就明白了。那些宦官挑來挑去，所有材料都按一成的錢收了，那剩下九成錢哪兒去了？」

「何來剩下的九成？」

黃琬拍拍他肩膀：「孟德啊孟德，你是真不知道還是跟我裝糊塗？宋典自國庫支錢，豈會真支出一成之錢，他必是按十成上報的！」

「那剩下的九成錢財，都叫宦官吞了嗎？」

「不對不對，十常侍再貪也不敢私匿這麼多，這數目太大了。唯一的可能，就是這些錢不聲不響進了中藏庫。」

曹操一愣：「那是……那是皇上的梯己（私房錢）。」

「沒錯，那些錢搖身一變都成了皇上的私房錢。你想想吧，當初賣官賺了多少？黃巾事起，他迫於無奈把錢都拿出來散給北軍將士了。修宮殿能用多少材料，為什麼要遍向各地征料？這是當今萬歲遮羞，不好明著私吞國庫，藉著這個題目斂財，要把當初散出去的錢再撈回來呀，那些征去的材料恐怕修三座宮殿都夠！」

曹操只覺得腦海中轟隆一聲，仿佛感到天塌了下來。他胸中似烈火燃燒，終於吐出那句壓抑已久的話：「大漢完了……真是昏庸無道的亡國之君！」

說這話是殺頭滅門之罪，黃琬嚇了一跳，他是吃過虧的，趕緊捂住曹操的嘴：「你小聲點兒，不怕隔牆有耳啊？我告訴這話，是為了叫你安心，石料的事情不必再操心，早晚宦官會按一成付錢。」

「君王可欺民，不可欺天吶！」曹操氣憤難當，「天下之錢何分陰陽，莫不歸屬於天子，為什麼他還要千方百計斂財呢？難道非要都揮霍了才罷休？他這樣行事，國庫、地方兩空，都成了中藏錢，豈不是殺雞取卵？再有大災荒，官員拿什麼去賑災啊！」

黃琬默然良久，歎息道：「其實我今天來不僅是為了公事，還有件私事要告訴你。朝廷祕密差下督郵，要沙汰軍功之人，你可要留神！」

到了現在，曹操也想開了：「要丟官就丟吧！皇甫嵩、朱儁、徐璆、王允，大家降職的降職、下獄的下獄，輪也該輪到我了。」

「他們幾個獲罪都是各有隱情，你知道嗎？」

曹操氣哼哼道：「欲加之罪何患無辭！」

「這也不盡然。皇甫義真之所以遭謫，是因為他得罪了趙忠。他在河北平張角，路過鄴城目睹了趙忠的宅子，房舍林立逾制建宅。他回朝參奏一本，皇上正愁沒錢，把趙忠的房子抄沒充庫了。後來他與董卓討北宮伯玉，兩人相處不睦，那董卓就與趙忠勾手貶了他的職。」

「十常侍……十常侍……天底下還有他們沒幹過的壞事嗎？」曹操一拍大腿，「徐璆和王允呢？」

「徐使君的事也差不多，他得罪的是董太后的外甥，那人也與趙忠聯手告他討賊不力，結果下了大牢。」黃琬惋惜不已，「至於王子師的事可有些麻煩。他上交了一封祕信，是反賊『神上使』張曼成寫給張讓的，聲稱是在清點潁川黃巾遺物時發現的。」

「哦？」曹操瞪大了眼睛。

「不過這封信未必是真，張曼成死無對證，很可能是王允想扳倒十常侍故意偽造的。他與張讓在天子面前各執一詞爭論不休，結果十常侍紛紛進讒言，他就被下獄了。這倒給張讓提了個醒，他向皇上建議差下督郵，明為考核官員，實際上要沙汰軍功之人。」

「原來如此。」

黃琬說著說著突然想笑：「也是惡人自有惡人磨。在冀州出了個叫劉備的小子，因軍功補了安喜縣尉，上任不過旬月就被河北的督郵盯上了。那劉備也真膽大，縱馬闖驛，活活把督郵綁縛，狠狠抽了二百鞭子，然後掛印逃官而去。」

「哈哈哈……抽得好！」曹操頗為讚賞，「對於為虎作倀的小人就該這樣。有機會的話，我還真想認識認識這個劉備。」

「抽的是不錯，但也觸了十常侍的霉頭。自從出了這件事，督郵越發痛恨軍功之人。咱們青州也派下督郵，現正在來的路上，恐怕一兩日間就要到了，到時候你要小心應對。」

「謝使君大人相告，為了我這點兒事，還勞您親自跑了一趟。」曹操趕忙施禮。

「我不敢差派手下人，怕走漏風聲，所以親自來告訴你。你可千萬別跟督郵說是我告訴你的……」

「我當然不會說出去，大人放心吧！」曹操見他神色慌張，不禁感歎。被誣陷遭禁二十年，這個人雖有滿腹熱忱，但是膽色盡失了。不過越是如此，越顯他對自己的眷顧。

黃琬沉默了一會兒，又回頭道：「孟德，你辦了一件令我感觸頗深的事。」

「哦？下官有何作為令使君垂青？」

「你毀了朱虛侯的祠堂。你知道嗎，那是在好幾十年前，老太傅陳蕃還僅是青州刺史，他就曾搗毀劉章的塑像。你今天所為跟他一模一樣。」說這話時黃琬眼望窗外，彷彿在追尋遙遠的記憶，「我因陳太傅薦舉而為官，又因陳太傅之牽連遭禁。成也蕭何敗也蕭何。」

曹操千恩萬謝送走黃琬，不禁思量：陳蕃最終死在宦官手裡，我雖然仰慕此人，但是真想混一個與他一樣的結局嗎？

那一刻他開始動搖了，覺得官場是那麼可怕，前景一片黑暗，不如棄官還鄉。但他又不甘心這十年的努力，不知該何去何從。在思考了整整半宿之後，曹操決定放手一搏，走一步險棋……

心灰意冷

第二天清晨，曹操找來樓異，吩咐他速往京師。

「紋石的差事不能再耗著了，你去把張京叫回來，台縣的公務還等他處理呢！叫那些民夫都散了吧，留幾個人看料也就夠了。」

「諾。小的這就去準備。」

「慢著！」曹操從袖中掏出一份奏章，「這個你替我遞往省中。」

「諾。」樓異伸手來接，曹操卻死死攥住，道：「你聽好了，這是個要緊的東西，遞交前萬萬不可讓我爹知曉。另外，辦完事你不要急著離開，這份奏章有什麼反應，你替我打聽清楚了再回來覆命。」

「小的明白。」樓異不敢多問。

曹操這才鬆手，看著他亦步亦趨退下去。

這份奏章的內容是為十八年前黨人首領陳蕃、竇武鳴冤。現在黨人雖赦，但冤死的陳蕃尚未平反昭雪。現在宦官與黨人雖矛盾重重，但都是暗流相鬥未曾表露，而陳蕃之事是朝廷萬萬不能提起的禁忌。

曹操這份奏章字字斟酌，從自己禁斷淫祀談起，論及陳蕃在青州的舊事，最後立言道「陳、武等正直而見陷害，奸邪盈朝，善人壅塞」，公然要求恢復陳蕃、竇武的名譽。這一份奏章遞上去，必然要鬧出一場大風波來。曹操這樣做已經是不計後果放手一搏了。一旦成功自己便可以大長正氣享譽士林，但若是失敗就會跟王允、徐璆一樣下場，甚至還有性命之虞。

就在這種前途未卜的期待中熬過了七天，京師卻一點兒風聲都沒有，彷彿這份激烈的奏章投到了死水裡。曹操焦急期盼著洛陽的消息，等啊等，樓異、張京沒等來，等來的卻是秦宜祿！

如今的秦宜祿已經不是曹家的僕人了，誰料他身著錦緞比跟自己時更光鮮了。他被差役引進府內，見了曹操跪倒便拜：「小的秦宜祿拜見曹大人。」

曹大人？當年張嘴一個爺、閉嘴一個爺，如今卻叫自己曹大人，曹操心裡不是滋味，冷冷道：「你現在混得可好？」

「托您老的福，小的回到洛陽不敢面見令尊大人。」秦宜祿的口氣已經十分疏遠，又面有得意之色，「萬般無奈之際，小的投到河南尹何大人府中為僕了。」

「何苗？」曹操順口驚呼出來，他沒想到秦宜祿會委身這個人府中。何苗乃何后的同母弟弟，雖為二國舅，卻與憨厚善良的何進大不相同，是十常侍張讓、趙忠的死黨。秦宜祿投到何苗手下，豈不是將自己當年所有事情都端給宦官了嗎？

秦宜祿似乎就是想讓曹操害怕，故意挖苦道：「曹大人，您當著小的面直呼我家大人的名諱，未免失禮了吧？」

「是是是，本官口誤了。」即便心裡膩歪，曹操還是得道歉。

「前兩日，大人有一份奏章遞入省中吧？」

曹操頭上汗涔涔的，突然一句話都答不出來。

秦宜祿訕笑道：「可惜您的大筆華翰未能打動聖聽。奏章所言之事皇上不准，根本沒有廷議，僅交與三公看了看。可憐呀，只因為您這份奏章，又牽連死三位老臣呀！」

「你說什麼？」

「當朝司徒陳耽力挺您的奏議，忤逆天子獲罪。諫議大夫劉陶保奏陳耽不成，上殿謗君。結果兩人一同下獄，張讓當天晚上就派人把他們毒死了。」

曹操臉色蒼白。劉陶、陳耽都是曾經位列公台的老臣，這樣無聲無息就被十常侍害死了，而這件事竟是因為自己的一番奏章引發的。

「您不忍了？」秦宜祿笑得更加猖狂，「還沒完呢！老楊賜久染重病，聞知劉、陳二公斃命，當即疾發而亡！」

「楊公他老人家也……」曹操如鯁在喉，他徹底被這個以前對他唯命是從的奴才擊敗了。楊賜是朝廷正直之臣的脊梁，他一倒，朝廷的正氣也就徹底湮滅了。

「您猜猜誰當了太尉？是許相！綽號『不開口』的許相，跟張讓最最交好的人。唉……三位公台老臣接連身亡，您也該明白自己那點兒斤兩了吧？我家大人有好生之德為您講了好話，加之令尊苦苦哀求，他跟許相的那點兒老交情又救了您一命。他們費盡口舌，總算說動萬歲不怪罪於您。」秦宜祿得意洋洋。

曹操真恨不得把這個卑鄙無恥的小人踢死，咬著牙道：「家父自不必說，許叔父我也自會感念，可你家大人還真是好心呢！」

「這就是您不明白了。我家大人聽說您毀壞劉章的祠堂，很是高興。說劉章殺了呂后家，呂家是外戚之人，而我家大人也是外戚之人，一筆寫不出兩個外戚，您對何家也有功呀！」

「你放屁！」曹操實在怒不可遏。

「您別急，別急……」秦宜祿畢竟跟了他十年，很怕他動怒，「小的實言相告，我家大人現處國舅之尊，十分仰慕您的威名。」

曹操這會兒聽出點兒子丑寅卯來了，秦宜祿是替何苗來拉攏自己。

「曹大人，您對小的有故主之情，而何國舅對小的也很不錯，所以小的一廂情願想讓二位結好。現在我家二國舅就要晉封車騎將軍了，一旦開府便可與大國舅何進並駕齊驅。您如今處在這個位置，前有宦官之恨，後有督郵之迫，倒不如投靠我家大人。一可保性命無害，二可保俸祿不失，三也可叫令尊大人放心，您說是不是這個道理？」

曹操故作沉思低頭不語。

「您不要以為掾屬有失身分。那安平人樂隱、汝南名士應劭，如今都依附了我家大人。」秦宜祿說到這裡往曹操跟前湊了湊，「莫看現在我家大人與張讓相交深厚，將來有一日後廷有變，我家大人也想在諸位高士協助下剷除宦官。這與您平生夙願並不相悖，您說呢？」

曹操可不想蹚外戚的渾水，更何況何苗之上更有何進，兄弟倆離心離德難成大事。但事到如今自身難保，又豈敢再得罪國舅？他腦筋一轉，緊蹙雙眉裝作思考，緩緩點頭道：「好吧！不過此事我要再三思量，還得徵求一下父親意思。」

「那就好！那就好！老爺那裡一定會同意的，您要是實在說不動老人家，我去！憑我這張巧嘴肯定成。」秦宜祿喜笑顏開，一高興又稱曹嵩為老爺了。

曹操見騙住了他，趕緊委婉地下了逐客令，將他打發走。等安靜下來，曹操的心也冷了，這官還如何當下去？皇帝昏庸、奸臣當道、外戚橫行，自己又被人家牢牢攥在手心裡，連累老爹爹一把年紀還要向閹人屈膝告饒。

他茫茫然遊移到書房，又見書僮呂昭趁他不在，伏在桌案前抄書練字。呂昭見他來了，趕忙起身讓出几案，慌張道：「小的錯了！」

「不就是用用我的書案嘛，知道習字上進不算錯。」曹操坐下來，「你在抄什麼啊？」

「是王充的《論衡》。」

「哦？這麼深奧的書你也敢看呀？」

「小的不是看，只是抄。」呂昭不好意思地笑了笑，「就屬這套書的卷數最多，字也多。我要是能抄下來，一定能認識不少字。」

「你不得其法，先去抄《孝經》、《論語》吧！」曹操說著，無精打采拿起呂昭抄寫的竹簡，正見：操行有常賢，仕宦無常遇。賢不賢，才也；遇不遇，時也。才高行潔，不可保以必尊貴；能薄操濁，不可保以必卑賤。或高才潔行，不遇退在下流；薄能濁操，遇在眾上。世各自有以取士，士亦各自得以進。

「大人，您怎麼了？」呂昭瞪大了眼睛。

「什麼怎麼了？」

「您……您哭了。」

曹操擦了擦不覺流下的淚水。《論衡》說的一點兒都不假，遇到如今這個世道，自己再努力仕途上也不會有什麼成就了。既然已經走到了死胡同，何必還要在這裡浪費青春呢？非要熬到頭破血流山窮水盡嗎？算了吧，回頭吧！不為自己想，還得為老婆孩子想呢！五十歲的孝廉有的是，就算自己再隱居二十年也能跟他們一樣。黃琬不就是在家禁錮了二十載嗎？等一個清平之世吧，盼著昏庸無道的皇帝早早駕崩，盼著那些老宦官都死絕……

「大人，我寫得不好嗎？」

「不是，你寫得很好。」曹操摸了摸呂昭的頭，「孩子，我給你介紹一個老師好不好？」

「那自然好了，是誰呀？」

「是我的親弟弟曹子疾，他博覽群書文學可好了。」

「他在哪兒？」

「在我的家鄉沛國譙縣，他教過家塾，你去跟他讀書吧！」

呂昭嚇壞了：「大人，您不要我了嗎？我不離開您！」
「傻孩子，誰要你離開我了？咱們一起回家！」
「您不當官了？」呂昭詫異地盯著他。
曹操搖搖頭，吟起了《離騷》：「悔相道之不察兮，延佇乎吾將反。回朕車以復路兮，及行迷之未遠……這官我不當了，我帶著你還有樓異回家。家鄉有我的兒子昂兒、有子疾的孩子安民，還有我姪子夏侯懋，你以後跟他們一起玩、一起讀書，好不好啊？」
「嗯。」呂昭興奮地點點頭。
正說話間，樓異回來了，一進門就嚷：「大人，您的奏章……」
「喊什麼？我已經知道了。」曹操起身看看樓異，「你休息休息，就吩咐人收拾東西吧，我要辭官了。」
「啊？大人您不必如此，老爺和許相說動了張讓，據說二國舅也幫了忙，朝廷對您不加罪責。只不過要調您離開濟南，改任東郡太守。」
「你不懂啊！此處的官員是我曹某人一手撤換的，朝廷卻把我調離開這些人，意在防止我形成勢力。濟南離京師遠，東郡離得近，這是要我把放在眼皮底下看管起來。而且何苗攥著我的短處，要拉我上外戚的賊船呀！」曹操乾笑了幾聲，「十常侍無非是不想讓我說話，那我就不說。咱辭官回家，留書懸印，明天就走。」
這一次真有些像逃難，所有的家私都不要了，草草收拾一番，轉日清晨曹操乘著百姓的小馬車離開了東平陵，甚至都沒有向濟南王和治下縣令們辭行。車過田間，又見百姓們扛著木頭石料匆匆趕路。

「他們這是要幹什麼？」呂昭很好奇。

「不知道。」樓異騎在馬上張望了一番，「好像是誰家蓋房子。」

曹操苦笑道：「我知道。一定是他們聽說我要走了，想重修朱虛侯的祠堂。」

「還修？這些百姓也太愚昧了。」

「不是愚昧，是自欺欺人。」曹操歎息道，「世間萬般苦，人總要給自己找個寄託。兵荒馬亂朝廷昏庸，舉兵反抗又一敗塗地，除了希冀神仙還能靠誰呢？所以當年陳蕃毀了神像他們就重修，我又毀了他們還要再修，無非是給自己找一點兒歸宿罷了。」

「那咱們的歸宿在哪兒？」呂昭眨著黑豆般的眼睛看著他。

童言無忌，搞得曹操有些悚然：「或許……在家鄉吧！」他不敢再多想什麼，忙催促樓異繼續趕路。

中平三年（公元一八六年）春，曹操拒絕了朝廷東郡太守的任命，再次離官還鄉。與上一次從頓丘令任上罷免相比，這一回他已經心灰意冷了。曹操抱著刷新吏治之心苦苦治理濟南一年，而光彩的政績卻似曇花一現。在他離開後，濟南國張京、劉延、武周、侯聲等清官再受宦官打擊，買官的宵小又一次充斥衙門；耗盡府庫採辦的石料最終還是被宦官以一成價值收購，賣的錢甚至不夠打發民夫的；劉章的祠堂塑像不久又紛紛重新樹立，巫婆方士招搖撞騙。寒風依舊，一切努力化為烏有。

第九章

曹操的隱居歲月

重回故鄉

黃巾起義僅僅過去兩年多，皇帝劉宏不顧天下安危，又恢復到以前的狀態，一方面橫徵暴斂恣意揮霍，另一方面打擊功臣重用宦官。十常侍恃寵而驕賣官鬻爵，幾乎將京城的耿介之官排擠殆盡。原先不過是百姓對朝廷不滿，如今士大夫和地方豪強也不再買帳。

在昏君佞臣壓榨下，各種各樣的造反和起義接連不斷。荊州趙慈斬太守秦頡揭竿而起，長沙區星起義，零陵周朝起義，桂陽郭石起義，鮮卑部落抄掠幽州，漢陽匪首王國造反，隴西太守李相如叛變，酒泉太守黃衍投降羌人，涼州土豪馬騰造反，休屠格胡騷擾隴西，遼西烏丸丘力居叛變，中山太守張純造反……省中告急的書簡堆成了山，朝廷每天處理的事情就是來回調兵，沒完沒了的平亂。

今天有人造反，明天就去剿滅，後天復叛，大後天再平叛，周而復始惡性循環。西北的涼州、東北的幽州、中原的荊州、東南的交州完全失控，天下十二州幾乎葬送了三分之一！

不過，曹家所在的沛國譙縣始終波瀾不驚。雖然政令捐稅繁苛，但始終沒有人能高舉義旗。一來是地處河南邊緣未受到黃巾之亂的衝擊；二來是因為沛國相袁忠清廉守正頗有人望；三來也多虧那位參與平滅黃巾的曹大人賦閒在鄉，這也算是一種震懾吧！

曹家當年曾受宋氏牽連衰落一時，在那之後便添了不少憂患意識。曹嵩令小兒子曹德廣求田舍、積蓄水碾，沒想到在這等動亂年月卻大見功效。

皇帝劉宏修復南宮之後，為了逾越光武玉堂的威儀，自全國各地徵調了無數車銅器銅錢，鎔化後鑄成四座手托露盤的銅人，每座都有兩丈多高。還有四口黃鐘，以及天祿、蛤蟆、吞水獸，皆龐大威嚴工藝精湛。皇宮是氣派了，但民間卻錢幣稀少，財貨不通商賈難行。劉宏又下令將原來的五銖錢改鑄成薄薄的四出錢。這種錢做工粗糙又品相惡劣，雖然數量多了但價值低下，所以一時間錢賤物貴。又因為局勢動亂，糧食的值錢程度更是翻著倍的往上漲，城鎮之人若是想買一斛糧食，得帶著成筐的錢出門，搞得老百姓只得以物易物。

在這種情況下，曹家的那些田產地業可就大有收益了，糧食收上來就已經成了錢。良田不停的產、水碾不停地磨，佃戶栽植桑樹，農婦養蠶織布。左有夏侯氏的莊園放羊牧馬，右有丁氏的川林摘果伐木。三家產業相通，儼然可以自給自足閉門成市了。曹德、夏侯廉、丁斐皆治家有方，不但族人生活富裕，佃戶也頗有些存糧，更有結餘之物換錢為備。

曹操做官和打仗的本事倒有半掛子，但少事生計管不了農莊。整天看弟弟帶著族人捧著算籌、帳簿來來往往，自己一點兒忙都幫不上，不禁感慨已經離常人的生活太遠了。人活著先要糊口，可曹操連這點本事都沒有。雖說他當了十年的官，不曾貪賄分文，但從小家財萬貫大手大腳，他掙的那點兒俸祿還不夠擺譜施捨的，實際上還是靠家財度日。如今不再是官身，俸祿也斷了，家資全賴弟弟打點，自己成了一個只會伸手要錢的窩囊廢。

這樣的日子過久了，曹操終究面子薄，與弟弟商談要學著分管些產業，省得給他添麻煩。曹德嘿嘿笑道：「阿瞞也太多事！自家兄弟何談彼此？小弟管家已久，輕車熟路，兄長只管讀書逍遙也就是了，何必操心這等俗務呢？」搞得曹操更不好意思了。

一次不行談兩次，二次提起曹德還是這話，到了第三次，曹德也有些煩了：「兄長莫非不信任小弟？這家資所供你我皆是一樣。數年前小弟就給哥哥劃了產業，良田好木皆有明細，取來帳簿一看便知。哥哥何時想分家，只管對小弟講。你若是自己不通這些俗務，我撥幾個能幹的小廝幫你打理。你願意分家嗎？咱們可以致書父親商榷此事。」

這番話可把曹操嚇壞了，連連擺手：「誤會了，誤會了！你我自小相依，談何分家！」從此再不敢提幫忙的事。

曹操覺得這樣瑣碎又無奈的生活實在煩悶。閒來無事騎馬遊走，突然想起當年藏匿卞氏姐弟的那幾間草房。至縣東五十里處觀看，見籬笆茅舍依舊，只是蒿草早有一人多高。這地方四下並無其他田舍，又守著山麓甚是寧靜。趕忙回家吩咐小廝重新打理，將茅舍修葺一新，又多蓋上兩間。從此曹操搬到茅舍居住，春夏習讀書傳，秋冬戈獵，只有卞氏夫人帶著丫鬟環兒相隨，可謂遠離一切煩擾。

轉眼間一年的光景就要過去了，曹操就在這種半隱居的生活中打發著時間，似乎是找到了無憂無慮的安寧。

突有一日，曹操正在讀書，卞氏過來抱著他的脖子，吟道：

瞻彼淇燠，綠竹猗猗。有匪君子，如切如磋，如琢如磨。

瑟兮僩兮，赫兮咺兮，有匪君子，終不可諼兮！
瞻彼淇奧，綠竹青青。有匪君子，充耳琇瑩，會弁如星。
瑟兮僩兮，赫兮咺兮，有匪君子，終不可諼兮！
瞻彼淇奧，綠竹如簀。有匪君子，如金如錫，如圭如璧。
寬兮綽兮，猗重較兮，善戲謔兮，不為虐兮！

她本歌姬出身，甚通風雅，唱得俏而不妖。曹操笑道：「為夫我這副長相，還稱什麼美男子？妳還真是敢誇。」

「誰唱你啦？」卞氏一蹙娥眉，「你都年過而立了。」

「那又如何？這首《衛風．淇奧》本來就是唱鄭武公的，鄭武公保周室，輔政到九十歲，我才三十三，為什麼不能唱我？」

卞氏嬌嗔道：「就你知道得多！那都是仕途官人之學，我們唱歌人只知曲調，可管不著那麼多勞什子。」

曹操一陣心疼，當年為了功名在橋玄的指引下苦讀《詩經》，終於以明古學而起復，如今又回到了白丁之身，那些仕途官人之學，豈不是白下苦功了嗎？

卞氏似乎是看穿了他的心思，不容他多想，適時地在他臉頰上吻了一下。

「妳幹什麼呀？老夫老妻的了，還當著丫鬟面呢！」

卞氏一回頭，看見環兒正掩著笑進來，也隨著笑道：「什麼丫鬟？她可是我義妹，又不是外人，看見了不打緊。」

曹操白了她一眼：「妳不要妨礙我讀書。」

環兒跑過來道：「爺您好癡，姐姐出懷了都不知道。」

「出懷？」曹操一愣，直瞪著卞氏的肚子，「妳……妳有了？」

「我的皇天祖宗喲！」卞氏刮了他的鼻子一下，「都快五個月了，肚子都有點兒大了，你竟絲毫不覺。環兒嘴快，若依著我，始終不告訴你，九個月零十天瓜熟蒂落，看你這個當爹的臊不臊！」

曹操趕緊把耳朵貼到她肚子上聽。

「四個多月能聽出什麼？我唱《淇燠》，唱的可是我兒子，將來必儀表堂堂，可別隨了你！」

「妳怎知是兒子，不是閨女？」

有道是母以子貴，卞氏自然更願意生個兒子，口上卻道：「這孩子不老實，時不時地折騰我，料是個不省心的小子。」

曹操傻笑道：「兒子閨女都一樣，總比生個茄子強。」

「去你的！不正經！」卞氏戮了他腦門一下，「哼，天天在一處，我肚子大了你都視而不見，也不知道天天想的是些什麼？」

「我看見了，以為日子過得好，妳養胖了呢！」

「呸！你就耍貧嘴吧。」卞氏起身收拾滿處的書簡。曹操見她彎腰低頭，趕忙搶過來：「我來吧！我來吧！小心傷了身子。」

小環兒都逗笑了：「爺也太多慮，才四個多月。」

話雖這樣說，從這一天起曹操便不敢叫卞氏再做什麼了，凡事不是自己搶就是張羅環兒去辦。半個多月下來他實在堅持不住了，天天提心吊膽不說，書也沒心思看了。卞氏見狀歎道：「我在這裡你不得安心，倒不如回去，下人多也好支使。」

曹孟德真可謂諾諾連聲，差環兒回家叫車，仔細叮囑要準備寬車老馬，莫要顛簸。轉天一大早，小舅子卞秉就親自趕了車來。曹操把三層草席又鋪又墊，像下人伺候主子一般把卞氏攙上車，叫環兒服侍著，自己卻同舅爺跨車沿。卞秉也拿他玩笑：「姐夫不當官，卻是個當下人的料。就是我們娘家人瞅著都疼得慌，一來心疼你，二來心疼錢。二千石的僕從，用不起呀！」這話雖是詼諧，卻叫曹操心裡惴惴，只道：「我是為了你姐姐嘛！」

「少說廢話！」卞氏在後面插了嘴，「你是為了你兒子！」

「是是是，大奶奶說得對。」曹操喬模喬樣一答應，車裡車外的全樂了。

五十里路也不算近了，曹操又不讓卞秉加鞭快趕，馬車簡直變成了牛車。清晨就出了茅舍，走到自家村口早就過午了，樓異頂著太陽迎了小一個時辰。

剛進莊園，族裡的嬸子媳婦們就都來了，圍著車跟卞氏閒話，還有拿些果子、雞卵來的。女人見面話就是多，尤其是念叨生孩子的事兒。曹操一向討厭婦道們串舌頭，但今天身為孩子他爹，再煩也得陪笑。

好不容易等婦人們散去，又見兒子曹昂與小姪曹安民鬧著跑來。倆孩子七歲了，還是同日落生，一起讀書一起玩耍，幾乎形影不離。抱著曹操的大腿喊著爹爹、伯父，撒了半天嬌，又拉著卞秉，要舅舅陪他們玩。卞秉哄了幾句，又從懷裡摸出一把羊骨頭骰子，才把他們打發走。

「你這孩子王，哄了兩代孩子了，什麼時候自己養個孩子呀？」

「姐夫說得輕巧，我還沒成家呢！」

曹操笑道：「你看上哪家女了，我與你做主。」

「我想要誰，你們心裡都有數。」說著朝車上的環兒擠了擠眼，曹操笑了笑，卻假裝沒看見，注視前方不再搭理他的話茬。

一行人總算是慢吞吞到了家。伺候卞氏下車進屋，安置東西自有一番忙亂。曹操別的事兒不管，先往正室夫人丁氏房中告知。一開門就見丁氏坐在織機前忙碌，女兒在旁邊幫忙。大丫頭十歲了，自小與夏侯惇之子夏侯楙做了親，整日跟著娘親做活計，最聽話了。

曹操笑道：「大丫頭，去看看妳姨娘吧。」

丁氏見女兒出去了，才對丈夫抱怨道：「你還知道回來呀！半個月才到家一趟，拿我這裡當什麼了？」

丁氏相貌平庸，脾氣執拗，還比曹操大兩歲，卻是相夫教子的賢妻。尤其是當年曹家遭難的時候，丁氏主持家務勉勵他用功，又把小妾劉氏臨死產下的曹昂辛苦帶大。

所以曹操對她與其說愛，不如說是敬重。

她手底下靈巧，梭子像條小魚在桑麻間游來游去，邊織布還一邊數落丈夫：「你呀！家業不知道管，孩子還不知道疼嗎？昂兒可是你的肉，你一走又是六年，回來連個面都不見，孩子都快忘了你長什麼樣啦！還有，雖說老人不在身邊，你也得有個當兒子的意思呀！公公自洛陽來的書信一封接著一封，你不肯出去做官也罷了，正正經經到洛陽跟他老人家說一聲啊！爺倆你來我往拿書信吵架，這成什麼樣子啦？樓異這一年光為你們爺倆跑路送信了。虧你還是孝廉，哪一點孝順了？三十三歲的人了，一點兒正經……」

「妳別說了。」曹操愁眉苦臉撫摸著她的背，「每次回來都是這麼一大車話，我知道妳不容易，歇歇吧！」

「冤家呀，我歇得下人，可怎歇得下心來？」丁氏說話間已將一匹布紡好，曹操幫她搭下來，摸著茲密的質地，贊道：「妻呀，妳真是好手藝。不過家有餘財哪兒還用親自紡織，不要太苦了自己。」

丁氏不理他這種話，只笑道：「你看看，給咱昂兒做一襲衣裳可好啊？剩下的料子正好給卞妹妹產下的孩子，兩不耽誤。」

只有在這種時候，曹操才覺得她可親可愛，笑道：「都是人家的孩子，何時妳也為我養一個？」

丁氏歎了口氣：「唉……你不來，我幾時能養？」

「我今晚就來。」曹操壞笑道。

「由著你吧。妹妹臨死把昂兒托給我，他就是我的肉。我既是你曹家的大奶奶，哪一房養出來不是我的兒？生不生的也不指望了，只盼昂兒將來有出息，大丫頭能平平安安嫁到夏侯家我就知足了。」

曹操湊過身子想親她一下，突然聽外面曹德嚷道：「哥！快出來，大個子來了！」曹操趕忙出了院子，只見夏侯淵抱著一個三歲的光屁股大胖小子正哈哈大笑。

「真有你的！這麼小的孩子豈由得如此折騰？你媳婦也不問。」曹操指責道。

「孟德你不懂，小孩子就要多擺弄，將來才結實沒病。」夏侯淵一聳鼻子，朝曹德嚷道：「子疾，你快仔細看看吧，這是你女婿，娃娃親你可不能賴！」他抱的是其子夏侯衡，與曹德之女指腹為婚。

「哎呀，衡兒衡兒你真胖乎。」曹德逗著孩子，「衡你這小模樣倒是能當我女婿，不過衡著你爹，我還得考慮考慮。」

魚。

眾人聞言哈哈大笑，說話間又竄來一個高個子粗布衣的農漢，腋下夾著釣竿，手裡提著幾尾大魚。

「秦大哥！還叫您破費，小弟過意不去了。」曹操趕緊迎上。

秦邵咧嘴笑道：「朋友嘛……來！你們這等人家什麼都不缺，我又是窮漢一個，就釣了幾條魚，給弟妹補補。」

曹操接過魚交與樓異，又客氣道：「秦大哥既然來了，趕緊坐下歇歇，一會兒咱們喝酒吧！」

「不留了，我還有事，改日再一起喝吧！」

他一句話未講完，後面又有人接茬：「他不喝，我得喝！」原來是酒鬼丁沖紅著臉走進來，手裡攥著酒葫蘆；後面還有他哥哥丁斐，手裡托著個匣子。

曹操戲謔道：「你還要喝？整天跟個醉貓一樣。小心喝爛了腸子醉死你！」

「醉死就醉死，死了泡在酒缸裡！」丁沖說完又灌了一大口。

曹操懶得理他，忙留秦邵。秦邵卻一擺手，從身後的竹簍裡拿出一條最大的魚，笑道：「我婆娘也有了，還在家等著我的魚湯呢！咱們改天再會。」

丁斐見狀一把拉住秦邵，打開手裡的匣子，從裡面拿出一支小巧的玉如意和一枚金簪子：「伯南兄，這點兒小意思，留著給孩子玩吧！」

「不敢不敢！」秦邵擺手，「荒年時你們幾家周濟了我多少，這我可不能再要了。」

丁斐是出了名的摳門愛財，今天卻難得大方了一把，把兩樣東西塞到秦邵手裡：「又不給你，是給孩子的。要是男孩給個玉如意，簪子留著聘兒媳；要是閨女給個金簪子，如意將來做陪嫁。」

「哈哈哈……你倒是會出主意。」曹操哈哈大笑。秦邵不好再推辭，收下東西，千恩萬謝而去。

丁斐把剩下的物件連匣子一併塞給曹操：「這些都送你家孩子了。」

「嚯！這太重了。」

「收下吧！」曹德笑道：「丁文侯可謂善財難捨，難得闊綽一把，你不要駁了他的面子。」

曹操對這滿院子的親朋笑道：「我曹操不過要養一個孩子，大家何必這樣客套呢？」

丁斐把手一擺：「大家是想找個機會一起聚會聚會。人生白駒過隙，不可不察。當年咱們是在一處蹴鞠的少年，如今可都當了爹！你說這日子過得快不快呀！」

曹操感慨萬千，心中暗道：「是啊！已經是當爹的人啦，光陰流逝得太快了。只是自己如今卻一事無成，閒居家園，蹉跎歲月又為何奔波呢？不知何年何月才得清平之世，還能不能躋身朝堂成就功名呀！」

正在他思考間，又聽嘻笑連連。一個白皙俊美的青年款款而來，五官相貌，整整端端；眼睛明亮，眉毛彎彎；身材勻稱，骨骼寬寬；身披長衣，錦繡團團；舉手投足，氣派非凡──乃是二叔曹熾的幼子、曹仁的弟弟曹純，還有童兒呂昭捧著書簡在旁相隨。

「子和，你怎麼這時才來？」

「剛把孩子們放了。」

曹操一愣，詫異道：「如今你教鄉學？」

曹純拱手笑道：「小弟勉強為之。」

曹操另眼打量了他半天：當年曹家遭難，他爹爹曹熾暴死回鄉路中，那時他才十四歲，哥哥曹仁在淮南為吏，不得不分家。也虧曹熾八面玲瓏斂財有道，竟給他留下族裡最豐厚的一份產業，僕僮佃戶百人之眾。曹純小小年紀自己當家，管著一百多口子竟遊刃有餘，還能讀書習學，不禁感慨道：「子和精明絕倫定是天造。」

曹純卻指了指呂昭道：「我算不得什麼，這小子才是神童哩！短短數月之功，竟學到《詩經》了。」

呂昭聽曹純誇他，撓著頭害羞了：「是您和子疾叔叔教得好。」

曹德正張羅置備酒食，接過話茬道：「我是不行嘍！現在不過是個土財主，還是子和的功勞。阿瞞，你還不知道吧？前幾日爹爹來信了，說已經打點疏通一番，咱們子和來年要被舉孝廉了。」

曹操點點頭：「子和，你可是咱們兄弟裡第三個孝廉公了。」

曹純卻感歎道：「如今天下紛亂，黎民嗷嗷待哺猶如倒懸。我輩士人自當竭力而行，待我入朝為官，定要為社稷安危不避生死。上匡社稷之風氣，下慰庶眾之疾苦！」

「好！有出息！」眾人紛紛誇獎。

曹操無奈地笑了笑：自己當年何嘗不是與他一樣躊躇滿志？結果又如何呢？人自然當勉勵而行，但是世風之下誰又真的能上匡下慰？等他入了朝就明白了……

酒肉果蔬擺下，眾人紛紛就坐，推杯換盞水陸畢陳，大家皆有說有笑。唯曹操食之無味飲之如水，他看著喜氣洋洋的一家人。如今他有管鮑羊左之交，又有夫妻之情、天倫之樂，為什麼還是打不起精神來呢？不知誰說著說著又提起夏侯惇、曹仁、曹洪在外鄉為官為吏的事，越發惹得曹操鬱悶不堪。這個時候還是丁沖最好，曹操只管與他對飲，一句話都用不著說。

酒席鬧到很晚才散，曹操鑽到丁氏房裡，躺在臥榻之上看妻子織布：「妳還不來歇著？」

「再織一匹給安民姪兒也做一襲新衣服吧！子疾兄弟待咱這麼好，我這當大娘的疼疼姪兒也是應當的。」丁氏揉了揉脖子，停下手裡的活，「我剛才去看妹子了，她都快五個月了你怎麼會瞧不出來呢？」

「我大意了。」

「大意還是心裡裝著別的事兒？肚子出來你能看不見？」

曹操把被子蒙到頭上：「哎呀，我的大奶奶！妳就不能閒一會兒，又是幹活又是操心的。」

丁氏脫著衣服道：「人可千萬不能閒下來，一閒可就懶散了。」

她這話是隨口說出來的，可被子裡的曹操卻聽得越發難受，彷彿這話是衝自己來的。這一晚他二人還是沒有枕席之歡，曹操陪著她暢想兒子的未來。

第二天，所有事情都恢復到原樣。曹德舉著帳簿算他的帳；丁氏在房裡繼續紡她的布；懷胎的卞氏陪姐姐閒話；環兒和大丫頭則為兩位夫人忙這忙那；樓異又帶著書信踏上行程；卞秉吹起笛子哄各家的幼兒玩；曹昂、曹安民跟著小叔叔曹純去了鄉學，呂昭抱著書簡緊緊相隨……又剩他曹孟德一個人啦！

他閒逛了半日，心中仍舊鬱悶不堪，所有人都有自己該做的事情，而他該做些什麼呢？草草用過午飯，他便騎上大宛馬又回轉茅廬。不過曹操沒有直接回去，而是縱馬在鄉間馳騁，直到筋疲力盡天色漸黑，才回到空蕩蕩的茅舍。

「一切安好。這不過是無病呻吟，無病呻吟罷了……」他獨自躺在黑暗的茅屋中，不斷安慰著自己。

黃龍見譙

自卞氏回家後，曹操在草廬的生活越發寂寞，沒人為他唱曲，沒人陪他飲酒，更沒人能讓他抱著說情話了。可若回去住，他受不了那種瑣碎的氣氛，彷彿他已經不可能屬於那種平淡的生活了。

思來想去，曹操忽然憶起了當年隨同朱儁打仗的事，便尋來《孫子》、《吳子》、《鬼谷子》、《六韜》等書，籌措他的大作《兵法節要》。這段時間裡，卞秉和樓異時不時來張羅他的生活，供米供柴，丁氏夫人則每隔十天來聊些家常，順便取走換洗的衣物。有事可做，時光便顯得充實了。每日裡尋章摘句奮筆疾書，轉眼間就到了冬天。幾卷書寫煩了，又可以騎馬出去射獵，小日子有文有武倒也自在。

這一日天氣晴和，曹操放下筆邁出柴扉，趁著好天氣剛好可以曬曬太陽，卻遠遠聽到有人喊他的名字：

「孟德……孟德……」

曹操聽那悠悠揚揚的聲音很耳熟，卻一時想不起，忙四外張望。見沒有人，以為是自己寂寞了，產生了幻覺。一陣失落感襲來，他想回屋躺一躺，又聽到：

「孟德……曹孟德……你在哪兒……」

果真有人呼喚他！曹操找不到人影，也隨著喊道：「我在這兒……在這邊！」連續喊了一會兒，就見正西山坳間閃出一人一騎，那人身材高大，穿武服戴鶡尾冠，兩根雉雞尾甚是顯眼，揚鞭打馬而來。等快到近前才看出來，來人竟然是崔鈞。

「元平兄，是你？」曹操急步迎了過去。

「哈哈哈……孟德，好久不見呀！」崔鈞下馬拱手道。

曹操替他牽過馬：「你怎會到這兒來？」

「來看看你這深山的隱士高賢嘛！」

「休要取笑。你看我這草廬還不錯吧？」

「哎呀，你這地方叫我好找啊！」崔鈞無心瞧什麼景致，「先去的你家裡，遇到了樓異，說你現在住茅舍隱居起來了。樓兄弟說要引路，我說不妨，就自己找來了。哪知在山坳間迷了路，我沒辦法了，扯開嗓子喊吧！」

「快請進去坐。」曹操說著挽起他的手。

崔鈞有點兒不好意思，摸了摸肚皮：「我說孟德，能不能給我找點兒吃的啊？」

曹操一愣，趕緊道：「有有有，你等等。」說罷將他讓進草廬，又出來拴好馬，奔廚下把丁氏留下的魚羹端了出來。剛打算生火熱一熱，崔鈞卻跟了進來：「不必麻煩了，涼的就好。」說罷搶過去就吃起來。

曹操看得詫異，這魚羹是自己嫌腥才沒有吃完的，可到了崔鈞嘴裡卻猶如珍饈美味。只見他端著傢伙，就站在灶前大嚼，好像幾天沒吃東西了。曹操又尋了塊胡餅，眨眼的工夫，他又吞進去了。待他吃完了，曹操才把他讓回茅舍，落坐問道：「元平兄，你這是怎麼了？混得跟逃難一樣啊！」

崔鈞抹著嘴道：「可不就是逃難嘛，我叫爹爹攆出家門了。」

「喲！這是怎麼回事兒？」曹操越發詫異，什麼事能把一團和氣的老崔烈惹急。

崔鈞歎了口氣，除下頭上礙事的鶡尾冠，捋著雉雞尾道：「全是他花錢買三公鬧的。」

「什麼？令尊那樣的資歷，也……」曹操沒好意思問出口。

「花錢買的太尉！這瞞不了人，如今都成了京城的大笑話了。」

曹操不解：「這裡也沒有外人，咱兄弟直說了吧！令尊名震北州，位列九卿郡守二十餘載，早就該為公了。而且老一輩的人物又越來越少，論資歷捨令尊還能有誰？為了這一兩年的光景，為什麼要自毀名譽花錢買官呢？」

「誰說不是呀！」崔鈞歎了口氣，「前幾個月太尉張公死了，於是……」

「你說誰死了？」曹操插嘴道。

「張延張大人。」

「他也死了？」

崔鈞一拍桌案：「叫十常侍害死啦！」

曹操苦歎一陣：「亂臣賊子又坑殺一位忠良。」

河內張延以耿介著稱，更是前朝老相公張歆之子，父子兩代位至公台，到頭來卻喪在十常侍這幫小人之手。

崔鈞卻道：「不光是張延，劉寬也薨了。他救不了張公，氣死了。袁紹的二叔父袁逢去年也薨了。老臣們都走得差不多了，現在就剩馬公一個人孤零零在東觀，看了都叫人難過……」

曹操插話道：「皇上真是無藥可救了，這些老臣哪個不是為江山社稷操碎了心，熬白了頭，輔佐幾代君王的老人了，最後一個個竟是這等結果，這不是自毀長城嗎？而且劉寬老爺子是帝師，哪有學生這樣擠對自己老師的！」

「你聽我說完，新鮮事兒還在後面呢！張延死後，忽然有一天樊陵和許相跑到我家去了，這倆人說皇上有意讓我父親為太尉，但是要出一千萬錢修河間宅邸。」

「荒唐荒唐！」曹操擺著手，「『不開口』和『笑面虎』這對活寶還管這等閒事。」

「我爹的脾氣你是知道的，寧可不當太尉也不能做這種敗壞名聲的事兒啊！但寧得罪君子不得罪小人，我爹也不能辱罵他倆，只好婉言謝絕，把他們攆走了。哪知過了幾天，當今天子的乳母程夫人來了。老太太還真是能說，叫我爹不要壞了皇上的面子，好歹拿點兒錢出來，也免得招災惹禍。坐在我們家繞了半天舌頭，不答應她就不走。你說一個老太太，又是皇上的乳母，我們能怎麼辦？我爹也煩了，最後答應出五百萬錢，這件事就算是定下啦！」

曹操哭笑不得：「我越聽越糊塗，朝廷大事這老太太出來瞎攪和什麼呀？」

「誰說不是呀！可她就真來了，八成也是皇上或者宦官打發來的。」崔鈞一臉無奈，「後來舉行大典，皇上授予我爹上公之位。文武百官都到齊了，程夫人也去了。咱們那位皇上在授印璽的時候竟然對身邊宦官說：『真可惜，要是一口咬定，肯定能賣一千萬！』」

「可惡！這不是侮辱人嘛！」

「當時我爹紅著臉都沒敢回話，好在沒幾個人聽見。可是那位程夫人可不高興了，竟從宮人堆裡鑽出來，當著百官的面指責皇上說：『陛下也太過分了，崔公清明之士，怎麼肯花錢買官？我替陛下講了多少好話，他才肯拿錢意思意思，您怎麼還不知足呢？』當殿她就跟皇上爭執起來了，最後冊封大典草草收場。」

「哈哈哈……」曹操笑得眼淚都快出來了，「其實她是好心，說的也是實情。」

「她是好心，但是這麼一嚷，天下無人不知我爹的太尉是花錢買的了。」崔鈞拍著大腿歎道：「孟德，你說這事能怪我們嗎？」

「唉！不能怪你們，怪只怪皇上貪財呀！那你又是怎麼被掃地出門的？」

崔鈞紅著臉嚅嚅道：「前幾天我從外面回家，看見爹爹正拄著杖在院子裡生氣。他說自從當了三公，別人都對他冷眼相加，背後嘀嘀咕咕的。他問我的那些朋友，本初、公路他們都怎麼看他。也怪我沒看清老爺子臉色，就實話實說了。」

「你究竟怎麼說的？」

「我說大家都知道您勞苦功高名望過人，當個太尉也是應當的，但是對名聲損害太大了。他問我為什麼，我一回答他就火了。」

曹操這會兒好像在聽笑話，迫不及待地問：「你到底說什麼了？」

「我說……論者嫌其銅臭！」

「哈哈哈！」曹操笑得肚子疼，「元平啊，你真夠可以的！」

「老爺子都蹦起來了，要跟我玩命呀！」崔鈞一皺眉，「我從小到大都沒挨過一次打。這回他舉著拐杖滿院子追著打，別看老頭一把年紀，他是武官出身！最後逼得我跑出家，他又讓管家把門關上，門閂都上緊了，不叫我回去。我在外面跪了半日，多少路人看笑話，他就是不開門。最後我弟弟州平從牆頭扔出來一包袱錢，說不跑叫老爺子打一頓就沒事了，一跑老頭說不要我了。州平叫我出來躲幾天，等爹氣消了再回去。」

曹操笑得眼淚都出來了。他也認得崔州平，雖說是崔烈老生子，卻比崔元平機靈得多。曹操抹著眼淚道：「你還不如十歲出頭的小弟呢！他說得沒錯，惹惱老人的時候說兩句好話，叫他打幾下出出氣就好了，你越跑他越沒面子。」

「唉……我出了家門在本初家混了幾天，在鮑家兄弟那裡待了兩日，大將軍要收留我，怎好給人家添麻煩？爹爹還不消氣，我索性就出了門到外面看看各處的老朋友。」

「這麼快錢就花完了嗎？」

「出了洛陽才知道，錢管個屁用！買塊餅還得幾百錢呢，皇帝新鑄的四出幣根本不頂用。小縣都以物易物，沒到中牟我就沒錢了。在縣城一個小功曹那裡賒了半匹絹，好歹算是到你家了。博陵崔氏的臉都叫我丟盡了！」

「你現在知道民間疾苦了吧！」曹操語重心長道。

「我三年沒離開洛陽了。出門這幾日，所見所聞百感交集，回去我更得好好輔佐大將軍。」

曹操聽這話茬不對，問道：「輔佐何進？」

「孟德你有所不知，這兩年何國舅禮賢下士，征辟了不少名士。領兵之將多出其府，忠直之臣也全賴他保全。大家正為他籌劃，要剷除十常侍呢！」

曹操一陣默然。

「孟德，現在是建功立業的時候，你為什麼還窩在家裡，出來做官吧！」崔鈞懇切地望著他，「咱們一同剷除閹人重振朝綱！」

「我……我還是不想出去。」曹操低下了頭，「現在的風向一日一變，誰知道明天又會怎樣，我是一心想為朝廷做事，但也不能糊裡糊塗喪了性命。何進之謀豈比得了當年的竇武，我等之資歷也遠不及陳蕃、尹勳，這件事還需再思再想。」

「話雖如此，但是你這樣何日算個盡頭？學伯夷不如學柳下惠。你還不知道呢，當初你當的那個騎都尉，如今都不算什麼稀罕官了，現在各地打仗，有點兒人馬軍功就能當騎都尉。鮑信也混了個騎都尉，鮑鴻當了扶風縣長，領兵平叛立了不少軍功。大家都升了！」

「本初兄現在如何？」曹操最看重的還是袁紹。

「袁本初被大將軍辟為掾屬了。」

曹操簡直被震住了。袁紹是諸多才俊的核心，他既然都肯出來為何進效力，那這位國舅必定可以保。崔鈞趁熱打鐵道：「不光是袁紹，還有伯求兄，他也當了大將軍掾屬。」

「啊？」曹操簡直驚呆了。

「還有劉景升、張孟卓、華子魚、孔文舉、邊文禮，河北的田豐田元皓，荊襄的蒯越蒯異度，潁川的荀攸荀公達。王謙做了大將軍長史……」崔鈞說出一大串名士，個個都比他曹孟德的名頭響亮。曹操汗流浹背，歎道：「草廬方一載，世間已大變，我已經成了井底之蛙了。」

「孟德，出來做官吧！何國舅一句話的事兒，大家都盼著你呢！」

曹操的心情有些矛盾，想了半天還是道：「我與你們不一樣，我是寒心吶！當初棒殺蹇圖得罪宦官，被遣出了京師；在頓丘百姓頌我，結果卻是遭逢大難；任議郎空坐了兩年冷板凳，領兵打仗卻殺了那麼多無辜百姓；在濟南辛勞一年卻毫無作為……咱們年齡相仿，可是你們誰比我經歷的坎坷多？一次一次的失望，這樣的朝廷還能有什麼希望？我看這事就算了吧。」

崔鈞沉默了一會兒，才說：「或許你還是得再想想，我自然不能強人所難。但是你記著，大夥誰都沒忘了你，你臨危受命平黃巾的功勞，大夥都記在心裡。你畢竟才三十三歲，你爹爹還……」

「我意已決！」曹操斬釘截鐵地打斷了他，「我不要在這汙濁之世再食俸祿。天下不清明，我就在這裡隱居下去。一輩子不清明，我就老死在這裡！」

崔鈞愣愣地看著他，半天嘴角才抽動了一下。曹操覺得自己失態了，解釋道：「對不起……我……」

「沒關係，沒關係。不提這些了……不提了……」崔鈞覺得這氣氛太沉重了，改容笑道：「我見你這茹毛飲血的日子也不賴嘛！」

「還說得過去。」

「寫什麼呢？」崔鈞看見幾案上的竹簡。

「兵書，我要把諸多兵書熔於一爐，寫一卷《兵法節要》。」

「這等才學真是可惜了。」

「書寫出來可以傳世，有什麼可惜的。」曹操白了他一眼，瞧他手裡擺弄著雉雞尾，「我說你大老遠出門，還戴著鶡尾冠，礙不礙事？」

「哦，現在京師時興這種冠。插兩支大雉雞尾，多威武！」

「華而不實。」曹操撇撇嘴，「你還是腦子死板，這兩根鶡尾遇到識貨的人，足夠換你的路費了。何至於混成這樣！」

「是嗎？」崔鈞小心翼翼地捋著，「那我也捨不得賣錢。」

「既然捨不得，就趕緊回京吧。」

「我也想回去，進不了家門。就是進去了，見了爹爹，他罵我不孝不要我，我怎麼答對呢？」

「我教給你。」曹操笑了，「你就說舜之事父，小杖則受，大杖則走，非不孝也。」

「嗯……孔子也說過。」崔鈞想了想，「肯定能管用？」

「應該行。」

「好，那我去試試吧。多謝了！」崔鈞說著起身就要走。

「你大老遠來一趟，不在我這裡住兩天嗎？」

「沒工夫了，我還得去南陽聯絡些名士。回去時還要去趟潁川，幫大將軍拜謁陳仲弓、荀慈明二位老先生。」陳寔、荀爽乃潁川高士，他二人再加上北海的儒學宗師鄭玄，乃是當代三大隱賢。他們雖沒有任過官，卻是公認的道德典範，每有三公出缺，朝廷必要給他們下一道徵召，可他們從不曾接受。久而久之，這就成了一種形式。

「你已囊中羞澀，拿什麼到南陽打一個來回？」

崔鈞一笑：「那可要指望孟德了。」

曹操尋出三匹絹來道：「我的財物全在家中，這裡只有三匹絹，是我夫人織出來讓我周濟附近百姓的，今天先周濟你啦！」

「好好好，只要夠我走到南陽就行。回來的路費，我再找許攸他們家要！」

「你一個太尉之子，滿處打饑荒，像什麼樣子？」

「我家現已經無名聲可言了。」崔鈞接過絹去，仔細地繫了一個包裹，「不打擾你的大作了，再會再會……我回京後定在大將軍面前提起你，等著朝廷來人請你吧！」撂下這句話，他一陣風似的就竄了出去。

「你！可惡……」曹操怒沖沖追出去，見崔鈞已搶步上馬，頭頂的雉雞尾卻纏到了韁繩上，歪著腦袋狼狽不堪。

曹操轉怒為喜，笑道：「活該！叫你多事……我勸你把這勞什子的玩意收起來，拜見高賢隱士切不可如此張揚。」

「知道了。」崔鈞總算是把韁繩抖開了，「別人說這話我不信，你說我一定聽。你現在也是隱居的高賢嘛。再會啦！」說罷打馬奔南而去。曹操望著他的背影，直到再也看不到了，才慢慢回到茅舍，坐下來提筆卻一個字也寫不出來。他的感覺已經沒了，崔鈞的偶然拜訪完全打亂了他的生活。為什麼？為什麼？他把筆一丟躺到床上，這隱士高賢又陷入了無邊的鬱悶。

不知躺了多久，就聽一陣馬嘶，柴扉頓開，卞秉跑了進來：「姐夫！快回家，我姐姐要生了！」

「什麼！」

「這孩子要早產，快跟我走吧！」卞秉一把將他拉起來。

曹操也顧不得披件外衣，跟著出門牽了大宛馬，騎上就往家趕。這一跑起來可就看出馬匹好壞來了，大宛馬萬裡挑一的良種，卞秉的馬哪裡趕得上？不一會兒工夫就落得瞧不見影兒了。曹孟德真是心急如焚，恨不得肋生雙翅飛回家中。可他越著急越催馬，迎面吹來的風就越大。

令人討厭的是，這狂風中捲著黃沙，一不留神就會瞇眼。少時間忽然黃沙驟起，鋪天蓋地的揚塵把天空都染黃了。前面凜冽的大風把荒野的沙土捲起，彷彿一條從天而降的黃龍！

曹操也顧不得有沒有危險了，用手捂住鼻口，瞇起眼睛，縱馬低頭就往前闖。待闖過那陣黃沙，風漸漸就小了，他卻搞得一臉塵土，暗暗咒罵鬼天氣，繼續往家趕。今天這一程，大宛馬算是徹底顯出了腳力，遠賽過當年救長社的奔襲。

不多時這五十里就跑下來了，曹操也不下馬，直接催馬入莊園，遠遠就見大夥早守在他家院門口了。

「來晚嘍！」夏侯淵第一個扯起了嗓門，「孩子都生下來了，將來你必定做不了這孩子的主。」

曹操感覺眼冒金花，打著晃下馬，只管往裡擠也不答話。等跌跌撞撞到了卞氏房門口，丁氏夫人從裡面出來，問道：「你怎麼這麼狼狽？快來看看吧，孩子早生下來了，都洗完澡了。是兒子！兒子呀！」

聽她道出兒子，曹操並沒說什麼，心裡還是惴惴的。

當年劉氏夫人產子而亡，那一幕慘劇不知困擾了他多久。他簡直不敢再面對產婦了。忧生生進了屋，卻見卞氏躺在榻上，額角的汗已經拭去，正朝著他笑呢！

卞氏根本不像剛生完孩子，底氣十足道：「阿瞞，咱們兒子真疼我，都沒叫我費什麼氣力。」曹德媳婦笑嘻嘻地把襁褓抱到他面前——白白胖胖的，哭得可真歡吶！

母子平安一切安好，曹操提著的心總算是放下來了。

「想不想抱？」兄弟媳婦笑道。

「哦。」曹操伸手就要接孩子。

丁氏趕忙攔著：「別抱別抱！瞧你一身的黃土，快去洗洗臉洗洗手，撣撣衣服！」

曹操聽了他的話，探手就要在一旁的盆裡洗手。

「哎呀！你是怎麼回事？那是給孩子洗澡的，你沒看見嗎？」丁氏都氣樂了，「一盆子血水能洗嗎？去外面洗。」

卞氏對丈夫失常的舉動有些失望，看見兒子為什麼不笑呢？他雖然趕了回來，心卻根本不在這裡。她望著丈夫的背影，不自信地強笑道：「他一定是樂暈了……大概樂暈了……或許是吧……」

丁氏無奈地與她對視了一眼，都是跟曹操同床共枕的，兩人的感覺相同，這不言而喻了。曹操似踩著棉花般走出來，夏侯淵、曹德趕忙過來為他拍去身上的土，親友們緊緊圍了上來。

「又得了兒子高興嗎？」

「你們長房人丁興旺啊！」

「他都傻了！」

「叫什麼名字啊？」

「對呀，起個名字吧。」

曹操只感覺黑壓壓的人群擠到面前，也不知是黃沙眯眼還是怎麼著，整個人都恍恍惚惚。只看見呂昭抬手遞了筆來：「爺，您把小弟弟的名字寫我手上吧！」

他接過筆，不由分說在他掌中寫了一個「不」字。

「這叫什麼名字？」大家議論紛紛，又見曹操提筆重重地在下面加了一横，似乎還想將這一筆彎下來，卻忽然頓住了。他悚然搖了搖腦袋，一句話都沒說，把筆往弟弟手裡一塞，跟著樓異洗臉去了。

眾人都緊跟其後繼續拿曹操開玩笑，只剩曹德與呂昭還在那裡。呂昭把手倒過來一看，笑道：「我認識這個字，丕！這小弟弟叫曹丕。」

「丕者大也。這名字好霸氣啊！」曹德笑了，但當他仔細看呂昭掌中這個字時，笑容忽然凝固了，「這個丕字怎麼會是……他想寫那個『否』嗎？」

「二叔，這名字不好嗎？」

曹德想說什麼，但還是忍住了，只強笑道：「沒有，叫曹丕挺好的……挺好的！」

呂昭眨巴著黑豆般的眼睛，搞不懂這是怎麼回事。

第十章
皇帝賣官，曹嵩出價一個億

買官風波

中平四年（公元一八七年）十一月，由於爆發了漁陽張純、張舉的大叛亂，剛剛上任五個多月的太尉崔烈成了替罪羊，劉宏藉口其失職將之罷免。但接下來的事情卻令曹操兄弟咋舌——老爹爹曹嵩承諾出資一億錢買太尉一官！

此事一出，何止洛陽、沛國兩地，全天下無人不知無人不曉。州郡縣鄉大街小巷無不議論紛紛：曹巨高本為宦官養子奸豎遺醜，位列九卿把持朝堂，黨附閹人恬不知恥，竟以億萬家財賄賂小人取媚昏君，換取上公之位！再說兩千石俸祿的人，億萬家資又從何而來？無非貪贓枉法巧取豪奪，欺壓良善狠榨民財。崔烈買官出自無奈，他曹巨高奸詐小人不擇手段，譁眾取寵毫無廉恥……

士林同僚無不齒冷，黎民百姓無不唾罵！

老曹嵩一封要錢的文書打到譙縣家鄉，曹操、曹德、曹純羞得家中一坐，連門都沒臉出了。

「哼！這可真是天要下雨，爹要買官呀！」曹操氣得不知道說什麼好了。

「他偏要買，咱也攔不住。」曹德耷拉著臉，「既要錢，打開庫房拿給他吧！《孝經》有云：

『謹身節用，以事父母』，咱們兄弟把心盡到就是了。」

「你說的是庶人之孝，非士人之孝！」曹純插話了，「父有爭子，則身不陷於不義。故當不義，則子不可以不爭於父。」

「不對，《孝經》還說……」

「行啦！行啦！」曹操聽不下去了，「什麼節骨眼兒，你們倆還有心思辯經！」

曹純把嘴撇得高高的：「我還沒出仕呢，先攤上這麼一檔子窩心事，有這麼個伯父，將來同僚百官怎麼看我呀？」

「你這孝廉誰給的？」曹操白了他一眼，「他是你伯父，他更是我親爹！我們倆當兒子的能怎麼辦？事情已經出了就別計較誰對誰錯了，先解決問題才是真的！」

曹德雖然滿口表示應承，但心裡也很不滿。且不說買官一事對錯，單這億萬家財，不少錢是他辛苦操持家業才有的，雖說是老爹伸手多少都該給，但豈能事先連個招呼都不打。人言隨心不越矩，老子用兒子情理得當，但也得為兒孫留些福祿、存些陰德呀！想到這裡便坦然道：「我看沒什麼問題，咱們的錢糧、絹繒庫裡本就有不少，再把這倆月的開支控制一些，老爺子京裡還有不少梯己，湊一湊就夠了。咱家還不至於砸鍋賣鐵！」

「你說得可真輕巧，」曹操見他沒明白自己的意思，「錢不難湊，可是怎麼給他送呀？」

這一言可把曹德點醒了：對呀！現在是什麼年月？強盜橫行匪患猖獗，這億萬財產拉開隊伍有幾十車，現如今此事天下皆知，多少亡命徒沿路等著這筆財呀！這麼一想，曹德汗下來了，拍著腦門道：「不好辦……這該如何是好？」

曹純也嚇了一跳：「這數目太顯眼了。」

「爹爹糊塗呀！」曹操一拍大腿，「如今這年月萬不可露財！這個名聲嚷嚷出去，誰人不知咱曹家有錢？窮朋友要伸手，鄉里鄉親更得求周濟。賊人就是不偷不搶還得惦記咱呢，更何況天下盡是亡命徒！從此以後，咱曹氏一門多事矣！」

曹德唏噓不已：「遠的顧不上，眼前這事兒可怎麼辦呢？答應了不給錢，宦官豈能善罷甘休，皇上還不得抄了咱的家？都換成金銀細軟成不成？」

「那肯定不行！」曹純先給否決了，「小小譙縣有什麼寶物？你把丁斐的金庫換空了也沒多少東西，一億錢吶！那得多少東西？再說金銀在咱們這裡稀罕，在京師之地就不算什麼了，到了洛陽一準兒換不出這麼多，要是那麼幹，咱們賠大方了。依我說，找郡將老爺借兵護送。」

「沒聽說過！」曹德簡直氣樂了，「哪兒有國家的兵替財主押運東西的？」

曹純到這會兒也蠻不在乎了：「咱也別顧那麼多，乾脆我也豁出我這孝廉的臉面不要了，憨著臉去找郡將試試吧！」

「咱不要臉，人家還要臉呢！」曹德頭上汗涔涔的，「袁忠是個什麼人，你心裡不清楚？他把名聲看得比性命都重，因為耿直，與同族的袁逢、袁隗都絕交了，豈會幫咱辦這種事？」

曹純眉頭擰成個大疙瘩：「那咱找夏侯家、丁家多湊點人？大不了咱再出點兒錢就是了。」

「這不是多少錢的問題，」曹德連連擺手，「人家也是有臉面的。夏侯惇一方名士，丁斐的族叔丁宮如今也是九卿之位了，就是人家肯幫忙，你好意思折人家的臉面嗎？這事不光彩，越是好朋友越不能牽扯進來。」他這麼一說曹純也沒主意了，哥倆默默無言都盯著曹操。

曹操一拍巴掌：「咱自己運！」

「什麼！」哥倆嚇一跳。

「沒問題的。子和，你去把樓異找來。」

曹德見曹純猶猶豫豫地去了，問道：「阿瞞，你真的有把握嗎？咱家的僕僮都去才多少？種地的佃戶不頂用的。」

「哼！」曹操冷笑一聲，「已經露了財，乾脆咱學孟嘗君吧！莊門口豎起大旗招募家兵，咱家也當土豪啦！不管是流民、逃犯，只要有力氣咱就收。」

曹德是老實人，眼睛都瞪圓了：「這成何體統？」

「你以為這趟子事完了就天下太平嗎？咱家從此得有個防備，以後這些人就給咱家護院啦！此為長久打算，這年頭你不強硬人家就要吃你，害人之心不可有，防人之心不可無啊！」曹操講到這裡突然有些興奮，「等人招來，我選出幾百強悍人物，帶著他們押運財物進京。就這麼定了。」

說話間樓異匆匆忙忙來了：「大爺您有何吩咐？」

「帶人豎起旗幟，招募窮苦之人和流民，好酒好肉招待他們！」

「諾。」樓異只管應承，不敢多問。

「再有，你還記得轒車、突車嗎？」

樓異低頭想了想：「是什麼東西？」

曹操提醒他：「當初在皇甫嵩營裡……」

「哦！小的知道，守城之物，布置轒門、突門之用。」

「就是這個！你……」曹操回頭看弟弟，「德兒，你說這些財貨得有多少車？」

「若都換成四出、五銖不易，恐怕還得有些絹帛，差不多有三十多車吧？」

「樓異！」曹操一轉臉，「你去找匠人，也把會幹木工活的人全動員起來，打造五十輛轒車、八輛大的突車，備好二十丈粗麻繩。」

樓異嚇得一哆嗦：「您這是要打仗啊！」

「對嘍！押著這麼多財貨，豈不就是打仗？」曹操拍拍他的肩膀，「多找些刀槍棍棒，天冷準備厚衣服，告訴廚下置備炒麥口糧。押運的人你去選，挑胖的挑壯的，先選三百人。走吧！」

「諾。」樓異一溜煙去了。

曹德不禁感歎：「我們都不成，還是哥哥你能辦事！」

豎起招兵旗，自有吃糧的。十里八村沒著落的漢子全來了，曹家的莊院比集市都熱鬧，只要選上了二話不說先給一斗糧一匹布。樓異站在大車上一邊招呼選人，一邊催木匠幹活。三天下來該置備的也算差不多了，樓異的嗓子也喊啞了。

臨出發的前一晚，在曹家莊院裡擺開了流水席，三百壯士連同家人僕僮都開了葷。夏侯家拉來的牛羊一口氣宰了三十多頭，又把丁沖藏的好酒賒來幾十罈，大冬天在院子裡外燒起火堆，這些粗人吆五喝六甩開腮幫子這通吃呀！都是餓久了的，見了酒肉比見了爹都親。

曹德、曹純坐在主家席上看得直哆嗦，曹昂、曹安民倆孩子嚇得不敢出家門。左右當家的夏侯廉、丁斐都不願意來。倒是夏侯淵、丁沖來了，一個是大老粗、一個是有酒就來，倆人倒很受用。氣氛太亂，曹操扯著脖子對弟弟喊：「子疾，你是當家的，對大家講兩句吧！」曹德豈敢發一聲，只道：「大哥，你來吧！」

曹操便不推辭，邁腿站到了桌案上，開口便嚷道：「肉肥不肥？」

「肥！」這一句話就把窮漢們的注意力集中過來。

曹操作了個羅圈揖：「列位兄弟，我曹某人請客，是想請大家幫個忙！我家老爺子如今當了太尉了！」他說到這兒故意提高了聲音，「但是他媽狗閹人要勒索我爹的錢財，若不然就要把我們家刀刀斬盡刃刃誅絕，搶劫一空！」

曹德身子都木了：阿瞞的瞎話怎麼張嘴就來呢？哆哆嗦嗦拿起酒來呷了一口，卻聽到不知誰喊了一句「那咱反了吧！」嚇得他一口酒全噴了出來。

「反不得！反不得！」曹操直擺手，「我老爹的命還攥在人家手裡呢！現如今老爹叫人家關起來了，連塊餅子都吃不上，十常侍倒是大魚大肉。我得拿錢換老爹的命呀！我從小沒娘，是我爹一把屎一把尿把我們兄弟拉扯大的，當年沒錢讀書我爹把褲子都賣了。所以我要對得起良心，咱實話實說……」

曹純把頭扎到桌案下面偷著樂：你有一句實話嗎？

「兄弟們！」曹操端起一碗酒，「明天，大家跟著我到洛陽送錢。為了咱老爹，一路上要是有強盜，咱就跟他們玩命！我先乾為敬！」大夥吵吵嚷嚷都把酒灌下去，卻聽曹操話鋒一轉，「但是醜話我也得說在前頭，這錢是救我爹命的！送到了洛陽，回來我還請大家吃肉喝酒，還給你們糧食。若有誰趁火打劫，敢偷敢搶……」

他話未說完，只見窮人堆裡站起一個大個子，嚷道：「那誰他媽是狗娘養的！曹老爺對俺不薄，誰敢偷錢俺第一個跟他沒完！人家財主跟咱講良心，俺們也得跟人家講良心，對不對啊？」

「對！對！」所有人都隨聲附和。

曹純一看喊話的是秦邵，不禁又是狂笑。這必定是事先安排好的。

「好！」曹操又端起一碗酒，「只要大家幫我這個忙，以後大家的困難我也幫！缺房子、缺地、缺錢、缺老婆都有我呢！我給大家唱個曲，助助大家的酒興，明天一早咱就出發！」說罷回頭招呼曹德、曹純、呂昭，「一塊唱一塊唱！」

「唱什麼呀？我們哪兒會呀？」仨人面面相覷，卻聽曹操已經扯開了嗓子：「倬彼甫田，歲取十千。我取其陳，食我農人……」

「是《甫田》！」呂昭拍著手笑了，「咱們跟著唱吧！」四人放開了嗓子，越唱越高興：

倬彼甫田，歲取十千。我取其陳，食我農人。自古有年。
今適南畝，或耘或耔。黍稷薿薿，攸介攸止，烝我髦士。
以我齊明，與我犧羊，以社以方。我田既臧，農夫之慶。
琴瑟擊鼓，以禦田祖。以祈甘雨，以介我稷黍，以穀我士女。
曾孫來止，以其婦子。饁彼南畝，田畯至喜。攘其左右，嘗其旨否。
禾易長畝，終善且有。曾孫不怒，農夫克敏。
曾孫之稼，如茨如梁。曾孫之庾，如坻如京。
乃求千斯倉，乃求萬斯箱。黍稷稻粱，農夫之慶。報以介福，萬壽無疆。

「田畝大無邊，收糧萬萬千，倉中取積穀，供與我農夫……有田有糧有兒孫。」一首《詩經・甫田》唱出了窮漢們共同的期盼。真唱得那些鐵錚錚的漢子們熱淚盈眶，唱得他們頓足捶胸，唱得他們推杯換盞，不知不覺間也把這幫人對曹家的親近感唱出來了！

丁沖早醉得不成樣子了，兩眼發直呆愣愣坐在那裡，模糊不清地喊道：「喝酒！」

「喝！」所有人都端起了碗——玩命灌吧！

這場酒直鬧到亥時才散去。曹孟德長出一口氣，回頭對弟弟道：「這幫人現在能用了。」

曹德嘆服得五體投地，作揖道：「哥，從今往後，這個家你來當吧！小弟心悅誠服。」

「非常之時非常之用，弟弟你還是一家之主。」曹操說到這兒有些感傷，「為了咱爹……不論是非對錯……咱倆……」

「咱倆且愚孝一次。」曹德笑著接過話茬。從小相依為命，可謂心有靈犀。「阿瞞，明天上路，你早些休息吧。」待兄長走了，曹德卻帶著家丁收拾東西，把餘燼的火星一處一處踩滅……

曹操回到丁氏房裡，見她還在織布，便帶著醉意從後面抱住她：「夫人，別忙了。」

丁氏今晚卻很高興，微笑顯得格外燦爛，平庸的相貌在燈下更覺朦朧：「你今天終於笑出來了。你知道自己多長時間沒笑過了嗎？」

曹操歎了口氣，沒說話。

「你是個俗得不能再俗的人，」丁氏依舊推著織機，「當隱士，你想都不要想。」

「那可未必。」曹操一聳鼻子，「此行不過是事到臨頭不能不管罷了。子疾是個書呆子，子和還小，其他族裡兄弟都是廢物，不指望我還能指望誰？」

「你看看，你還是捨不得家吧？」

「但我捨得國。」

丁氏一轉身：「捨不得家的人自然捨不得國！」

曹操在她額角吻了一下：「咱們歇息吧！」

「你去妹妹那邊吧。」

「我偏不！」曹操在她胸前摩挲著。

丁氏推了他一把：「你去陪陪她吧，生了兒子都不給人家一個笑臉。她跟我哭了多少次了，你還有個當爹的樣兒嗎？」

曹操停下了手：「那我……」

「去吧去吧！」

「我去去就來……」說著他便匆匆忙忙走了。

丁氏手中的梭子不動了，自言自語道：「說得好聽，到了那邊你怎麼還能回來……」

廢帝陰謀

轉天清早，三百壯士列隊齊整，每人一條棗木棍。曹家心腹家丁趕出拉財貨的馬車，馬車後面再掛輜車、突車。曹操、樓異各自乘馬佩劍，剛要出發，夏侯淵帶著幾個人趕來了，還說若不是丁沖喝多了叫不醒也會去的。曹操千恩萬謝，總算是離了家園。

沛國與洛陽相隔一千二百里，曹操不知走過多少次，但只有這一次最遲緩而緊張。雖照舊取道柘杞之地，可這樣的隊伍拉開了足有半里地，步行護送緩慢得很，加之冬日天短，一天走不了多遠。更要緊的是人多貨多，一路上絕不可能入城休息，驛站也收容不了，唯一的辦法就是露宿。

曹德已經提前為大家備好充足的乾糧，到了夜晚曹操止住隊伍，喊一聲：「落馱打盤，安營紮寨！」三十輛馬車圍一個圈，牲口解下來單栓，這樣就是有人行搶都不可能整車帶走了。然後將五十輛輜車解下，在外面再圍一個大圈，這就成了一座流動的營寨，東南西北讓出四道門，以麻繩綁縛突車豎起，就又有了四座突門。裡面的人汲水遛馬自由出入，外人想要進來，突門邊卻有專人把著。夜深人靜時，另有值夜之人，只要點上火把爬上輚車一坐就可以了。

夏侯淵看得咋舌：「這簡直像是座營寨。」

「這就是營寨，」曹操笑了，「只不過是古人之法，如今打仗不用戰車了，這樣的車營也就不常見了。不過咱們用來保護財物，卻是再合適不過。」

「你跟誰學的？」

「墨子。」曹操搖頭晃腦。

「磨子？還碾子呢！」

樓異都笑了：「您可真是個白丁，我都知道墨翟，兼愛、非攻嘛！」曹操連連點頭：「不錯，墨子其人雖倡『非攻』，卻是格外善守。這車營之法就是他留下來的。」

就這樣，白天大家舉著棍子護衛，晚上紮下車營休息。如此安排可謂針插不透。夜晚也確有覬覦的匪人，無奈望營興歎而去。隊伍行了六天，總算是平平安安到了豫州，待過了中牟，至河南之地，曹操便不讓那三百漢子再往前走了。一來河南之地天子腳下怕惹是非，二來更是怕他們到京看見太尉府，那編的瞎話可就被戳穿了！

夏侯淵先帶著三百漢子回轉，曹操、樓異則率領心腹家丁繼續前進。入了關就不必再擔心賊人了，沒了步下之人，馬車也可以放開些腳程，第二天晚上就趕到了都亭驛。再往前十里就是洛陽城了，但這一路行來人困馬乏，夜晚又關了城門，大家只好再露宿一夜。

轉日天還未亮，曹操就起來了，他把大家都叫醒，吩咐將所有的輚車、突車都燒了。

「為什麼？留著以後還可以用呢！」樓異不解。

「冕弁兵革，藏於私家，非禮也。此是謂脅君也。」曹操說著跨上了馬，「快燒了吧，叫人看見是要惹麻煩的。」
「諾。」
「咱們自己人這幾日受累更多，你就帶他們在洛陽多休養幾天，不忙著往回趕。」曹操抖開韁繩調轉馬頭。
「大爺，您不同我們進城嗎？」
曹操搖搖頭，望了一眼十里外那巍峨的京師城郭：「洛陽城我不想再去了。趁著天色未明我趕緊走，免得遇見熟人。」
「難道您都不去見見老爺嗎？」
「爹爹已經如願以償問鼎三公了。你替我轉告他老人家，億萬家財已盡，叫他好自為之吧！」說罷曹操在大宛馬身上狠著一鞭，奔東南而去。回家的路上，完成護送的喜悅感漸漸褪盡，隨之而來的，那種難耐的空虛又一次侵占了他的心緒。
曹操一路上都在想，自己究竟想不想回到洛陽呢？難道當初辭官的選擇錯了？多少次他想駁回馬頭，但還是忍耐住了。丁氏說他是個俗人當不了隱士，在崔鈞面前他又大話說盡覆水難收，這樣灰頭土臉地跑回洛陽，臉面又置於何地呢？最後他還是下定決心不回去，既然有了選擇就不能夠再回頭……他不停地縱馬狂奔，一定要追上夏侯淵他們，生怕沒有人同行，他會忍不住再改變主意。
到家後的第二天，忽有天使駕到，朝廷徵他入朝為官。
曹操躲在夏侯家不肯面見，心中暗暗咒罵崔鈞多事。
待天使走後，他才回到家中。曹德笑嘻嘻地問：「阿瞞，你還真像個隱士，即便不肯應徵，面總是要見的。」

「見什麼？不見心裡更踏實。」
「你知道朝廷調你當什麼官嗎？」
「不想知道。」曹操賭氣道。
「典軍校尉。」
「什麼什麼？」曹操聽了一愣，「你再說一遍？」
「典軍校尉。」曹德一字一頓道。
「怪哉！有司隸校尉，北軍五個校尉，步兵、越騎、屯騎、長水、射聲，哪兒來的什麼典軍校尉。這是個什麼官呀？」
「典軍的唄！」曹德湊到他跟前，「大哥，您就去吧！領兵典軍不正合您的脾氣嗎？」
曹操扭頭不理他。
曹德卻道：「哥，有件事我一直想問你，那日你給姪兒起名字，為什麼把那個丕字寫成……」
曹操立刻打斷：「我一時不慎寫錯了，不行嗎？」
「行！」曹德見他一把年紀竟要起小孩子脾氣，暗自覺得好笑，也不與他爭辯，逕自去了。
一個人靜下來曹操越發覺得難耐，想要回到草廬，卻見卞氏抱著孩子倚在馬廄前。
「妳抱著兒子在這裡幹什麼？」
「怕你跑了！」卞氏嬌嗔道，「你又想回你那個草廬了吧？」
「嗯。」曹操低下頭。
「我也想去，你再等一年好嗎？等咱丕兒大些，我陪著你，咱們一起去住。」說著她將孩子塞到丈夫懷裡，「你看看，小傢伙多胖呀！」

曹操抱上兒子心就軟了，還不待說什麼，就聽身後傳來丁氏的聲音：「你走吧，永遠別回來。這個家裝不下你啦！天天給我們臉色看，我們哪一點兒對不住你了？去你那個鳥不生蛋的地方，編你那個沒人看的破書去吧！兒子你也別要啦！」

「姐姐也別轟他走，」卞氏笑著接過話茬，「不就是為了編書嘛，叫他在家編。家裡還有竹子，明兒咱們一起削些竹簡，好不好？」

「我無所謂，你問他呀！」丁氏拋了個媚眼。

這姐倆一問一答，曹操苦笑不已。他對兩個老婆各有不同，怕丁氏來硬的，更怕卞氏來軟的。這兩位夫人串通一氣同時使出看家本領，就只能百依百順了。他心裡清楚，弟弟也好，妻子也好，都是希望他打起精神來，便支吾道：「好，我不去了，不去了。」

於是第二天，丁氏不再織布，卞氏也把孩子托給了奶娘，兩位夫人親自為他削竹簡，卞秉和呂昭也放下自己的事來幫忙。四個人都是有說有笑的，排遣了曹操不少鬱悶。

大家正幹得起勁的時候，樓異自前院跑來說有故人求見，並說此人是他回來時在途中碰見的。曹操頗為詫異，忙叫大家散去，少時間卻見樓異引來一位四十多歲的人，模樣像個老書生，卻相貌生疏並不相識。

「敢問閣下是……」

那人頗為謙恭，拱手肅然道：「吾與曹大人並不相識，乃有故人之信相送。」

「莫稱大人，在下現是鄉野村夫。快請！」曹操將其讓入客堂落坐，「敢問書信何在？」

那人緩緩搖頭：「並無書信。」

曹操一皺眉：莫非此人戲耍我，還是另有圖謀？

「此事干係重大不敢落筆，因此在下特來口授。」

「哦？」曹操倒有點兒好奇了，「不知是何人口信。」

那人捋髯道：「南陽許攸、沛國周旌二人。」

曹操大為詫異：許攸乃橋公門生，京師之友；周旌乃師遷外甥，家鄉舊交。這兩個人怎麼會同時差他來送口信呢？

那人微微一笑：「許攸在京師謀刺十常侍，事泄而逃，現得冀州刺史王芬保護。周旌自昔日師遷被王甫陷害，一族蒙難，輾轉流落，現也在王使君處任從事。二人在高邑相識。」

「那閣下一定也是王使君麾下嘍？」曹操覺得這事詭異，「敢問先生名姓。」

那人低頭謙恭道：「在下汝南陳逸。」

「原來是陳……」汝南陳逸？曹操突然意識到這人是誰了，趕忙起身離座大禮相見，「不知陳先生駕到，有失遠迎！」

陳逸雙手攙起曹操，反給他施了一個大禮：「孟德賢弟為家父昭雪才不得不棄官，逸深感大德，今日一為送信，二是特意登門道謝。逸來得唐突，望賢弟海涵。」汝南陳逸就是老太傅陳蕃之子。當年陳家滿門被王甫、曹節害死，只他一人在陳留名士朱震的保護下逃出洛陽，事後朱震一家因此被害。多少條人命才換了這陳家的唯一骨血。曹操自濟南辭官，直接原因也是因為想給陳蕃翻案。

曹操又連忙攙他：「陳先生，我可當不起您這一拜。」

身分已明確，曹操便放心了，忙問：「先生與許周二人有何事要操效勞？」

陳逸道出來意後，可把曹操嚇壞了。

當今天子劉宏本是河間王一脈，在翻修南宮之後，竟要擴建昔日河間王府，命冀州刺史王芬辦理此事，卻是工費自籌。如今冀州民不聊生，王芬數諫，皇上不從，還要北巡回舊宅居住。冀州吏民無不激憤，因此王芬與許攸、周旌、陳逸歃血為盟，要趁昏君北巡之際將其扣留，另立宗室合肥侯為帝。現聞朝廷欲徵曹操典軍，特意來請他加入，以為內應，同謀廢立之事。

「孟德賢弟，正因此事機密他們才不能親自前來。世人多知你與他們相識，可你我二人素未謀面，我來不會有人懷疑。你可願與我等同為此謀？」陳逸迫切地望著他。

曹操從驚詫中清醒過來，起身踱了幾步道：「恕小弟不能從命。」

「啊？」陳逸似乎沒有想到這個結果，「莫非孟德對我還有什麼懷疑？」說著他從懷裡掏出一卷書簡遞給曹操，「在下卻是子遠差來，此物你必識得。」

曹操展開一看，不由感慨萬千：此物豈能不識得，這是橋公家學，昔日親筆所寫的《禮記章句》啊！看見橋玄的筆跡，曹操一陣哽咽。

陳逸見狀忙趁熱打鐵：「孟德，此乃橋公賜予許子遠之物，你看在橋公之面可否相助？」

曹操閉上眼搖了搖頭：「橋公若知，必不肯縱容子遠為此無父無君之事。」陳逸又道：「那周旌呢？當年你為爭一婢打死人命，周旌與你不過一面之交，竟上下打點。沛國相師遷獲罪亦與此事有干，如此厚重的恩德，你都不念嗎？」

曹操心頭又是一震，歎息道：「此婢現乃小弟內子。小弟自當感念周旌之德，但師郡將一代耿介之臣，若在天有靈，定不會同意私自廢立之事。」陳逸見此二人無用，忙起身再揖：「此二人不論，在下之父名揚海內，為一代士人之尊。終被昏君閹豎所害，孟德請念家父之冤，憐在下之孝，解天下黎民之倒懸。」

曹操心緒更亂，只得攙扶道：「陳兄執迷不悟。令尊為鬥奸人三貶三復，幾曾有過廢立之心？

當年他有太傅之尊，竇武有國丈之威，二人忠心報國，只除奸佞未有僭越。兄如今所為對得起令尊嗎？對得起朱震一門捨命相救嗎？」

陳逸反被他問得啞口無言了，只得仰天長歎：「唉……人各有志不得強求。因愚忠失此良機，天下百姓還要受苦。大義當前，大義當前啊！竟不念伊尹、霍光之義哉？」說罷就要走。

「陳兄請留步。」

陳逸回過頭來：「孟德回心轉意否？」

曹操依舊是搖頭：「你們太癡了！此事絕難功成，小弟試為汝等解析，可否？」

「願聞其詳。」

「夫廢立之事，天下之至不祥也。古人有權成敗、計輕重而行之者，如兄所言伊尹、霍光。伊尹懷至忠之誠，據宰臣之位，處官司之上，故能進退廢置，計從事立。至於霍光，他受孝武帝托國之任，乃是外戚之人。內有太后居宮中秉政決策，外有群卿處朝堂隨聲附和，加之昌邑王即位日淺，未有貴寵，朝乏黨臣，議出密近，故能廢立於掌握，事成如摧朽。」曹操走到陳逸面前，拉著他的手，「陳兄，今諸君徒見昔日之易，未睹當今之難吶！您好好想想，結眾連黨，串通諸侯，這何異於當年的七國之亂？以合肥侯之貴，難道比得上吳王劉濞、楚王劉戊嗎？行此非常之事，欲望必克，豈不危乎！」

可謂一言點醒夢中人，陳逸不禁悚然：「這、這……」

「你勸我回心轉意，我勸你回頭才是！兄速速回轉冀州，對王使君曉以利害，勸他不可行此凶事。」

「晚矣！晚矣！」陳逸頓足失色，「王芬已藉黑山之事上疏請兵，恐怕現已在軍中安插親信了。」

曹操拍拍他的手：「縱然是不可解，陳兄當設法營救許周二人。」

陳逸失魂落魄往外走：「彌足深陷不可返矣。」

「陳兄你去哪兒？」

「我說你而來，事不得成有何顏面見王使君，又豈能反說許攸、周旌？出了你的家門，我便四海漂流再待天時……」陳逸回頭略一拱手，「孟德，有緣再會吧！」說罷踉踉蹌蹌而去。

曹操望著他的背影心裡越發不是滋味：雖然自己有理有據，卻將許攸、周旌一干故人也得罪了。秦宜祿替何苗拉攏我被我騙了，崔鈞請我出山被我駁了，陳逸替故友來求我又被我拒絕了，朝廷的徵召也躲了……我這是怎麼了？人緣都傷盡了！就為了當這個鄉野隱士割捨了那麼多，可是我為什麼還不滿足呢？

踱了幾個圈子之後，曹操越發心中惱恨無以排遣，眼瞅每一樣東西都不順眼。氣急敗壞出了客堂，看見院子裡丁氏、卞氏、呂昭、卞秉又回來削竹簡，走上前一腳把堆好的竹片子踢了個滿天飛。

「你幹什麼？」丁氏蹙眉站了起來。

曹操也不理睬，繼續踢。卞秉忙一把拉住他，笑嘻嘻道：「姐夫！姐夫！消消氣兒，你這是跟誰生氣呀？」

曹操這會兒已經不講理了：「我、我……我跟你們生氣！」

四個人面面相覷。曹操低頭拾起一條竹片子，借題發揮：「你們是幹什麼吃的？竹簡能削這麼寬嗎？沒讀過書還沒見過書嗎？這些竹片削得這麼寬，怎麼穿成簡！」

卞秉也真好性子，明知不寬，拿過來把玩道：「沒關係，前面的不要了，我後面的削窄些。」

「別削啦！」曹操指著他鼻子吼道：「我老曹家的錢是大風刮來的嗎？剛花出去一億錢，還由得你這麼浪費！說不要就不要了，你去給我種竹子嗎？」

小呂昭過來要勸：「大爺，我們……」

不待他說話，曹操就衝他嚷道：「閉嘴！你算哪棵蔥？不好好讀書，跟著起什麼鬨？走走走，讀書去！」

丁氏氣大了，把手中刀子一扔：「你這老冤家，平白無故拿我們撒邪火！知道你心裡不痛快，我們大人孩子一直哄著你。原本指望你別拉那張驢臉，你可倒好，越哄越來勁了！」

「我用不著你們哄！」

丁氏氣得一擺手：「走走走！咱都走，誰也別理他！沒他更自在，咱姐們就當守活寡了。沒人理你，瘋子！」

眼見得四人散去，曹操在院裡來回踱著步，最後嚷道：「你們走……我也走！官都不當了，這家我也不要了！」到馬廄尋得大宛，跨上就往外催。縱馬出了莊園，正遇見樓異：「大爺，您去哪兒？天冷披件衣裳……」

曹操看都沒看他一眼，縱馬狂奔，半個時辰間就到了草廬。拴住馬，把柴門用力一推——只見屋內竹簡遍地，衣物散亂，一切還是曹丕降生那天的樣子。嚴冬的寒風凜凜，茅舍漏風，几案上落了一層土，硯台裡的墨都結了冰。

「難道這就是我曹孟德所期之歸宿嗎？」他悵然坐倒，順手取過硯台哈了一口熱氣，邊想邊以手指沾著墨在桌上寫道：

粒米不足舂，寸布不足縫。
甖中無斗儲，發篋無尺繒。
友人與我貧，不知所以應。

「又何止是友人，如今家人也不理我了……」曹操將寫字的手指在衣服上蹭了蹭，隨後往寒冷的草廬裡一躺，默默聽著外面呼嘯的北風。

也不知過了多久，又有馬車的聲音，緊接著聽到弟弟的喊聲：「哥！你出來。」

「我不出去。」曹操翻過身背對著柴門。

「出來看看吧，有朋友來了。」

「我沒朋友！我曹孟德不懂得交朋友，不配有人來看我！」

曹德再沒有答話。突然響起一陣清脆悅耳的琴聲，那韻律沁人心脾，在這嚴寒之日如送來一陣暖風，那麼悠揚脫俗。曹操不由得站了起來，輕輕打開柴門。

只見外面已經飄雪花了。在蒼穹之下，籬笆之外，曹德和卞秉趕車而來，樓異在車前插手侍立。而在一旁，赫然坐著個白衣文士，身披白狐裘，頭頂文生巾，罩著狐裘帽。那相貌溫雅俊秀，超凡脫俗，白淨的臉膛生著修長的三綹墨鬚，在風中飄逸而動，好似神仙。就是他合著雙目，信手撥弄著瑤琴。

「你是……」曹操不敢認了，「子文……是你嗎？」

來者正是王儁。他停下手，睜開眼笑道：「孟德，你不拿我當朋友了嗎？」

曹操臉一紅：「豈會！豈會！咱們十年沒見了，外面冷，快請進……」他倏然而止，茅舍裡面也沒個火。

曹德笑道：「你這個鬼地方有什麼？」說著招呼卞秉、樓異從車上搬東西，炭盆、燈油、裘皮、香爐，還有幾樣酒具和菜肴，所有該準備的都帶來了。

少時間三個人就把草廬打掃得乾乾淨淨。暖呼呼的炭盆點上，毛茸茸的裘皮鋪好，篩好酒擺上菜，曹操與王儁相對而坐，曹德、卞秉一旁作陪。王儁一進屋就注意到曹操剛寫的那首小詩，笑道：「既然有酒有食，何言『不知所以應』？你太無病呻吟了吧！」

「遊戲之作，遊戲之作。」曹操嘿嘿一笑，敬了他一盞酒，「橋公可好？」

「老人家已經故去兩年多了。」

「唉……」聽他這麼一說，曹操無意飲酒了，「他老人家的恩德，我再無機會報答了。」

「你不必掛懷，師傅生性開朗，從不想讓任何人掛懷。他是壽終正寢無疾而終，我一直守在他身邊。」王儁說著回敬了一盞，「橋羽兄離官奔喪，師傅家無餘財，是他姪子橋瑁發動睢陽士人，幫忙置辦的棺槨。清白而來清白而去也好，不過大橋、小橋二位妹子可憐啊！」

「他們現在如何？」

「喪葬已畢趕上黃巾事起，橋羽兄妹離鄉躲避，聽說是到江東去了。我在睢陽答謝了一番，到揚州之地又尋不到他們蹤影，於是各處漂泊、四海為家。」

「你不還鄉嗎？」

王儁慘然一笑：「父母仙逝，無有兄弟，族人離散，家產凋敝。我走到哪裡，哪裡就是我家。」

曹操有些同情：「你還是不肯為官嗎？」

「你呢？」王儁輕輕反問，卻把曹操噎住了，「你這樣的都不做官，我何必去蹚渾水？四海為家，書琴相伴，也是逍遙自在。」

「肉食者鄙，蔬食者明。我很羨慕你這種日子啊！」

王儁笑道：「我上無父母，下無妻兒，煢煢孑立，形單影隻。而你呢？」曹德聽他提到這裡，怕老哥再犯脾氣，連王子文都一併得罪了，忙舉起盞來：「子文兄，昔日相見之時小弟還在總角（童年），那時便覺得您瀟灑俊雅，如今王兄更添幾分飄逸，小弟仰慕得緊呀！請……」

「不敢當。」王儁飲了一口，又道：「我到濟南，聽說孟德辭官，特意來探望。想我等如今皆是岩居之客，必有共通之處嘍？」

曹操滿面害羞：自己這個隱士跟人家怎麼比？

卞秉卻插嘴道：「小弟唐突，願與王兄合奏一曲。」說著掏出形影不離的笛子。王儁也不推辭，一個撥琴、一個吹笛，歡快的曲子躍然而出。猶若陽春的小鳥嘰嘰喳喳，又似風舞柳條蕩蕩飄飄。少時奏罷，卞秉一抹嘴：「哈哈！我是俗人一個，只會這等曲子。難登大雅之堂，王兄見笑。」

「大俗亦是大雅，你之所奏頗有風雅之韻。」

曹操笑道：「內弟原是賣唱的，其實也靠《詩經》吃飯。」

「這就難怪了，」王儁頻頻點頭，「世俗之物皆是風雅，何必攻乎異端，逃避世俗？」

曹操知道他話裡有話，卻裝作沒聽出來，笑道：「我不會彈琴吹笛，為你們唱支曲子吧！」說罷清了清嗓子，唱道：

明明上天，照臨下土。
我征徂西，至於艽野。

二月初吉，載離寒暑。
心之憂矣，其毒大苦。
念彼共人，涕零如雨。
豈不懷歸，畏此罪罟。

這首《詩經・小明》第一闕未完，王儁就笑道：「你所懷之歸竟是何處？可是此間？」

曹操不唱了：「即是為此小弟才還鄉的。」

「哦？」王儁捋了捋俊美的長鬚站了起來，在屋中環顧一遭，先指了指牆上掛的弓箭，突然探手在曹操腿間摸了一把，問道：「箭弩尚在，髀肉未生，既已閉戶怎弓馬未棄？」

「閒來射獵無非健體。」

「也有你這麼一說。」王儁一笑，又自地上拾起一卷書，「《兵法節要》，可是孟德大作？」

曹操也不謙虛：「正是。」

「兵者，凶也。你一個鄉間隱士，為何在此玩味凶險之事？」

曹操默然無語了。

「孟德，你不想過這樣的日子。」王儁又坐了下來。曹德、卞秉盡皆點頭，這一年來誰都看得明白。

曹操歎了口氣：「即便我曹某人一心仕途，可是朝廷未清局勢未明，我豈可捨身入虎口？」

「哼！」王儁冷笑一聲，「你總算說了一句良心話。」

曹操也笑了，便把崔鈞造訪、朝廷徵召典軍校尉、陳逸替許攸等傳信，還有父親億萬家資換太尉之事盡皆道出，最後從懷裡掏出那卷《禮記章句》交與王儁。

王儁看見這卷書很意外：「哎呀，許攸竟拿師傅之書當做表記。這套《禮記章句》共六十六卷，散佚各處。老師去世時餘下三十餘卷，皆留於兩位妹子收藏，另外我和子伯、子遠處各有幾卷。」說罷展開來看，第一眼就瞅見孔夫子論道，便念了出來，「大道之行也，與三代之英，丘未之逮也，而有志焉。大道之行也，天下為公。選賢與能，講信修睦。故人不獨親其親，不獨子其子。使老有所終，壯有所用，幼有所長，矜寡孤獨廢疾者皆有所養。男有分，女有歸。貨，惡其棄於地也，不必藏於己；力，惡其不出於身也，不必為己。是故謀閉而不興，盜竊亂賊而不作，故外戶而不閉，是謂大同。」

「這些都是士人皆知的。」曹操也隨之背誦道：「今大道既隱，天下為家。各親其親，各子其子，貨、力為己。大人世及以為禮，城郭溝池以為固，禮義以為紀；以正君臣，以篤父子，以睦兄弟，以和夫婦，以設制度，以立田里，以賢勇知，以功為己。故謀用是作，而兵由此起。禹、湯、文、武、成王、周公，由此其選也。此六君子者，未有不謹於禮者也。以著其義，以考其信。著有過，刑仁講讓，示民有常。如有不由此者，在勢者去，眾以為殃。是謂小康……不錯吧？」

「孟德真是好記性啊，不過師傅的東西，我可要收走囉！」王儁將《禮記章句》捲了起來，「孟德既然能背，還在這裡耗什麼光陰，可以為官去了。」

「你勸我出仕，你為何不為官？」曹操反詰。

「你剛才未悟到嗎？吾乃大同之士，爾乃小康之臣。」

「你真自信。」

「非是自信。」王儁眼神炯炯，「人各有志，棄功名利祿於身外，我王某人做得到，而你曹孟德……恐怕放不開手吧？」

曹操的頭終於低下了。

卞秉見狀拍手：「哎呀！總算有一個治得了他的人來啦！」

這時樓異走了進來：「舅爺，外面的雪下大啦！」

「那咱快回家吧！」卞秉立刻起身，「天色不早，二哥還不隨我回家嗎？」

「我不走！」曹德一拍大腿，「我哥不回家，那我也不回去了。」

「你跟著攪什麼亂呀？」曹操道。

曹德笑道：「哥，你這話就不對了，當隱士我比你有資格，至少我連官都沒當過。」

曹操一點兒辦法都沒有，看看王儁。王儁卻道：「我今天本就打算與孟德共宿一晚。」

「好好好，咱仨一塊兒在這裡隱居了。」曹德笑道。

「我看這裡只有一位真隱士，其他兩個都是裝著玩的。咱不多說，我得走了。」卞秉說著披上裘衣，「一家子連大帶小都得罪盡了，我得回去哄他們。是不是，姐夫？咱不多說了。」

「你這閒話就不少了！」曹操白了他一眼。卞秉隨樓異這一去，連馬車都趕走了。外面又下了大雪，曹德與王儁轟都轟不走了。曹操往榻上一躺，不再理會他們。

曹德與王儁也不管他，飲酒吃菜談笑唱曲。天黑了點上燈，倆人繼續唱《詩經》，什麼〈無衣〉、〈瞻彼洛矣〉、〈兔罝〉、〈破斧〉，除了戰歌就是唱建功立業的。唱得曹操腦袋都大了，蒙著頭忍受。不知過了多久，才恍惚睡去……

一陣寒風襲到曹操身上，他睜開眼睛才發現，原來天已經亮了，坐起來見屋中杯盤狼藉，弟弟與自己抵足而眠。王儁呢？

曹操忙開門，只見大雪把世界染成了白色，銀裝素裹一般，空氣凜冽，沁人心脾。在厚厚的積雪上留下一道綿延的腳印，王儁披狐裘背瑤琴正向遠方而去。

「子文！子文！你去哪兒？」

王儁回首喊道：「我該走了……去找橋羽兄和大橋、小橋妹妹。」

「那你要是找不到他們呢？」

「找不到就繼續找，直到累了，就尋一處地方隨便住下。」

曹操現在才意識到，隱士的追求離自己是如此遙遠，這一去還能不能再見面啊？他呼喊道：「子文！你多保重啊……你沒有腳力，我的馬你騎去吧！」

王儁已經走得很遠，嚷道：「千里良駒當效力疆場！不能沉淪於鄉野……」說完這一句，他突然又提高了聲音，「曹孟德！當年許子將的評議你還記不記得？治世之能臣做不了，你還有另一條路！」

亂世之奸雄！曹孟德心中一凜，抬頭再看，只見王儁慌張轉回，忙問：「怎麼了？」

王儁定下腳步喊道：「孟德，我幾乎忘記一事。許子遠雖智謀精奇，然貪而好利；樓子伯剛毅俊傑，然未免倔強耿介。此二人與我同門，若有一日得罪於你，望孟德多多容讓。」說罷一揖。

「我知道了，我一定會關照他們。」曹操此刻信誓旦旦。

王儁似乎感歎了些什麼，欲言又止，但還是轉身而去。他一襲白色裘衣，不多時就融入了冰天雪地之中，再也尋不見了，只留下一道孤寂的腳印。

「哥，外面冷，快進屋吧！」曹德醒了。

曹操長歎一聲坐下，沉默了許久，才道：「我打算應徵為官！」

「早知道會是如此。」曹德拿起筆來，在桌上寫了一個丕字，末尾一橫卻下拉了一個拐彎，「你看看，這就是你那天寫的那個字。你或許早就想給姪兒取『丕』字，而腦子裡想的卻是『否』，倉促之間手自隨心，才會拉出一個拐彎。」

曹操點點頭。

「丕與否同音形近，意義大不相同。否者，凶也。《易經》所謂『否極泰來』。你根本不快樂，這種隱居也不是你想要的。在你心裡現在是『否』，是你生來最倒霉的時候。你一直在自欺欺人，我早就想與你談談了。」

曹操不得不點頭：「從小到大在一處，我的心思你最清楚。」

「我不清楚！」曹德將筆一扔，「我不知道你還會誆騙鄉人，不知道你還有招兵聚眾的心！更沒想到你會以此為喜、以此為能，你這一年最高興的事竟然是領兵押運！那時候我就想到，你快要走了……」

曹操歎了口氣：「我欲做能臣，世人逼我為奸雄。」

「天生地長賴不得別人。你少要裝模作樣，自小到大坑騙之人還數得過來嗎？你又不是今天才奸的！」曹德起身收拾東西，「走吧！這世道正適合你，我是個只會說不會做的窩囊廢，而光耀我曹家門庭，就靠哥哥你啦！」

「弟弟！」曹操一把將他攬入懷中。

兄弟二人一馬雙跨趕回家中，當即命樓異置備車馬禮物，來日拜謁使君袁忠。得了個空子，曹操又踅到丁氏房中。

丁氏見丈夫進來，理都不理，只顧推著織機。

「妻啊，別生氣啦！」

丁氏瞧都不瞧他一眼。

曹操撫摸她的背，道：「妳跟我說句話呀！」

她依舊充耳不聞。

曹操按住她的手：「大奶奶，從明天起，我叫下人每天給您預備十根竹子，您愛怎麼削就怎麼削！」丁氏「噗哧」一笑，在他頭上戳了一下：「我呀，這輩子就毀在你這張嘴上了。」

「嘿嘿，您笑了就好。」

「要走了吧？我早想到了，按理也應該如此。到了京裡見了公公多說些好話，以後好好謀你的仕途。等咱昂兒大了……」

「好啦好啦，妳省省心吧，又來了。」

「不說這些了。」丁氏上下打量他，「你還有什麼事要說吧？」

「不愧我妻。」

「什麼事？」

「我是想……嗯……」曹操手撚衣襟腹中措辭，「我是好意啊！我想帶著她們娘倆進京，也好有個人伺候爹爹。昂兒大了出去耽誤學業，丕兒還小，正好哄爹爹一個高興……我沒別的意思。」

「哼！我幾時吃過醋，要帶你就帶著，何必找這麼多藉口呢！俗話說三十如狼四十如虎，有一個看著你的也好，省得你不安分，香的臭的亂來。」

「那我就叫環兒跟他們準備去了。」

「等等！」丁氏聽出毛病來了，「你是惦記大的還是惦記小的？」

「孩子大人我都惦記。」曹操笑道。

丁氏冷笑一聲：「少裝傻！你知道我問的是誰。你又惦記上環兒了，對不對？剛把氣喘順溜，就又得寸進尺了。」

「怎麼會呢？環兒還是個小丫鬟。」

「怎麼不會呢？當初昂兒的親娘怎麼被你收了房的？你呀，災星未退色心又起，就是雞鳴狗盜有才華！環兒的事情你可得想好了，她和阿秉那麼好，你可別弄得大家都不好看。」丁氏正色道。

「環兒和阿秉不合適，她是那邊的義妹，論起來跟阿秉也是乾兄妹，兄妹成親成什麼了？」

「我算是把你看透了！兄妹成親不合適，你就想來個親上加親。」丁氏不看他，繼續織布，「反正我管不了你，你自己看著辦吧！」

「那我就看著辦了。」曹操壞笑道：「我去忙了，今晚我一定過來！」說完興沖沖去了。

丁氏把梭子一丟，眼淚簌簌而下：「我是心太善，還是太傻呀……」這時門一響，曹昂蹦蹦跳跳跑進來，好奇地問道：「娘，您怎麼了？」丁氏緊緊摟住兒子，哽咽道：「昂兒……娘誰都可以不要，但是你要好好讀書，將來得為娘爭氣啊！」

第十一章

灰頭土臉，曹操第三次入仕

郡府受辱

既然再次出仕的決心已定，曹操出爾反爾準備上京赴任。先差出樓異速往洛陽知會老爺子，又叫弟弟置備車馬。但他既然已經回絕朝廷的徵召，就必須前往郡府拜謁沛國相袁忠，索要文書才得入京。

袁忠字正甫，汝南汝陽人，以高潔清廉著稱，堪稱一代名士，與袁紹還是同族兄弟。不過龍生九種，種種不同，都是名臣袁安的後人，但袁忠的性格脾氣卻與袁紹迥然不同。

袁紹那一支自其祖父袁湯開始越來越富貴，乃至袁逢、袁隗相繼為三公，袁基、袁紹、袁術出仕以來皆為京官；可袁忠那一支卻自其祖父袁彭開始越來越窮困。其實他家也連著出了三代郡守，而且經書家學遠勝於袁湯一脈，卻只貴不富。皆因他家重名節而不重實惠，從來不置房產地業，一直是粗袍糲食家無餘糧。

袁忠雖名氣頗大，但命運多舛。他早年曾與黨錮重犯范滂相交深厚，因此被朝廷廢棄了十餘載，直到黃巾事起黨禁解除，才接替陳珪擔任沛國相。可就在他仕途有了起色之時，獨生子袁秘又死了。

袁秘身為汝南郡吏，輔佐太守趙謙抗擊黃巾，戰事不利之際為掩護趙謙突圍，他衝入敵陣英勇就義。袁忠本就性格高傲，經歷仕途挫折中年喪子，脾氣更加乖戾。

曹操以前就聽袁紹說過：「袁正甫雖潔身自好，為人卻又臭又硬刻薄至極。」今天他厚著臉皮來見此人，而且還要向人家索要文書，心下不免有些嘀咕。按理說這樣的拜謁多有尷尬，應該或多或少帶點兒禮物，但袁忠又以清廉著稱，思量再三，曹操還是決定不循俗禮，隻身一人空手前往。

來至郡府門前通報了名姓，有守門之吏進去通報，片刻之後卻出來告訴曹操：「我家郡將大人一早給沛王問安去了，請曹先生在此稍等片刻。」袁忠身為沛國相，拜謁諸侯王絕對是一等一的大事。但其手下人對曹操未免有些怠慢了。畢竟曹操當過朝廷二千石高官，又是平亂的功臣，如今更是太尉至親；非但沒請進去待茶，連個杌凳都沒給，偌大一個人物，竟任他牽著馬在郡府門外直溜溜站著等，這事辦得也太不通情理了。

人在矮簷下不得不低頭，曹操自知是來求人的，也不好計較些什麼，便耐著性子等。不時有屬官僕從出出進進，那幾個守門吏迎來送往各忙差事，卻連個過來跟曹操說句客氣話的都沒有。站了足有半個時辰，才聞車馬聲喧，袁忠回到郡府。早有僕僮一擁而上，掀起車簾扶他下來。曹操閃目觀瞧——袁忠四十出頭，身高七尺，穿一襲半舊的官服，一張容長臉，龍眉鳳目鼻直口正，下垂三綹墨髯，一舉一動透著拘謹刻板。

曹操眼瞅著袁忠就要邁步進府衙了，守門人卻對自己的事隻字不提，趕忙上前幾步一揖到地，高聲道：「在下譙縣曹操拜謁國相。」如今他是白丁，只得自報籍貫。

袁忠瞅了他一眼沒有還禮，僅略一抬手道：「裡面請。」說這三字的時候連腳步都沒有停，兀自搖搖在前進了府門。曹操見這陣勢，情知這硬弓不好拉，把馬匹交與守門吏，亦步亦趨緊緊跟了進去。

按理說曹操曾經為官，這樣的非正式會面，應該在書房裡促膝談話，可袁忠在前面連個彎都不拐，徑直把他領到郡府大堂上去了。這樣一來官是官民是民，禮法絲毫不能錯，曹操還得規規矩矩站著跟他說話。袁忠卻端端正正坐了下來，翻開公案上的文書，點手喚過小吏，逐件吩咐公事，把曹操扔到一邊不管了。

曹操揣著手在一邊看著，見袁忠處理公務事無巨細，上到強調朝廷的政令，下到干問衙門裡的瑣聞，連瞅都不瞅自己一眼。又忙活了小半個時辰。待一切安排妥當、中掾吏紛紛退下，袁忠才抬起頭緩緩問道：「閣下可是昔日的濟南相曹孟德？」

「正是在下。」曹操拱了拱手。

「久仰久仰。」說雖這麼說，袁忠連屁股都沒抬一下，哪裡有一點兒久仰的表現。

曹操覺得這氣氛忒尷尬，便想與他套一套交情：「在下與袁本初頗為交好……」話還未說完，袁忠打斷道：「不要提袁紹，我們雖為同族，已經十多年沒有走動了。」一句話就把曹操噎了回去。袁忠似乎還疑他不信，又接著解釋道，「我袁家本以清廉才學著稱，不求官高顯貴，而袁隗叔姪奢靡浮華，常以四世三公自詡，因此我們這一支的人，與他們割席斷交不再往來。」他這個藉口倒是有幾分道理，不過一族兄弟視同陌路似乎薄情了一點兒——這也難怪袁紹對他抱有成見。

曹操頗感話不投機，正絞盡腦汁尋下一個話題，卻聽袁忠開門見山道：「孟德此來可是來索要本官文書的？」

「嗯？」曹操一愣，隨即低聲羞赧道：「正是。」

「哼哼哼……」袁忠一陣冷笑，「早知君非是耐得住寂寞之人，文書已經給你寫好了，你拿著上京就是了。」

曹操更覺意外：「在下愚鈍，敢問大人怎知我所思所想？」

袁忠把臉一沉，怪聲怪氣道：「只因我有一好友桓邵乃是君同鄉之人，現在本府從事。前番君回絕朝廷詔命，桓邵對我言講：『曹孟德乃多欲之人，豈能甘守林泉？此番回絕無非是坐抬身價。趁早為他修好文書，省得到時候麻煩！』本官從善如流，就把文書寫好了。」

袁忠這番話無異於當面羞辱，曹操臊了個大紅臉，心下頓覺憤恨。昔日他因救卞氏打死桓府家人，桓曹兩家就此結仇，如今桓邵在郡裡大肆玷汙他的名聲，實在是卑鄙可恨。袁忠這會兒說他「多欲」恐怕還是客氣的，背後說他是貪婪無賴也未可知。想至此，曹操連忙解釋：「那桓邵與我……」

袁忠卻譏笑著打斷道：「算了吧，本官不想聽你們那些瑣事。趕緊拿著文書去吧！令尊現在是太尉，可謂名聲赫赫，君之遠大前程要緊啊！」說著自桌案下面抽出一卷竹簡，朝他晃了兩晃。

曹操越發氣憤——袁正甫也算是個大清官了，為人處世怎是這副刻薄德行？就算桓邵是你朋友，不論他說什麼，難道你就不分青紅皂白，什麼鬼話都信嗎？

袁忠早就瞅出他心中不悅，把竹簡往桌案上一放，站起來轉過身去，背對曹操道：「文書在此，任君自取吧！」一連把東西交到曹操手裡都不肯，這簡直是把他視作無比骯髒之人。

曹操真有心轉身就走，但已經來到這裡，豈能半途而廢徒受侮辱？他強壓怒火，走上前拿起文書。哪知袁忠又歎息一聲：「唉……看來君當不了許由，只能學做柳下惠了。」說罷將他丟在這裡，頭也不回轉入後堂了。

飽學之士罵人更狠。許由乃上古隱士，明明有教化天下之德，卻甘老林泉潔身自好；柳下惠則是春秋魯國大夫，身處汙穢之朝堂卻遊刃有餘建立功名。乍聽之下袁忠似乎沒出惡言，但實質是譏笑曹操沒有當隱士之德，一門心思往上爬。

曹操把牙咬得咯咯直響，但還是拿他沒辦法，只得垂頭喪氣出了大堂。又怕袁忠在文書裡說什麼壞話，連忙站在堂口展開細看。所幸袁忠這廝還算個君子，倒沒寫什麼毀謗之言。合上竹簡猛一抬頭，又見階下正站著個從事模樣的人正掩口而笑——正是桓邵！

桓邵見他出來，忙止住笑聲，陰陽怪氣道：「孟德兄請走好。」說完甩袖離開。此時此刻曹操心裡了然——怪不得剛才守門人進來通報後竟不禮待自己，原來都是桓邵這廝搞的鬼。

曹操惡狠狠瞪了一眼遠去桓邵的背影，今日所受羞辱實在是平生未有。他氣哼哼出了府衙，待上了馬，還是忍不住回頭嚷道：「君子報仇十年不晚，山不轉水轉，袁忠、桓邵二廝，咱們走著瞧！」說完甩下一臉驚愕的守門吏揚長而去！

中平五年（公元一八八年）春，曹操帶著卞氏、曹丕母子，當時還是丫鬟的環氏，第三次出仕。這一次等待他的職位，是開漢以來從未設立過的典軍校尉，這個官管什麼還無人知曉。而與之同行的，還有剛剛被舉為孝廉的曹純，該知道的不知道，他這個不該知道的卻已經知道自己要當什麼官了。老曹嵩兩句話，選部尚書就乖乖地將曹純內定為黃門侍郎了，這花錢買的太尉倒也不一般！

兵分三路

曹操來到洛陽，要過的第一關就是老爹。

自從他在濟南辭官，曹嵩先後三次傳書，命他入朝再做計議，那時他心灰意冷，一概回書拒絕。

兩人各執一詞沒有不爭吵的，剛開始父子筆下還互留分寸，到後來當爹的氣勢洶洶狠話用盡，當兒的信誓旦旦據理力爭。去年歲末曹嵩調億萬家資買得太尉，曹操更是押財貨至都亭而歸，離洛陽咫尺而不入。如今他灰頭土臉又回來做官，老曹嵩豈能輕饒了他？

太尉乃三公之首，掌管天下兵事功課。凡天子郊祭天地，太尉充當亞獻，國有政務可以隨意議論諍諫。所謂天下大事唯祀與戎，這兩樣太尉都握在手中，雖與司徒、司空並稱三公，可實際上其榮耀遠超二者。其治下史一人、掾屬二十四人，另有二十三個令史負責儀仗、筆錄、守門護衛之事。這樣冗大的機構，絕對不是等閒官員的休沐宅子可以容納的。曹嵩依照慣例，搬至南宮附近專設的太尉府居住理事，城東的宅子實際上只有幾個姬妾居住。

曹操瞭解父親的脾氣，自己絕不能貿然前往太尉府。於是車轉城東永福巷府邸，吩咐人不許下車、物不准搬出，自己和曹純恭恭敬敬立在大門口，等候太尉大人回家。

果不其然，曹嵩聞聽兒子來了，氣得連官服都沒脫，帶著身邊令史就殺了過來。

卞氏夫人是頭一遭入京，坐在車中不敢亂動，猛聽一陣喧譁，將車簾扒開一道縫觀看。只見永福巷中赫然行來一輛雙駕皂蓋安車，朱漆大輪，黑色兩幡，金製雕鹿的扶手，亮漆畫熊的橫木。車上端坐之人穿黑色錦繡的深服，頭戴青玉冕冠。披紫綬，掛玉環，下垂白色絲縧。腰中一把純黑的威儀佩刀，別著象牙笏板，掛有雙印——一枚是太尉，一枚是漢費亭侯。須臾之間車到跟前，卞氏也看得更清楚了，只見此人六十歲開外，瘦小枯乾，相貌可怖，四鬢刀裁相仿，三角眼瞪著，眉毛挑著，鼻子聳著，嘴撇著，滿頜的花白鬍鬚氣得都撅起來了……卞氏猜到是公爹，心知事情不好，忙衝環兒使眼色，把剛過百日的兒子抱到了懷中。

曹嵩摸到拐杖，怒沖沖下了車，衝著跪迎的兒子嚷道：「給我跪好了，不准起來！」

「兒子來遲，請老人家息怒。」曹操連忙叩頭。

「老人家？看來你還真不認得我是誰了。」曹嵩聽他連爹都不喊，越發有氣，「呸！你這不知好歹的東西！」

隨曹嵩來的令史、掾屬們都傻了：哪有太尉當街訓子的？可遇上這等事他們也不好說什麼。

曹純向前跪爬兩步：「小姪拜見……」說到這兒意識到不對，曹嵩穿朝服坐安車而來，這種情況下該呼曹公還是叫伯父呢？回頭看看曹操，猛然醒悟，他剛才那一聲「老人家」兩不為過！這是心思靈敏，可曹嵩誤會了。

雖然多年未見，曹嵩尚認得曹純：「子和起來，沒你的事。」

曹純起身，探身耳語道：「伯父，家醜不可外揚。」

「嗯？」曹嵩這才覺得失禮，尷尬地咳嗽兩聲，對兒子道：「先起來，進去再跟你算帳！你休想住在這裡！」說罷兀自拄著拐杖就往裡走。曹操咽了一口唾沫，爬起來就與兄弟跟了進去。卞氏見狀趕忙撩車簾，抱著兒子下馬車，也不聲不響地隨在了後面。

曹嵩畢竟也知道醜，怕隨行的人在外面聽見，便不入正堂轉到後花園，命樓異搬來一張胡床。他大馬金刀往上一坐，喊道：「跪跪跪！」

曹操往地下一跪，低頭道：「兒子不孝，叫爹爹生氣了。」

「哼！當了個濟南相你就敢不認爹了？辭官是多麼大的事情，說不幹你就不幹了！別人說幾句好話就撐得你難受了，閒著沒事兒招惹宦官做什麼？」

「兒實在出於無奈。」

「放屁！辭官也就罷了，我叫你來你為什麼不來？」

「兒是……」這話曹操實在無法答對，自己已經跪在這兒，還有什麼資格說自己想安心歸隱。

曹嵩冷笑一陣：「你真有出息，還知道自己姓什麼嗎？一會兒我把你寫的書信拿出來，當著面你給我念！你自己聽聽，有一句是人話嗎？我怎麼養出你這麼一個忤逆子呢？」

曹操心中也頗為不快，雖說自己措辭過激，但也是老爹辱罵在先。他當初給崔鈞出主意時精明得很，但事到臨頭卻不知該怎麼對付自己老爹，只耷拉著腦袋道：「孩兒知錯了。孩兒只是思量您說過叫我自己選船上，所以就斗膽行事……」

「我是說你自己挑船上，可我沒叫你下河！」曹嵩更火了，「我允許你辭官了嗎？費了多少心血將你提攜起來的，好不容易立下點軍功，你說不幹就不幹了！莫提對不起我、對不起祖宗，你對得起你自己嗎？」這話確實在理，曹操無言可對。

「今天我要是不打你，你也長不了記性！也不會把我這個當爹的放在眼裡！你聽好了，我打你五十鞭子叫你長長記性，然後給我滾出去，這府裡沒你住的地方，少給我礙眼！子和，給我拿鞭子來！」

曹純趕緊攔道：「伯父休要動怒，氣壞了身子不值得。饒了他這一遭吧！」

「我的事輪不到你管！快去拿鞭子，你不去嗎？」曹嵩咆哮道：「樓異呢？拿鞭子！」

樓異早藏到假山石後面去了，這父子倆，他哪個也得罪不起。來往的書信都是他傳遞的，兩頭都挨了不少訓。早料到今天會如此，弄不好曹嵩會叫他替行家法，到時候他打也不對、不打也不對，乾脆躲起來不露面了。曹嵩喊了半天不見樓異人影，便把拐杖舉了起來，劈頭就要砸。曹純趕緊攥住：「伯父，您看在小姪面上，繞了孟德這一遭吧！」

「撒手！再不撒手我連你一塊打！你給我滾回家，這官你也甭當了！」他這麼一說曹純還怎麼攔？卞氏在後面看得分明，忙打開懷中襁褓，用力往兒子屁股上一擰——「哇！哇！哇！」孩子可就哭上了。

卞氏故意大聲哄道：「兒呀！別哭啦！沒事沒事，是爺爺跟爹爹鬧著玩呢！」說著抱著孩子就往前湊。

曹嵩手裡的拐杖都快打到曹操了，一聽孩子哭大人哄，不由自主地停了下來：「是、是我孫兒嗎？快抱過來抱過來！」

卞氏緊走兩步把兒子往公爹懷裡一塞，自己後退兩步，施禮道：「媳婦卞氏給爹爹您見禮。」

曹嵩盼孫子都快盼瘋了，早把拐杖扔了，抱過孫子都沒顧上瞅兒媳婦一眼，拍著啼哭的曹丕道：「起來吧，起來吧……這孩子真胖乎，虎頭虎腦的。將來一定長得結實，叫爺爺親一口。」說著話便撅起鬍子在孩子臉上蹭了一下，才問道：「這就是丕兒吧？」

「是。」卞氏起身攙公爹坐下。

曹嵩緩了口氣，這才上下打量著卞氏。公公不能擠對兒媳婦，明知她是歌姬出身，又是搶來的，也不好明言，只道：「妳就是我兒在頓丘所納之妻吧？」

「是。」卞氏又施一禮，「孩兒自隨孟德，時刻期盼公公相見。孩兒知您老人家乃一代幹國的忠良，年事已高，為國操勞，而孩兒始終未得機會來京伺候您老人家。媳婦不賢，有罪有罪。」

這爺倆一樣的吃軟不吃硬，聞聽兒媳幾句好話，曹嵩如吃了蜜蜂屎一般甜，笑道：「不怪妳！不怪妳！都是我那兒子不成器！」說罷又白了曹操一眼。

「爹啊！天還是太涼，依孩兒之見，還是把丕兒抱進屋裡的好。」卞氏試探道。

「對！對！對！」曹嵩忙把襁褓還給卞氏。

卞氏抱過來看了一眼，蹙眉道：「喲，爹爹，丕兒好像尿了。」

「哈哈哈……」曹嵩仰面大笑，「那就給他換洗吧。」

卞氏回頭高叫：「環兒，快到車上翻一翻箱子，看丕兒的尿布在哪裡放著，東西太多太亂，仔細找一找。」

「哼！你們夫妻真不會辦事。」曹嵩面露不悅，「到了家還不把東西搬進來，連塊尿布都找不到。這話還用我說？還不快叫人把東西都抬進來。樓異呢？還不幫忙搬東西？」

「在！我這就帶人去搬。」樓異笑著從假山石後面竄出來，暗歎卞氏夫人的手腕，幾句話就把老頭繞迷糊了。只要東西一搬進府，滿天雲霧散，這就算是住進來了！

卞氏趁這個空子趕忙對公爹道：「爹，您兒子是什麼人，您老心裡最清楚。他有他的孝心，只不過有時說話辦事偏激些。就比方說押錢進京這檔子事兒，如今天下不太平，孟德怕有閃失，親自帶人護送了幾天幾夜。雖說到了都亭又回去了，但畢竟他沒少受累。孔夫子尚曰『色難』，您說是不是這個理兒？」

「賢德的媳婦呀……」曹嵩嘖嘖連連，又瞅了瞅跪著的兒子，歎口氣道：「下不為例！你也三十多歲的人了，當著媳婦的面跪著好看嗎？還不快起來！」

「謝爹爹原諒。」曹操磕頭起身，這一關總算是過去啦！

曹操夫婦收拾東西衣物，各安其位，又為曹純也安置了住處，忙了一個多時辰才算妥當。曹嵩更去朝服，換了便衣，打發走安車、令史。父子叔姪三人這才落坐討論正事。

曹操第一件事就是問這典軍校尉是個什麼官。

曹嵩解釋道：「昔日黃巾事起、西北羌亂，五營七署之兵捉襟見肘。皇上便下令凡河南臨時徵用之兵不准散去，給予軍餉聽用，皆歸大將軍何進、車騎將軍何苗兩兄弟統轄。這些年來平滅各處叛亂，靠的就是這支隊伍。雖然何氏兄弟不睦，但畢竟是一家人，現今遍地刀兵，何進、何苗兵權在握，聲名鵲起，皇上心裡也很不放心。」

「其實大可不必，何進其人如何，爹爹豈會不知？」曹操笑道。

「何進雖庸庸碌碌，但現有黨人撐腰、名士入府。我朝有竇憲、鄧騭、閻顯、梁冀之事，皇上自己又是從竇武那時候過來的，豈能不防備外戚死灰復燃？」曹嵩捋著鬍鬚，「所以現在要重新設官統制這些兵馬，而且要將這些兵與黃門蹇碩在西園的護衛騎合併在一處，設立八個校尉，化解何家的兵權。你這個典軍校尉就是其中之一。」

曹操猶豫了片刻，還是問道：「兒此次徵調可是父親所為？」

「與我絲毫無干。」曹嵩似乎有些不滿，「我如今是太尉了，哪兒有一上來先給自己兒子謀兵權的道理？讓人抓了短可怎麼辦？此事斷自聖心，或許還有何家的一點兒功勞。但說到底，還是你當年戡亂有功，朝廷覺得你是個有用之人。」

果然是何進的力量，曹操已然明白八九分了，道：「若是在這些兵裡面摻入西園騎，那我們這八個營此後豈不是要歸皇上親自統領了？」

「不錯。皇上的本意是要在這些兵力中加入西園的心腹，以後叫你們與何進不相關聯，一心一意只聽他的調遣。可惜……」

「可惜什麼？」曹操問。

「明天一早你去拜見大將軍何進，到他府裡一看，你就全明白了。」曹嵩扔下這句話，回頭再看姪子，「子和，你知道你要當的這個黃門侍郎是管什麼的嗎？」

曹純見他們爺倆議論官場瑣聞，甚感不快，早已經心不在焉。聽伯父突然問話，有些措手不及：

「嗯？啊……黃門侍郎是在朝會時引王就坐的，說白了不過是個領座的小官。伯父啊，我朝這個黃門侍郎閹人當的多，士人當的少，您怎會特意給我謀這個職位呢？還不如放我出去任個縣令呢！」

「哼！小小年紀懂得什麼？」曹嵩冷笑一聲，「兵荒馬亂的，出去當縣令，死都不知道怎麼死的！」

「我哥哥和曹洪不都是縣令嗎？」

曹嵩瞪了他一眼：「他們當了多少年官了？手底下有心腹，跟地頭蛇們也都混熟了。你初生牛犢也敢去？萬一有人造反，你這性命就斷送了，那我對得起你死去的爹嗎？」

「伯父教訓的是。」曹純不敢頂嘴了。

「我讓你當黃門侍郎是有用意的。」曹嵩起身踱著步子，「這黃門侍郎最大的好處就是能交通中外，既在皇上身邊，宮門又可以隨時進出。你放心，我與張讓、趙忠他們都是久打交道的了，他們絕不會為難你。但是你要做到一點！」他手據桌案直勾勾看著曹純，「但凡皇上身邊有何風吹草動，速速出宮告訴我，特別是有關我們父子的事情，還有何進的事情，更要隨時留心及時相告。」

曹純嚇了一跳：「那不是……洩密嗎？」

曹操怕父親為難他，插嘴道：「子和，我爹怎麼說，你就暫且怎麼做，不要考慮太多。」

「哦，知道了。」曹純怏怏答道。

曹嵩息了怒氣，感歎道：「昔日我與你爹爹還有你四叔共列朝堂，你爹爹曹熾當著北軍長水校尉，你四叔曹鼎官居尚書，我有大司農九卿之位。我們三人齊心合力，那幾年咱們曹家多興旺啊！可如今他們都已作古，只剩我這把老骨頭，殫精竭慮如履薄冰，又費盡家財才混到今天的太尉。你要明白伯父我的一片苦心。」

曹純自小隨曹德讀書，學的都是禮儀道德忠君仁義，對官場的蠅營狗苟頗為痛恨。但面對給自己謀來官職的伯父還能抱怨什麼呢？於是拱手道：「伯父，孩兒一定不負您老的栽培。」

「好！」曹嵩按住兒子、姪子的肩膀，「從今往後，我任太尉參理朝政，孟德你身在行伍並輔佐何進，子和交通中外洞察聖顏、監視宦官。咱們重拾當年我們老哥仨的辦法，兵分三路，各負其責。一定要讓咱們曹家繼續興旺，咱再謀下一代的前程！」

曹純諾諾連聲，曹操卻心有所思：爹爹讓我對何進要「輔佐」，讓子和對宦官要「監視」，難道他老人家不聲不響已經換了船？看來東風轉西，如今的朝局已經天翻地覆了！

群賢畢至

一切疑問，在曹操拜謁大將軍何進的時候，全部有了答案。

因為身分未明，曹操沒敢坐車，僅是騎馬而行。到地方下馬，還未進大將軍奢華的幕府，恰見鮑韜、鮑忠低頭走了出來。三人見面先是一愣，鮑家兄弟隨即大喜：「哎呀！孟德兄你來啦！快進來！快進來！」他倆拉著曹操往裡走，守門的兵丁似乎已經習慣這種情況了，連問都不問，名刺都沒有索要。

曹操如墜霧裡雲中，被他倆拉拉扯扯讓進去，還未站穩就聽鮑韜扯著脖子喊上了：「曹孟德來啦！曹孟德來啦！」

幕府之中豈能如此無禮聲張？曹操還未明白，就見呼呼啦啦從四下裡擠出數不清的官員士人，大家像見了親人一般簇擁到他身邊。崔鈞第一個竄過來拉住他的手：「我說他一定會來的吧！他當不了隱士的！大將軍當年贈馬，這絕不是外人！」

曹操明白自己的斤兩，雖然小有名氣可不至於驚動這麼多人，此中必有隱情。眾人紛紛大笑時，只見大將軍何進雄赳赳迎面而來，身邊還帶著四個親信。曹操見狀，趕忙跪倒施禮：「下官拜見大將軍。」

何進這一次終於沒有口誤，沒叫「大兄弟」也沒趨身來抱，而是探手道：「孟德老弟請起，你我無需多禮。」曹操心中暗笑：看來被諸賢士耳濡目染，他也懂得些禮數了。

崔鈞指著何進身邊的四個親隨道：「孟德，我為你引薦。這位兄長是大將軍司馬許涼……這位是假司馬[1]伍宕……這兩位也是大將軍的部曲，吳匡、張璋。」曹操聽他介紹，與四人一一見禮，寒暄了幾句，見這四人相貌粗陋言語豪爽，料是何進在屢次平亂中提拔起來的軍官。

剛引薦完這四個人，何進便拉住他的手：「孟德，我可把你盼來了！走，我帶你見朋友去。」說完拉著他的手便往側院走。

穿二門來到一處廳堂，何進與他攜手攬腕而入。

廳裡的人似乎在議論什麼事情，說得甚是融洽，見大將軍帶人來了，趕忙都站起來作揖見禮。何進指著首座一位四十歲左右的人道：「這位是袁本初引薦，我特意登門造訪，請來的長史官。」曹操聽說過，何進的長史乃是山陽名士王謙，其祖父王龔當過太尉，父親王暢任過司徒，公侯世家趨身輔佐何進一個屠夫，天下名士哪個還敢自大？

「操久聞王兄大名，今日得見頗感幸會。」

王謙還禮，笑容可掬。何進不等曹操多說，又親自把滿屋落坐之人紛紛引薦，除了黨錮解禁之人就是清流名士，皆名聲遐邇。什麼荀攸荀公達、華歆華子魚、鄭泰鄭公業、劉表劉景升、周毖周仲遠、伍孚伍德瑜、陳琳陳孔璋、田豐田元皓、逢紀逢元圖、蒯越蒯異度、孔伷孔公緒、袁遺袁伯業、胡母班胡母季皮、王匡王公節、桓典桓公雅、孔融孔文舉……可謂群賢畢至，少長雲集，數都數不過來。曹操一個揖接一個揖，搞得腰疼脖痛頭昏腦脹，這會兒已經顧不上失禮不失禮了。

眾人皆是有說有笑畢恭畢敬，突然有一人高聲嚷道：「此人世代諂媚，其父以賄得公。爾等逢迎此宦豎遺醜，好不可笑！」

曹操頓感臉上似叫人搧了一巴掌，諸人也紛紛怒目而尋。只見門口立定一人，正是邊讓。曹操冷笑一聲，便不怪了：陳留邊讓也與桓邵、袁忠相厚，這三個人都鐵了心跟他曹某人作對的。前番袁忠說了一大堆閒話，今天又遇見這傢伙了。

這樣的事情見多了，曹操便有經驗了，不與他爭辯什麼，只是拱手應對道：「文禮兄也在啊！操失禮了。」一揖作罷又道：「曹某有一事不明要在文禮兄面前請教。大將軍徵您為掾，是囑咐您招賢納士善待同僚，還是叫您大放厥詞羞辱諸位高士的？」

他這樣一講等於把在場之人全拉到自己一邊，何進第一個臉上不好看，支支吾吾道：「文禮，你、你……失禮了吧？」

聽到何進這一說，大家自然附和：「是啊是啊，文禮過來道歉！」

邊讓冷笑一陣：「不與你等俗人理論，」轉過身去只與孔融閒話，弄得諸人無不尷尬。曹操的

---

① 漢官名凡加「假」者，均副貳之意。假司馬即司馬的副職。

好心情全讓他攪了，眼瞅著臉上掛霜，從外面又擠進一個人來：「孟德你可來了，我再介紹個好朋友與你認識。」說話之人正是何顒何伯求。

見到何顒，曹操自得恭恭敬敬，何顒指著身邊一個憨態可掬的中年人，為曹操介紹道：「這位就是東平張孟卓。」隨即又笑指曹操，對張孟卓道：「他就是沛國曹孟德。你們倆多次相救愚兄於危難，要多親多近吶！」

關於張邈張孟卓的聲名，曹操耳朵裡早灌滿了，似乎每個逃亡的黨人都得過他的資助，忙拱手道：「孟卓兄不避淫威仗義疏財，小弟好生敬慕。」張邈更客氣，執手道：「不敢。孟德機智果敢，為國殺敵立功，愚兄誠不敢相比。你我雖未見過面，托伯求兄之福，卻互知名姓互聞事跡，可謂神交多年啊！」他這兩句話頗為詼諧，把大家全說樂了，一掃剛才邊讓惹出的晦氣。

大家你一言我一語還要寒暄，崔鈞卻插嘴道：「大家有話回頭再說，先請孟德到正堂落坐吧！他這一來，總算是湊齊了。」

什麼湊齊了？曹操還未來得及問，又被大家眾星拱月般將他領出去，引向幕府正堂。只見袁術、陳溫、鮑信、劉岱等一干故人皆在堂中，最顯眼的在堂中央橫列著七張坐榻，六個已經有人了，其中多有熟識之輩，唯右邊數第三張尚空。

崔鈞一把將曹操按在那空榻上，笑道：「好啦！這次人算是都湊齊了。」袁紹袁本初正坐在首位，拱手道：「孟德，愚兄後來居上，晚入仕途反在你前，你可切莫見怪。我當了中軍校尉。」

坐在第二張榻上的鮑鴻也笑道：「我緊隨本初之後。你辭官了，可我出任扶風長與西涼草寇著實打了幾仗，現在也在你之先，是下軍校尉。怎麼樣？服不服我這個執戟郎？」

曹操點頭揶揄，看來自己這個典軍校尉排在他二人之後。再往左看，排第四的是年長的夏牟，雖是諫議大夫早年出身軍功，如今他要拜為左校尉；第五個人不認識，經人引薦才知是複姓淳于，單字名瓊，字仲簡，也立過軍功，是為右校尉；第六個乃是公侯世家，在黃巾之亂時拱衛何進的趙融，官封助軍左校尉；最後一人是昔日大權閹曹節的女婿馮芳，他將擔任助軍右校尉。

所謂西園八校尉，何進府中有其七，曹操忙問：「那為首的上軍校尉又是何人？」袁術一旁接茬道：「當然是咱們大將軍嘍！」

「不敢不敢，」何進擺擺手坐於正座之上，「皇上還沒有決定讓誰擔任上軍校尉呢！」

袁術笑道：「必定是您啦！」

曹操一皺眉，思忖道：「大將軍總統天下之兵，位列公上，不適合兼任校尉這等職位吧？」

袁術卻道：「誰說不行了？這西園八個校尉以前也不曾有，如今不也設了嗎？再說大將軍領校尉先朝就有過，王商任大將軍時領城門校尉，這你應該知道呀！你要是不願意當你那個官，我還惦記著呢！」

曹操自然知道王商，但那是王莽家的人，後來連大漢朝都篡奪了，這個例子怎好說出口。他聽袁術一語點破，不禁胸口猛跳。可何進卻是不懂這麼多，憨憨笑道：「公路莫急，西園校尉沒有你。我已經讓陳孔璋替我修表，保奏你當虎賁中郎將了，領個七署的將也不錯。」

「謝大將軍栽培！」袁術倒是嘴甜。

何進笑道：「唉……我哪兒懂這麼多，這些全是本初教我的。本初出主意我就儘量照辦。反正兄弟們能在一處共事，熱熱鬧鬧的，我心裡就高興。」曹操暗笑這人還是沒長進，但卻不禁以欣羡的目光瞅了一眼袁紹，只見他兀自矜持，嘴角忍不住上翹了一些，慨然道：「大將軍，袁某不是為您個人謀劃，而是希望大將軍振作朝綱安定天下。上報皇上之恩，下解黎民之苦。」眾人聞此言無不對袁紹大加讚歎。

曹操心裡有些酸溜溜的，總覺得袁紹連仗都沒打過，這裡哪一個人都有資格排在他前面。唉！畢竟他家是四世三公，又坐抬身價這麼多年，不服氣又有什麼用呢？正胡思亂想間，鮑信突然在他耳邊道：「孟德，我看袁本初這幾日有些喧賓奪主了。」

曹操趕忙示意他壓聲，免得教袁紹聽到。

白波起兵

由於何進殷勤相留，諸人用過午飯才離開大將軍府。

曹操感慨良多，又尋思太尉府就在旁邊，正好去看看爹爹忙什麼，便拉著大宛馬過了兩條街，徑直來至太尉府。

曹操遞過名刺，守門令史一看是太尉的兒子來了，忙把名刺還回，滿臉帶笑將他讓了進去。太尉府在三公府中是最大的，曹操對此卻不甚熟悉，只在十多年前橋玄為此職的時候來過兩次，此後所任不是曹家的死對頭，就是皇上所點的不堪之人，他便再無機會進來了。

也是曹操用了兩盞酒，氣魄放開，便蠻不在乎地往各處掾屬房逛了逛。逐個瞧過來不禁大失所望，現在的太尉府哪裡還有點兒生氣？當初楊賜為公辟用劉陶、橋玄為公辟蔡邕、鄧盛為公辟王允，不知道多少名臣是從這一個個掾屬房裡走出來的。

可到了自己老爹當太尉，用的都是些年邁老吏，有的連牙都沒了，大中午熬不住，皆趴在几案上打盹，這些人雖然不是什麼壞人，但庸庸碌碌疏少才幹。年輕的倒也有幾個，卻還不如老的，都是鴻都門出身的宵小，曹操還瞅見皇上親手提拔的台崇、馮碩兩個佞臣也在，心中頓時生起一陣惱怒。

待都轉完了，來至台閣之前，兩個直閣令史已知他的身分，諂笑把他讓至閣內。曹操進去一看，裡面冷冷清清，只有父親一人端坐在案前寫字，几案上的公文全都堆滿了，還有一盤點心。正月天涼就點了兩個炭盆。可是偌大的屋子裡，兩處火根本就暖和不起來，反弄得有一股刺鼻的炭氣。眼見如此景象，曹操反而對身為三公的父親起了憐憫之心。

曹嵩見他來了，把筆一放道：「哼！現在的直閣真是越來越沒骨頭。當初王龔為太尉，他兒子王暢要進去說句話，生生就被攔了。如今可倒好，你要進來不但不攔，還笑臉相迎。」

「那您就把他們全開銷了，別叫這幫諂媚人在這裡起鬨。」

曹嵩沒搭理這茬，卻道：「你小子又喝酒了吧？坐下暖和緩和吧！」曹操自己尋了一張杌凳，端到炭盆前坐下烤著手。曹嵩見他無語，抬眼皮道：「怎麼樣？去了一趟幕府，有何感想啊？」

「比您這裡強多了。」

「嘿嘿嘿……」曹嵩點了點頭，「你小子倒是實話實說。」

曹操也笑道：「大將軍府嘛，那句話怎麼說來著……權傾朝野！我看就差管著尚書了。」

曹嵩收住笑容：「唉……西園校尉你遇見幾個？」

「全遇見了。」

「全遇見了？」曹嵩一挑眉毛，「上軍校尉不是還沒有確定嗎？」

「八成就是何進。」

「胡說八道。你們這些年輕人，最大的毛病就是瞎揣摩，而且什麼話都敢往外說。真拿當今萬歲當傻子了？我告訴你，他之所以到現在都不宣布上軍校尉，必然有他自己的打算。」曹嵩說到這兒突然意識到了什麼，眼神炯炯，「說不定他的打算很可怕。阿瞞，要小心啊！」

「這事兒現在已經夠可怕的了，即便他能找出一個不跟何進相近的人，算上我，現在幕府裡可已經坐過七個人了。他是想限制何進的兵權，可是眼瞅著大家還是跑到他那邊去了。而且就那麼公然聚會，全不考慮影響，在那兒待了一個多時辰，聽他們說話我都心驚肉跳的。」

「把心放肚子裡，」曹嵩又拿起筆來，「法雖嚴不可以責眾。況且不用你們這七個人，還能用誰？平亂的部隊總不能用宦官吧？那群東西打不了仗，要挑還是得選能打仗的。可是只要是能打仗的，全是這些年何進麾下的，所以換了你們七個也解決不了問題，只會越換越麻煩。」

「嗯，有理。」曹操看案前有一盤點心，便取了一塊放到嘴裡，「呵！這羊羹做得真香……爹，我看這七個人本不是一條船的，夏牟那是老一輩人物了，馮芳是曹節女婿，可如今一進幕府照樣都甘拜下風。那馮芳跟袁術好得緊，就差倆人穿一條褲子了。」

「癥結就在此。」曹嵩剛寫了兩個字，聽到這話便沒心思再寫，站起身來道：「馮芳跟咱家的情況不是很相仿嗎？咱這等宦官子弟尚且如此，何進之勢還有誰可以阻擋呢？」

「我看何進不過是袁紹的一個幌子。」

「唔？你什麼意思？」

「這些名士入幕府，十有八九都是衝著袁本初、何伯求去的，幫著何進是假，有意對抗當今天子並剷除宦官才是真。」

「想除十常侍這誰都看得出來，可是袁家的事情我還未發覺，看來必定是袁隗這個老狐狸又在背後做文章了。」

「袁公的主意？我看不像，倒像是袁本初自邀功名。」

「你也忒信他的鬼話了。咱家人各有分工，他們老袁家還不是一樣？袁隗這是在另找門路，要棄當今萬歲於不顧了。」曹嵩感歎道：「天底下小人不可惡，可惡的是偽君子。咱爺倆關上門說話，這袁家就是地地道道的偽君子。」

曹操心想：「人家是偽君子，那您不就是真小人了嗎？」嘴上卻絕不敢這麼說，只是揶揄道：「或許吧。」

「何進是個蠢人，讓人家當刀使了都不知道。如今他鋒芒太露，甚至蓋過皇上了。」

「十常侍沒給皇上出什麼主意？」

「他們完嘍！」曹嵩搖著頭，「十常侍現在只顧著保命了，我聽說最近他們一邊巴結董太后，一邊巴結何后。兩邊都不敢得罪，忙得不亦樂乎。」

「關太后什麼事？」

「太后不喜歡何家，希望將來能立小皇子劉協為太子。兩個月前群臣爭國本，要求立史侯為太子，皇上也沒答應。何家董家暗中較勁，最可憐的是那位二國舅何苗，處心積慮依附張讓，到現在裡外不得好。何進恨他，董家也恨他，十常侍都不搭理他了，活該他倒霉！不長眼睛……」

「他不長眼睛？」曹操又吃了一塊點心，「咱家那個叛奴秦宜祿豈不更是睜眼瞎？」

曹嵩「噗哧」一笑，說道：「他腸子都悔青了，你吃的點心，就是他孝敬我的。」曹操差點噎住，丟下吃著一半的羊羹：「咳！咳！他怎麼又來了？」

「想巴結我，讓他回來唄！前些天那小子嚇壞了，發現了幾封祕信，是車騎將軍府的長史應劭、司馬樂隱寫給王謙的。這倆人明著是何苗的人，實際上卻是王謙特意打發過去監視何苗的。秦宜祿不敢得罪二人，又怕將來何苗倒霉受牽連，於是想回咱家。呸！好馬不吃回頭草，我豈能再要他！」

「王謙好心機呀！」

曹嵩搖搖頭道：「若按你剛才所言，我看是袁隗好心機。這隻老狐狸差出袁紹，袁紹再找一個王謙，王謙又拉出樂隱、應劭。照這條線你把今天所見之人都捋一捋，看是不是所有人都能捋到那老狐狸頭上？」

曹操閉目沉思：「黨人一干人等可以捋到何顒，而何顒再往上就是袁家；北軍諸人捋到鮑家兄弟，而鮑家兄弟往上又是袁家；清流名士捋到王謙，王謙往上也是袁家；自己是由崔鈞所薦，崔鈞又是袁紹找來的。」此刻他猛然醒悟，忙道：「爹爹所言絲毫不假！幕後之人果然是袁隗。」

「我說他們是偽君子，一點兒都不假吧？以後你對袁紹兄弟也要有所防備。」

「嗯。」曹操雖然答應，但並不覺得袁家有什麼私心，無非就是想剷除宦官罷了。他趕緊轉移話題道：「爹，您在忙什麼？」

「咳！我有什麼可忙的。三公不錄尚書事，上朝如同是擺設！我不過是花錢買個臉面罷了。天天抄抄筆錄，沒事尋點兒事做。你看看這闔府的掾屬，他們是辦大事的人嗎？」

「我看了，碌碌之輩，一半都是老棺材瓤子。還有幾個鴻都門出身的，怎麼台崇、馮碩那等小人您也用呢？」

「沒辦法，御虱誰敢搔？你說這幫人無用，但是換人能換誰呢？有才能有名望的現在全在何進那裡了。太尉府自鄧盛罷職之後就沒落了，張溫、張延、崔烈都沒換過人，我不過是蕭規曹隨，硬把這幫人接過來了，好賴也就這樣吧！實話實說，我這裡還算是好的，你到丁宮、許相那裡去看看，司徒府、司空府都還不如我這裡呢！」曹嵩無可奈何，「當太尉就一點好處，有什麼軍報可以率先知道。」

「那最近有什麼事兒嗎？」

「事情多了。」曹嵩翻著那一大摞軍報，「漁陽張純、張舉勾結烏丸人作亂，攻城略地，殺了右北平太守劉政、遼陽太守楊終、護烏丸校尉公綦稠。如今朝廷急調劉虞為幽州刺史，前些天還封了一個騎都尉叫公孫瓚的。」

「現在騎都尉滿天飛，一點兒都不值錢了——還有什麼？」曹操對打仗還是很關心的。

「冀州刺史王芬謀逆……」

曹操嚇了一跳：「怎麼樣？」

「你嚷什麼呀！」曹嵩臉色一沉，「王芬以征討黑山為名徵兵，打算借當今萬歲北巡舊宅的時候作亂，當即扣留另立合肥侯。如今萬歲又不去了，他的陰謀就敗露了。大將軍別部司馬趙瑾兵臨冀州，王芬、周旌自殺，合肥侯賜鴆酒而死。」

「然後呢？」

「然後什麼？王芬都死了還有什麼然後。」

曹操長出一口氣，雖然周旌死了，看來許攸還是逃過一劫。怕父親生疑，曹操又趕緊問道：「還有嗎？我剛剛到京，想多知道點兒。」

曹嵩又翻了翻竹簡道：「哦，零陵出了個叫觀鵠的土匪，自稱『平天將軍』，已經被長沙太守孫堅剿滅了。」

「孫文台都當上長沙太守了？」曹操頗感意外。

「你認識他？」

「在宛城一塊打過仗，當時他還只是個捕盜都尉，這會兒怎麼升得如此之快？」

「打仗唄！跟著張溫、董卓在涼州打了幾仗，回來又平區星、平周朝、平郭石，這年頭光打仗，能升得不快嗎？還有……休屠格部落的雜胡也跟著作亂，殺了西河太守邢紀。你看看，郡將都死了多少個了，子和還想出去當縣令呢！這不是找倒霉嗎？」

「爹爹，我得給您提個醒。」曹操把最後一塊點心咽下去，「你可得把老崔烈的事情引以為戒，叛亂太多，太尉是要免職的。咱花了一億錢，可不能扔到水裡。你看這休屠格胡人打到西河，就已經鬧到并州了，這可就離司隸不遠了。萬一在三輔、三河出了亂子，鬧到天子腳下，您這個太尉可就不保了。」

「這我知道，但用兵的事情我又做不了主，聽天由命吧！崔烈才花五百萬，所以只當了七個月。咱可花了一億，論情論理也不會輕易趕我下台吧？」曹嵩嘿嘿笑道。

突然，大門一開，一個令史慌慌張張跑了進來：「啟稟曹公，大事不好！在并州白波谷有黃巾餘黨造反，賊人抄掠州郡，現已由西河攻入河東地界。百姓深受其害，請曹公速速請旨定奪。」

怕什麼來什麼，真有叛亂鬧到天子腳下了！

曹操忙回頭瞧瞧父親，只見他面若死灰，但還是寬慰兒子道：「沒關係，為父花了一億了……應該沒問題吧？」

聽得出來，曹嵩說這話時底氣可不怎麼足。

第十二章
身陷兵權爭奪戰

曹嵩罷相

曹嵩的一生可謂波瀾不興。因為是大宦官曹騰的養子，所以仕途平坦一路平安。十年前因宋后被廢一事遇到些挫折，但是他本人卻沒有什麼損失，反而因禍得福，以被害者的身分躲過了劉宏對王甫的清算。

他自出仕以來一直是京官，奢華享受自不必提，大錢小錢也撈了不少。後來擔任司隸校尉，又染指九卿中的大司農、大鴻臚多年，雖說諂侍宦官又沒什麼大的建樹，但沒人能否認，他的資歷還是很老的，甚至不亞於張溫、崔烈等名臣。更何況他還有漢費亭侯的爵位在身，雖然這僅僅是一個沒有繼承封邑的空銜，但也可以算是一種榮耀。所以朝中不少人對他的感覺僅僅是鄙視或不理解，卻不是痛恨。

小人物仰慕的大人物，大人物瞧不起的小人物，這是大多數同僚對他的感覺。所以曹嵩的追求就是能問鼎三公，讓那些鄙視他的人重視他的存在，更重要的是給後代兒孫留一個光鮮的身分。

他花一億錢買得太尉，可這並未改變什麼。

只是原先仰慕他的人更加仰慕他了，而原先鄙視他的人也更鄙視他了。不論怎樣，太尉這個光輝的頭銜終於落到了他頭上，這也是開漢以來宦官子弟中當得最大的官。

不過，曹嵩的好運氣在他買得太尉一職的時候，也到頭了。

中平五年（公元一八八年）正月，休屠格部落雜胡抄掠并州，殺死西河太守邢紀。緊接著黃巾起義的餘黨在并州的西河郡白波谷再次集結，短短幾天之間就攻入了太原、河東境內。漢司隸有七郡：京兆、馮翊、扶風三郡以舊都長安為中心，是為三輔；河南、河內、河東三郡以新都洛陽為核心，是為三河；再加上連接其間的弘農郡，是為司隸七郡。所以義軍打到河東，就等於打到天子腳下了。

按照漢家舊制，如果有叛軍侵入司隸之地，太尉需以失職之過罷免。但是畢竟曹嵩花了一億錢買官，如此草草免職不但不合情理，後面的人見此狀必定也不肯出錢了。所以劉宏與十常侍商議一番，決定駁回諸多朝臣的奏議，讓曹嵩繼續擔任太尉。

但是晦氣之事並沒有停止。由於漁陽張純、張舉勾結烏丸叛亂，朝廷鞭長莫及，幽州刺史劉虞為了控制局面，建議請匈奴出兵相助，劉宏照辦。可近年來匈奴一直處於內亂，部落諸王強烈反對出兵，匈奴大單于羌渠一意孤行，結果激起內亂，羌渠不但救不了幽州之亂，而且自己不得不向漢廷求救。更糟糕的是，白波起義侵擾河東，阻塞了北上道路，朝廷根本無法救援。最終羌渠被殺，匈奴叛軍反與并州叛變的休屠格雜胡，以及白波軍三路反賊兵和一處，并州的局勢越來越麻煩。他們甚至殺死了并州刺史張懿，逼得新任匈奴單于於夫羅逃到洛陽，向朝廷求兵收復失地。

面對這麼嚴重的危機，劉宏改任丁原為并州刺史，協同前將軍董卓鎮壓叛軍；另一方面，為了化解白波黃巾與黑山黃巾的聯繫，又派使者拜黑山軍首領楊鳳為黑山校尉。雖然這一次仍舊沒有罷免曹嵩，但根據曹純出宮的匯報，皇上已經開始對身邊宦官抱怨他了。曹嵩意識到，自己這個太尉岌岌可危，所謂事不過三，若是再出什麼亂子，自己的位置就保不住了。

曹操可沒有那麼多的時間去考慮老爹的麻煩，他的全部心思都花在治理軍隊上了。何進的這幾支部隊，最大的問題是良莠不齊。漢家的五軍七署都是公卿家族子弟，令行禁止軍容整齊；可這一支軍隊實在是亂，上到官員子弟，下到平頭百姓，甚至還有大赦出來的囚犯、聚攏投誠的匪人，最慘的是什麼地方的人都有，兵士傳令有時候要用好幾種口音。這也難怪，天下遍地造反，而這些人都是連年平亂的精銳。何進又不懂治軍，部隊原先一直是交給吳匡、張璋那等粗鄙之人統轄，越發縱容得這些兵沒有規矩。於是袁紹、鮑鴻、曹操等七人上任後的第一件事，就是規別籍貫，重新調整建制。

每天早晨七校尉在都亭操練人馬，過午以後往大將軍府匯報。說是匯報，何進卻什麼事情都搞不懂，七個校尉實際上是互相之間討論心得。兩個月過來，曹操似乎產生了一種錯覺，彷彿自己當的不是朝廷的官，更像是掌握著一支屬於士人自己的武裝。而這種自由感背後還藏著變數，那就是原本承諾加入的西園御騎至今沒有加入，八校尉中最重要的上軍校尉還在空缺之中！

這是曹操出仕以來最為繁忙的一段日子，每天忙完所有事情回到府中都已經天黑。而通常回家後的第一件事，就是跑到卞氏那裡看看熟睡的兒子。

這一日他正輕輕捏著兒子的小手，卞氏道：「下午公爹回來了，一直不讓我過去伺候。」

「哦？」曹操有點意外，自匈奴叛亂起，父親幾乎沒有回過家，始終在太尉府裡憂國憂民。當然，他也是怕太尉當不長久，想儘量在那個府中多擺幾天架子。

「天還不算太晚，你去看看老爺子吧！」卞氏邊拍著兒子睡覺邊對他說。

曹操在她額角親了一下，披好衣服往那邊院裡去。哪知父親不在臥房，便信步來到前面的廳堂，果不其然，裡面的燈還亮著。曹操對這種場景已經見怪不怪了，他小時候經常半夜偷著跑出來玩，而每一次經過父親的書房，燈火總是亮著的，那時他官居司隸校尉，每天處理著各種政務。後來事情變得本末舛逆，父親還是忙到很晚，不過忙的都是巴結宦官排擠異己。今夕何夕，他又在忙些什麼呢？

曹操悄悄走到廳堂門口，想要推門進去，卻聽裡面傳出另一人的聲音：「巨高兄，你這又是何必呢？你也一把年紀了，操這等不必要的心幹什麼呢？」

曹操聽得出來，這是永樂少府樊陵，官場諢號喚作「笑面虎」，也算是父親的好朋友了。難怪他今晚要回來，原來與樊陵有機密的事情要談。聽賊話曹操可不是一次兩次了，從小到大他最愛聽人背後閒言，彷彿只有這種消息來源才是最可靠的。

「唉……我一輩子都是為自己，幾時真的為朝廷出過力？可這幾個月我十分留心并州的戰報。我看董卓這傢伙是個狼崽子，不能讓他繼續在并州戡亂，他把胡人都招收到自己手下啦！」

曹操在門外一愣，父親在戰報中看出毛病了嗎？

「你說他想謀反，有什麼證據嗎？」樊陵問道。

「是不是想造反我不敢說，但至少是擁兵自重，招攬胡人自樹權威！朝廷才給他多少人馬？他現在有多少？除了湟中義從就是西羌雜胡，要他帶著這些匪類去平匪類，豈會有什麼好結果？日子長了尾大不掉啊！」

樊陵沉默了半天，最後歎了口氣道：「巨高兄，我知道你想立點兒功勞保住你的位置。誰都能理解，可是……咱們都老了，該放手時自然要放手嘍！」

「你什麼意思？」

「我還能有什麼意思？」樊陵一直笑呵呵的，「大單于死了，皇上都沒說你什麼，你老也應該知趣一點兒才是。」

「我知趣一點兒？」曹嵩的聲音很詫異，「老樊，你怎麼對我說這種話？」

「人情事理在這兒擺著呢！」樊陵提高了嗓門，「你雖然花了一億錢，但凡事也得有個限度，你不能指望這一億錢保著你當一輩子太尉啊！反正該抖的威風你也抖過了，該來說好話的人也說了，不管人家服不服你，見了面也得向你行大禮。這就可以了吧！」

不知父親是在思考還是被樊陵氣懵了，曹操半天沒聽到他回話。

「其實這太尉有什麼好的？說是三公之首，不錄尚書事，屁用也沒有。」樊陵還在兀自叨念，「別說是你老兄了，張溫、張延、崔烈又如何？該離開照樣得離開，你還是得想開一點兒。因為這個吃不下飯睡不著覺，就得不償失了。咱們都是這個年紀的人了，還能有什麼不滿足的？非得做點驚天動地的事才肯罷休？就是有那個心也沒那個力啦！」

「誰叫你跟我說這些話來的？」曹嵩的聲音有些氣憤，「你大晚上的非要來找我，是替誰傳閒話？」

樊陵嘿嘿一笑：「我替誰傳話你甭管，總之也是為你好。」

哪知這句話說完，曹嵩卻笑道：「你少跟我故弄玄虛，根本沒人叫你來傳話，是你自己沒揣著好心眼，想學蔡澤說范雎，讓我給你騰地方吧？」樊陵似乎是被戳穿了心事，支吾道：「你……你這是瞎疑心！」

「我瞎疑心？呵呵……你那點兒伎倆我還不清楚？論陰人害人的本事，誰能比得了你樊德雲，當人一面背人一面，有名的笑面虎嘛！」曹嵩挖苦道：「我知道你覬覦我這位置，但是你大可明著來，別跟我玩陰損的那一套。若不然傳揚出去，你這太尉白手起家是耍心眼得來的，豈不壞了你們老樊家的名望？壞了你的名望是小事，你爺爺樊季齊可是一代高賢，連陳仲弓都是他學生。他老人家生前精通方術祕法，你這輩子依附宦官就夠給他老人家抹黑的了，要是再汙了名聲，留神他在天有靈，一個響雷劈死你這不成器的東西！」

「你、你……」樊陵氣壞了。

「劈死你不打緊，這天人感應，還得連累別的三公再辭職。到時候你死還得招人罵。」曹操聽父親這樣挖苦他，又好氣又好笑。好氣的是，老頭這一輩子最善挖苦人，因為這個毛病沒少得罪人，如今位列三公不顧身分還這樣講話，實在是有失度量；不過好笑的是，樊陵乃十足小人一個，就欠這樣刺骨虐心的挖苦。

樊陵素來以「和藹可親」著稱，但今天卻被罵得惱羞成怒：「曹嵩！我告訴你，你別不知好歹。我就是要當太尉！拍拍良心說話，任三公，你這樣的夠資格嗎？」

「我不夠資格，難道你夠？」曹嵩冷笑道。

「既然你能當，我就能當！你不就是靠錢說話嗎？我也回家準備錢，不就是買官嗎？這年頭誰也別笑話誰！」

「就憑你？你能出得起多少錢？」曹嵩繼續挖苦道：「出一千萬就夠你吐血的了。」

「你甭管我出多少，一千萬怎麼了？咱們皇上吃魚不論大小，錢花完了，早晚叫你滾蛋！」

曹操聽了一陣惱怒：這老狗怎麼可以對太尉髒口呢？

「滾蛋？你先給我滾蛋！你能混到今天，還不是因為我和許相提攜你？這是我的家，輪不到你大呼小叫，再敢罵一句，我叫家人撕了你的嘴！明兒上殿再參你個辱罵三公的罪名，這個永樂少府你都甭當了，回家做你的太尉夢吧！」曹嵩下了逐客令。

「你、你……」若論口舌之利，十個樊陵捆起來也抵不過一個曹嵩，他氣得直哆嗦，「好，我滾！咱們走著瞧！」曹操就在門外，聽他要走，便把身子隱到門側，悄悄伸出一條腿來。樊陵氣哼哼拉開門，也沒注意腳底上，一腳正趟在曹操腿上——這一個跟頭，生生從臺階上絆了下去，摔了個嘴啃泥，哎喲了半天爬不起來。

「喲！誰呀這是？摔壞了吧？」曹操裝模作樣迎上去扶，「樊叔父，怎麼是您呀？這真是……怨我怨我，走路太急了！」說著假模假式給了自己一個嘴巴。

樊陵木屐也斷了，衣服也扯了，黑燈瞎火的，簪子都找不到了，頭髮披散還沾著泥。他狼狽地站起來一摸——門牙磕掉了！捂著淌血的下巴，指著曹操：「你……你……你們爺們都不是好東西！」說完這老傢伙竟氣哭了，攥著折斷的木屐，一腳深一腳淺地去了。

曹家父子一個門裡、一個門外捂著肚子哈哈大笑，這爺倆恐怕只有在捉弄人的時候才相像。曹嵩笑罷多時，臉色忽然變得很凝重：「說歸說笑歸笑，看來我這個太尉是當到頭了。」

曹操心裡一陣心疼，畢竟那是整整一億錢啊！千叮嚀萬囑咐還是白扔出去了，又怕父親難過，只道：「反正您已經問鼎過了，還有什麼遺憾的？不去那個太尉府更好，冷冷清清的了無生氣。以後清閒了，您天天都可以在家抱孫子。」

曹嵩倚著門歎息道：「是啊……天天可以抱孫子。」

樊陵這一去果然風波不小，他與許相、曹嵩本是一黨，如今因為這點兒小事顏面撕破。他先是跑到司徒許相那裡搬弄是非，然後跟十常侍訴委屈，最後典賣家產又勉強湊出一千萬錢，恭恭敬敬送到了西園萬金堂，萬事齊備只欠一場仗。說來也巧，正趕上汝南黃巾再次叛亂，皇帝劉宏終於逮到了藉口，立刻將曹嵩罷免，轉為諫議大夫。

半個月之後，樊陵如願以償接替太尉之職。曹嵩自中平四年十一月任太尉，中平五年五月罷職，合計七個月。他的前任崔烈擔任太尉也是七個月，出資五百萬；而曹嵩卻多花了二十倍！

樊陵任職後，曹操以為父親的心情一定會很失落。但出乎意料，他還真的天天坐在家裡抱孫子，連到東觀應卯都懶得去。又過幾天，曹操從大將軍府回來，見父親正坐在廳堂裡跟樓異有說有笑的。

「爹，何事這麼高興？」

「子和回來告訴我，樊陵要罷職啦！」

「啊？一個月都不到呀？」曹操感到很意外。

「是呀，讓這老東西與我爭！當不了一個月他就完了。」曹嵩幸災樂禍道。

「因為什麼？」

「皇上要舉行耀兵大典，當眾冊封自己為『無上將軍』，到時候樊陵怎麼拿得出手？且不說人望，連門牙他都沒有。皇上要用最有威望的馬日磾當太尉，讓這個大典進行得完美。」

「哪有皇帝自己冊封自己當將軍的？」

「他是想自樹威嚴，壓一壓何進的勢頭。另外他還要當眾正式冊封你們西園八校尉，可能還有賞賜。」說到這兒曹嵩倏地收住了笑容，「上軍校尉的人選確定了。」

「誰？」

曹嵩臉一沉：「蹇碩。」

「蹇碩？怎能用宦官呢？」曹操頗為不滿。

「不用他還能用誰？皇帝身邊也只有這個人對他絕對忠誠了。」曹嵩把玩著拐杖，「這些話都是皇上與尚書議論出來的，連皇后都不知道。你速往何進那裡給他提個醒，蹇碩這小子是個愣頭青，什麼大將軍、十常侍、皇后，他誰的帳都不買。這個人只知有皇上，不知有他人。將來的麻煩還多著呢！西園校尉，這是個玩命的差事。你小子得做好準備。你若熬過這一關，咱曹家從此大興大旺。你若是熬不過這一關，唉……幼年喪父，中年喪妻，老年喪子，我這輩子就算混齊了！」

曹操心裡越發地不安：當初我當洛陽北部尉，可是親自下令打死了蹇碩的叔叔啊！

耀武揚威

西園八校尉的人選一旦確定下來，緊張的典禮準備也就開始了。耀兵大典將在皇宮的平樂觀舉行，為了使典禮更顯威嚴肅穆，劉宏親自巡視，下令在平樂觀前修建講武壇，上立高達十丈的十二重五彩華蓋，劉宏要在此臨視三軍。根據《六韜》中「有天子降兵事，可以威臨四方」的說法，劉宏要自稱為「無上將軍」。另一方面在講武壇的東南，又為大將軍何進也修了一座小壇，上立九丈的九重華蓋，以示統帥威儀。誰都看得出來，如今何進的身分已經是一人之下，萬萬人之上了。

大典舉行在即，將作大匠朱儁回朝——自當年削去「車騎右將軍」名號，朱儁深感不安，正逢八十老母去世，他辭官回鄉守孝，實際上與曹操一樣，不過是藉此機會躲避十常侍迫害。

如今三年已過，朝局大變，十常侍自顧不暇，再也不能危及到他了，於是他立刻回朝擔任了太僕。

曹操聞聽甚是歡喜，知道他是大忙人，特意尋了一個陰雨之日登門造訪。兩人曾協同戡亂，又都有回鄉避難之舉，見面自有一番傾訴。

當曹操論及并州戰事董卓為將時，朱儁笑道：「孟德，當年你出為濟南相，恐怕知道得不詳細。那董仲穎征討羌亂甚是反覆不定，而且張溫為帥徵他為將的時候，他言辭傲慢，很不願意與羌人為敵。」

曹操聽這話與父親對樊陵所言如出一轍：「我也多有耳聞，那董卓真有不臣之心？」

「不臣之心不敢說，但是他確實在擁兵自重。我朝西北之亂久戰不息，而所用之將又皆是涼州人，若皇甫規、段熲、張奐、臧旻、夏育、周慎，還有他董卓，皆為戡亂名將，可是他們當中無一人能及皇甫義真平滅黃巾之貴。」朱儁說到這兒似乎有些感慨，「那董仲穎與皇甫義真同鄉而出，論資歷曾隨張奐出兵放馬，比皇甫嵩老得多。可皇甫義真曾有左車騎將軍之貴，他卻還是個不倫不類的前將軍，打仗聽別人節制，他自然心中不忿。於是他就在討伐邊章時廣施恩德，招攬一大批羌胡之人，又將歸降的湟中義從納入麾下，藉此自樹聲望，以為進取之策。」

曹操知道他也是愛聽奉承的，趕忙連連歎服：「小可自以為有所長進，見事還是遠不及您呀！」

「休要謬讚。」朱儁連忙擺手，「我這三年身處堊室，不聞政事。現在的并州刺史由何人擔當？」

「丁原丁建陽。」

「是他？」朱儁顯得很憂慮，「董卓、丁原二人皆在并州，一樣的脾氣秉性，二虎相爭恐不能相容。」

「何以見得？」

「丁建陽所帶之兵為匈奴、屠格，董仲穎的人馬多為西羌、湟中義從。這些人多有世仇，怎能上下通力為戰？只怕日久禍起蕭牆。」

聽他這麼一說，曹操也覺得事情不容樂觀，忙道：「既然如此，明日咱們往大將軍處商議對策，若能徵調其一回來或領派他將，事情或有轉機。」

「如此要事豈待明日？」說完朱儁已經站了起來。

曹操點了點頭，與朱儁即刻出府登車，冒雨趕往幕府議事。

因為下雨，許多平日裡的常客都沒有來，就連袁紹兄弟都不在，只有荀攸、蒯越等一干幕僚。曹操常來常往也熟稔了，領著朱儁逕赴廳堂面見何進。一進門，卻看到白髮蒼蒼的議郎董扶，正垂首向何進道別：「老朽現被任命為蜀郡屬國都尉了，這都是托大將軍的福啊！」

「老爺子，您忒客氣了，能幫的忙我儘量幫。」何進腆著大肚子在那裡連連擺手。

「我這一把年紀了，黃土都快埋到脖子了，恐怕再沒有機會回到京師再面謝大將軍了。」董扶歎了口氣，「我家鄉就在廣漢，離得甚是近便，能在有生之年榮歸故里，也算了卻老朽一大心事，這還是得感謝大將軍的大恩大德。」

「不用謝，不用謝。」何進講話有些不耐煩，看得出來，這老董扶可能翻來覆去謝了許久了。

曹操過來對何進施過禮，又轉身對董扶道：「董老，這一路上山高路遠，您老都八十歲了，這等年紀長途奔波豈不受罪，在京安享晚年又有何不可？」

「唉……老朽實在是懷念家鄉故土。」董扶捋著雪白的鬍鬚，似乎很感慨，「好在劉焉劉大人轉任為益州牧，我們共同啟程，這一路上也好有個照應。」

他話音未落，突然身後有一人站起身來施禮道：「董老，晚生有一事不明，請教您老人家。」

曹操細看，原來是潁川荀攸。

董扶似乎與荀攸不熟，拄杖躬身道：「不敢不敢，您只管問就是了。」他以精通讖緯、天象著稱，以為荀攸一定是想請教這類學問。

哪知荀公達拱手道：「董老既然思念故土，為何不告老還鄉？求官而去豈不是畫蛇添足？再者董老家鄉在廣漢，您將所任在蜀郡，兩者並非一地，這怎麼算是還鄉呢？」

董扶臉上的肌肉輕微抽動了一下，不好意思地笑道：「不怕你們年輕人笑話，老夫家貧無產，族人凋敝，沒有一份俸祿，恐怕難考終命啊！見笑見笑。」

荀攸見他這樣說也就沒辦法再問什麼了。董扶告辭，眾人見他一把年紀了，都送了出來。他拄著杖與大家依依惜別，才哆哆嗦嗦登車而去。諸人紛紛回去，只有荀攸冒雨倚在簷下張望。

曹操拍了拍他的肩膀道：「公達，你剛才何必多問。他一把年紀說出貪俸祿的話來，豈不是大失顏面？」

荀攸連連搖頭：「這件事不對……董茂安也是一代老儒了，不可能輕易自汙名譽。他今天既肯這麼做，必定背後另有文章。莫忘了韓信受胯下之辱才成三齊之業！」

「哦？」曹操覺得有道理，「你怎麼看？」

「或許是我多慮了吧……宗正劉焉與董扶，以及太倉令趙韙，議郎法衍、孟佗素來交好。這一次劉焉自請出任益州刺史，平定黃巾馬相之亂，他臨行又上條陳請求更刺史為州牧兼領政務，如此則益州軍政之事皆控於劉焉一人之手。」

曹操似乎嗅出點兒味道了：「董扶此去擔任蜀郡屬國都尉，前幾日太倉令趙韙，議郎法衍、孟佗同日辭官，他們這些人是要一同去益州啊！」荀攸低頭沉吟道：「我只恐劉焉等此一去，益州從此不再為天子所有嘍！」

劉焉一黨有劃地稱霸的野心？經荀攸一點撥，曹操也預感到不妙了，但現在哪能顧得上他們，只好道：「政不得朝令夕改，明天就要出發了。」

「但願是我多慮了吧！」荀攸自我寬慰著轉回廳堂。

曹操跟著進去，見朱儁已與幕府諸人闡明并州之事。何進是不明就裡的，但長史王謙、主簿陳琳、東曹掾蒯越皆有所感，當即共同修表上奏朝廷。

三天後，朝廷傳召董卓入朝晉升少府，敕其將兵馬交與皇甫嵩統領，并州之亂責成丁原處理。但是董卓卻不肯奉詔回來當九卿，只是送來一份表章：「涼州擾亂，鯨鯢未滅，此臣奮發效命之秋。吏士踴躍，戀恩念報，各遮臣車，辭聲懇惻，未得即路也。輒且行前將軍事，盡心慰恤，效力行陣。」

朱儁得知，大罵董卓狂悖，欲再行他法，忽有黑山黃巾大舉東向侵擾。朝廷以朱儁素有威名，出為河內太守震懾黑山。董卓之事便暫且擱置了，隨著耀兵大典的舉行，此事又漸漸被人淡忘。

雖然皇帝劉宏久染風寒，但耀兵大典還是在九月底如期舉行，文武百官無不到平樂觀參禮。這一日天氣晴和，步兵、騎士數萬人在皇宮前結陣為營，劉宏親自登壇臨軍，激勵將士保衛疆土，並誦讀《太公六韜》之文。太尉馬日磾手捧策文宣讀：「以蹇碩為上軍校尉，袁紹為中軍校尉，鮑鴻為下軍校尉，曹操為典軍校尉，夏牟為左校尉，淳于瓊為右校尉，趙融為助軍左校尉，馮芳為助軍右校尉。」

策文宣讀已畢，劉宏親自披甲，稱「無上將軍」，帶領八校尉和心腹西園騎在軍營間縱馬三周，以示耀武揚威。當跑到最後一圈時，他突然在軍陣東北角大將軍的觀禮壇前停住，諸人不明其意也紛紛勒馬。

只見皇上白皙的臉上帶著一絲微笑，不知道是因為多年縱欲無度，還是因為這幾日有病在身，他的聲音顯得輕盈且顫抖：「列位愛卿，天下乃寡人之天下，朕冊封爾等是為了永保江山康泰！蹇碩乃朕之心腹股肱，現在特親任之為元帥，督司隸校尉以下各處之兵馬。」

說著劉宏揚鞭一指何進的九重華蓋，「雖大將軍亦由元帥領屬，爾等聽明白沒有？」

「諾！」八人異口同聲應道，聲音之大，自己都被嚇了一跳。

「而且今天，朕還要再增加一道任命。我任命衛尉董重為驃騎將軍！」衛尉卿董重是董太后的姪子，董太后弟弟董寵之子，論起來是劉宏的表兄弟。

他說完揮舞皮鞭繼續縱馬，高舉佩劍直至講武壇上。數萬軍兵以及文武百官齊聲高喊：「萬歲！萬歲！萬萬歲！」整個皇宮廣場沉浸在一片威嚴之中。

曹操偷眼瞧了瞧蹇碩，只見他面貌矜持目不斜視。而在東北角小壇上，何進手扶著華蓋欄杆，臉上的表情卻還是喜氣洋洋——他根本沒意識到滅頂之災已近在咫尺。數萬軍兵高舉長戈呼號不斷，黑壓壓望不到邊。即便如此，還有幾支人馬因為出發戡亂並沒有到齊。這麼多的人，難道就交給一個宦官統領嗎？

曹操不禁悚然，又見袁紹六人也是面沉似水。講武壇不斷縈繞著的，只有皇帝劉宏那肆無忌憚的狂笑。

兵權之爭

耀兵大典後的第三天，敕命八校尉議事地點自都亭移到了西園。這樣袁紹、鮑鴻、曹操等七人與何進的聯繫就被切斷了。會晤之處設在西園騎軍帳，諸校尉列坐，而蹇碩的心腹親兵就手握佩刀立於諸人身後。

蹇碩其人高大雄壯，雖然是宦官，卻格外孔武有力；相較之下，七個士人倒顯得矮小單薄。他毫不客氣地坐在正座之上發號施令，那陰陽怪氣的聲音與威武的身材頗不相符：「現今天下刀兵四起，益州黃巾由益州牧劉焉負責剿滅；西北叛亂由右將軍皇甫嵩、前將軍董卓敵對；并州之亂由并州刺史丁原戡亂；黑山之亂由河內太守朱儁敵對；幽州之亂由幽州牧劉虞、騎都尉公孫瓚負責。諸處戰事各負其責，皆有分工。」說到這兒他故意停頓了一下，拿起兩份戰報，「可是現在，有汝南黃巾餘黨和巴郡蠻人的叛變。諸位校尉大人，你們哪個願意請令掃滅這兩處狼煙呢？」

七個人誰都不肯發一言，明擺著他是故意找茬，誰要是輕易討令，難免他要剋扣軍餉、糧草造成兵敗，那樣帶兵之人的性命也就危險了。

「誰願意討令？」蹇碩又問了一遍。

還是沒有人做聲。

蹇碩瞪著兩隻圓溜溜的怪眼，以逼視的目光掃過每一個人，最後落在了曹操身上：「曹校尉，令尊大人就是因為這次汝南之叛才被罷免的吧？」曹操一激靈打了個寒戰，暗道：「他要報殺叔之仇啦！」

「而且我記得你在當騎都尉的時候，曾經隨同朱公偉平定過汝南，沒錯吧？」蹇碩咯咯直笑，那刺耳的聲音讓人不寒而慄，「所以這次的叛亂是不是由你……」

「且慢！」出人意料之外，曹操身邊的鮑鴻突然叫住他。

「鮑校尉有話說嗎？」蹇碩掃了他一眼。

「上軍校尉大人，您既然可以統帶我們七個和大將軍，一定是用兵如神韜略過人。」鮑鴻冷笑道，「我們這些人都在疆場廝殺過，可是還沒領教您的本領。您是不是應該先領兵戡亂，也為我等做做表率啊？我鮑某人還想見識見識您的勇武呢！」

蹇碩不氣不惱，拍手道：「好！這第一仗我上軍營來打！」

「此話當真？」

「但是有句話我得說在前頭，我可領著黃門的差事不能離京。我就派我的別部司馬趙瑾率領本營代為出兵。」

「哼！一個司馬代你……」

蹇碩不等鮑鴻說完就補充道：「我要他帶我所有的兵馬出征！」

諸人不禁一愣：所有兵都派出去，就剩你一個空頭的校尉留下來跟我們鬥，也太自負了吧？

「怎麼樣？誰還有異議？」蹇碩左顧右盼，一副勝券在握的表情。

鮑鴻一拍大腿：「好！你既然敢帶頭，汝南的黃巾我去平！」

「那咱就一言為定。嘿嘿嘿……散帳！」蹇碩冷笑一陣起身而去。

第一次交鋒就是這樣結束的。七個人走出大帳老遠，直到看不到一個西園兵丁了，才敢出聲交談。

「鮑鴻，你這個令不應該請啊！」袁紹歎息道。

「不請怎麼辦？他去打一處，總有另一處落在咱們頭上。大將軍不在，你就是坐纛的。要是挨個輪，輪到你頭上，你走了我們豈不是更無法應對？」鮑鴻嚷道。

曹操不能不說話了：「其實剛才他是想叫我去的。」

「你就更不能去了。」馮芳插嘴道：「你當年棒殺了他叔叔，要是去了豈有活命回來？」

「媽的！我真恨不得宰了那個狗閹人！」淳于瓊氣得直咬牙。

「仲簡，不可孟浪。他背後站著皇上呢！」袁紹回頭看看，見夏牟、趙融面有懼色，恐他們意志不堅定，連忙道：「如今咱們這七個人只能進不能退！倘若有人縮手，被那閹人抓起兵權，那咱們七個，還有大將軍，以及幕府裡那幫朋友們，就都要做刀下之鬼了！」

鮑鴻接過話茬：「對！跟他鬥！」

曹操見狀趕緊提議：「咱們七個在一起盟誓，絕不放棄兵權，絕不背叛大將軍，背叛咱們的朋友。保住他們就是保住我大漢江山，保住這股力量，十常侍才不敢擅權亂政屠戮忠良！」

「對！」諸人圍了一個圈，七隻大手按在了一起。

可是他們身在西園還不知道，就在蹇碩召集西園會晤的時候，驃騎將軍董重到達都亭，奉聖命接管了何進、何苗兄弟的部分人馬，形勢越來越不利。

此後每隔十天的會晤簡直成了一種折磨，蹇碩以上軍無兵為由要求各校尉撥一部分兵給他，而袁紹、曹操等人據理力爭，絲毫不肯退讓。西園軍帳裡你嚷我叫沸反盈天，但只要不再打仗，蹇碩終究找不到任何藉口，即便是他身後的皇帝劉宏，也不敢輕易裁撤八校尉，畢竟數萬人馬就在京師，若有人為何進登高一呼，為何進打撞天冤的官司，皇帝恐怕就得提前退位了！

雙方僵持不下，直到十月，青徐二州叛亂再起。看來又得有人冒著生命危險出征了。諸人不約而同來到大將軍府，何進再遲鈍，這會兒也覺察出事情的利害關係了，他甚至考慮應不應辭官回家。

袁紹嚇了一跳：「大將軍，事到如今一旦辭官，想做富家翁而不得矣！」何進低著腦袋道：「我妹子畢竟跟皇上是兩口子，我外甥是將來的皇上，他豈能動手殺親戚？」

諸人無不側目，王謙忍耐著道：「我的大將軍啊，你若是走了，只怕皇后、大皇子皆不能保全啦！董重現在已經是驃騎將軍，他們謀劃著廢長立幼啊！」

「皇上愛哪個兒子是他的事，即便立的是小劉協，他見面不也得叫我一聲舅舅嗎？人總是有見面之情吧？」

正在這時，有一個家丁突然跑了進來，那人也不言語，塞給王謙一張帛書。王謙看了兩眼，驚道：「大家快想主意，蹇碩與西園騎的人商議，要差遣大將軍帶兵去平青徐二州的黃巾叛亂吶！」

何進這時倒是不怕了：「算啦！我去就我去，不就是打仗嗎？」

大家這時候才覺得何進可恨，這老實人也有老實人的缺點。曹操都快急暈了：「大將軍，你千萬不能去啊！到時候不用發兵拿你，只要差下一個宦官，傳一份詔書，寫點兒什麼『將大將軍賜死』，到那時候你是奉詔還是不奉詔呀？你去了，這幕府裡的人，王謙他們豈不是全完了？」袁紹忽然仰天長歎：「天命如此！天命如此啊！我去吧！」

「你？」眾人都是一愣。

「我只要帶兵一走，他就沒有理由再差派大將軍前往了。」

諸人到此刻也想不出別的辦法了，當晚袁紹就往都亭典兵，連夜出關往徐州去了。

第二天，蹇碩聞知暴跳如雷：「誰叫袁本初領兵而去的？」

「是大將軍。」曹操冷靜答覆。

「大將軍有何權力調動西園校尉？」

「大將軍當然有權。」

「胡說，我才是皇上任命的西園校尉統帥！」蹇碩瞪著曹操嚷道。

「皇上是任命您為西園校尉統帥，而且是說過大將軍您也可以管，但是從沒說過大將軍不能管我們。」曹操咬文嚼字地跟他分辯。

蹇碩一時無語。

「我們又不是北軍校尉，我們原先就是歸大將軍統領的。」馮芳連忙補充道。

趙融與夏牟不敢說話，兩個人低頭攥著淳于瓊的左右手，生怕這個直性子惹出禍來。

蹇碩將他們五個掃視一番，咬著後槽牙道：「哼！說得好，但是從明天起，何進就沒有這種權力了。」

果然，第二天何進被剝奪了對於西園校尉的過問權。大將軍府一時門可羅雀，除了辟用的掾屬，其他人再也不敢輕易登門了。

雙方又在沉默的對抗中過了兩個月，上軍別部司馬趙瑾得勝而歸，蹇碩的氣焰越發囂張。他破口大罵鮑鴻無能，巴郡路遠尚且得歸，汝南卻不能收復。諸人低頭不語，不論他說什麼，都只給他一隻耳朵罷了。而他還沒有斥責完，就有人來報，說鮑鴻平滅汝南之亂，噎得蹇碩一時語塞。就在這種可怕的氣氛中，可怕的事情終於激化出來了！

在鮑鴻領兵回到都亭之後，突然被西園騎扣押，罪名是因為貽誤戰機，真可謂欲加之罪何患無辭。大家尋求各方關係予以解救，這一次發動各方力量，馬日磾、袁隗，甚至連曹嵩都揣好了保奏文書。但是第二天傳來消息，鮑鴻當夜就被賜鴆酒而死！

驍勇仗義的鮑老大就這麼死了，鮑信、鮑韜、鮑忠從北寺獄提出死屍，兄弟三人哭得跟淚人一樣。鮑信派四弟護送棺槨回家，自己與三弟辭去官職，從此日夜宿衛大將軍，一定要與忠義士人們共存亡。

曹操回到家中，感覺這幾個月的生活是那麼的不真實。當初在戰場上都不曾覺得恐怖，而現在，在大漢都城天子腳下……

「爹，兒子恐怕不能在您膝前盡孝了。」

曹嵩抬頭看看兒子：「怎麼了？說這等喪氣話。」

「鮑鴻死了，袁紹前途未卜，淳于瓊魯莽無用，夏牟、趙融那兩個根本指望不上，就剩下我和馮芳支撐局面了。」曹操抹了一把疲憊的臉，「恐怕蹇碩下一個就要拿我開刀了。」

「哼！他恐怕高興得還太早了。」曹嵩拍拍兒子的肩膀，「今天純兒又傳話來了。」

「有什麼事兒？」

「皇上病了。」

「病了？」曹操不以為然。

「做噩夢看見先帝了，慌裡慌張跑出去摔了一跤，若不是羽林左監許永及時為他捶敲足底，昨天夜裡恐怕就……」雖然是在自己家，曹嵩還是習慣性地張望了一下，「有太醫私下裡議論，恐怕是沒幾天了。他老人家一嚥氣，漫天雲霧散！」

「皇上真的要……」曹操似乎看到了一絲希望。

曹嵩天天四處打聽消息，其實並不比兒子輕鬆，他揉揉肩膀歎息道：「就為了廢長立幼把天下人士得罪盡，這值得嗎？」

曹操搖頭道：「光武爺也曾廢長立幼，可是光武爺有德，所以無人反對。當今萬歲有什麼？」

「他什麼都沒有……真心忠於他的宋后叫他廢了，十常侍眾叛親離了，百姓恨他，士人也盼著他死，他只有一個蹇碩。皇帝當到這個份上也夠失敗的。」

「路是一步一步走出來的，他怨不得別人！」

曹嵩攥緊拳頭在兒子肩上捶了一下：「再堅持幾天，最後的幾天！只要能堅持下來，以後你的官運必然一路亨通！為了咱們老曹家的將來，你得給我頂住呀！」

「我現在最怕的是蹇碩狗急跳牆……」曹操實在太累了，沒再說什麼，疲憊地打了一個哈欠，踉踉蹌蹌離開了正堂。

方轉到後院，就聞一陣輕盈的笛聲。在寂靜的夜幕下，那音色婉轉幽咽，彷彿還帶著無限愁苦。曹操沒有回房，而是疲憊地倚在樹畔傾聽曲調——他經受的壓力太大了，能這樣獨自清靜一會兒也不錯。可過了一會兒笛聲又停了，他借著月光四下找尋張望，原來是環兒手握一支笛子躊躇在荼靡架前。

連曹操自己都說不清，他是從什麼時候開始喜歡上環兒的。當初他受老隱士郭景圖所托，要將環兒撫養長大並許配人家。可他沒有想到，昔日那個在爺爺墳前啼哭的小姑娘，如今已經出落得楚楚動人了。

此時此刻，曹操心緒撩亂，實在無力抗拒環兒的美麗了，明知她與卞秉兩小無猜，還是忍不住橫刀奪愛。

環兒這會兒滿心惦記著家鄉的意中人，低頭撫摸笛子，全然不知曹操已慢慢湊到她身後。她還在想心事，忽覺一隻大手從後面將自己緊緊摟住。

「誰？」她用力掙了一下。

曹操一邊親著她的鬢髮一邊喃喃道：「環兒，從了我吧！」

環兒早已預感到會有這麼一天，但她還是不想就這樣屈從於命運，戰戰兢兢想推開這個男人：「別……別……」

「聽話吧，環兒。」曹操伸手在環兒身上不住地摩挲，發覺環兒手裡還緊緊握著那支笛子，想一把奪過來。

環兒死死攥住不撒手：「這是阿秉給我的。」

「別再想他了。他不過就是個賣唱的小子，妳跟了我豈不更好？」說著話，曹操已經把她攔腰抱起。

驚慌之間，環兒瞅見院子深處卞氏房裡還亮著燈，趕忙扯著脖子向那邊呼喊。寂靜的夜晚，她的呼喊聲格外刺耳，姐姐一定能聽到。

哪知幾聲喊罷，卞氏非但沒有出來阻止，她房裡的燈反倒熄滅了——她自己也是妾，況且歌姬出身，即便心裡不是滋味，又敢說什麼呢？

曹操捂住環兒的嘴微笑道：「看見了吧？妳呀，早晚都是我的人。」環兒哀歎了一聲，留下兩行無奈的眼淚，只得任由曹操抱著自己回房。她雙手無力地垂下去——「咚」的一聲，那支笛子掉在了地上。

第十三章

借機扳倒當權派

最後一搏

「什麼？調大將軍督戰涼州？」眾人都嚇了一跳。

「沒錯。」蹇碩臉板得鐵青，口氣桀驁不馴，「調何進即刻前往涼州督戰！」

「在下實在是不明白，」曹操穩了穩心神，決定和他頂，「前幾日剛剛送來皇甫嵩的捷報，他擊潰了王國的匪兵，如今乘勢追擊連連獲勝。既然得勝，為什麼還要另差大將軍前去呢？」

蹇碩微抬眼皮望著曹操，目光中的殺氣早已不言而喻：「曹校尉，你也是久在行伍之人了。所謂兵無常勢，若是那皇甫嵩貪功冒進，必困於賊人之手。當年董卓就是因為追襲楡中之敵，被北宮伯玉圍困數月，若不是築堤堵河而退，就全軍覆沒了。」

「皇甫將軍不是董卓。我曾與他一同打過仗，他老成持重，幾時貪功冒進過？」曹操絲毫不讓。

馮芳一旁冷笑道：「仗還未打您就先預定勝敗，難道蹇大人與西涼反賊通謀嗎？」

「你血口噴人！」蹇碩狠狠瞪了馮芳一眼。

「馮校尉不過是與您玩笑，大人不要在意。」曹操又把話圓了回來，「退一萬步講，即便必須往涼州增兵，也無需大將軍親自前往啊！差別人去有何不可？」

馮芳接過話茬：「不錯不錯，蹇大人您的兵馬不是回來了嗎？再差趙瑾出戰不就行了嗎？」

蹇碩見曹操、馮芳一唱一和，幾乎怒不可遏。但現在他不能輕易與諸校尉動怒。其實，這些天他經受的心理折磨並不次於對手。眼瞅著皇上已經病入膏肓，根本不能再理政，而自己不但不能拿掉何進，連曹操、馮芳這兩塊骨頭都啃不動；要是還來硬的，再無緣無故殺一個校尉，難免要禍起蕭牆激出兵變。如今北軍的沮儁、魏傑也與何進互為表裡，何苗的武裝尚未肅清，河內還屯著朱儁，羽林軍也未必保險，倘若這些人一起舉兵，到時候莫說扶立董侯為帝，就是萬歲想善終都難了。而他這一邊，驃騎將軍董重不過是個紈絝子弟，指望他與自己聯手對付何進，根本就是杯水車薪。何進不可怕，可怕的是他身邊的這些將領和士人。

「請大人收回成命！」曹操不給他喘息的機會，立刻抱拳道。

「請大人收回成命！」馮芳等四人立刻附和。

不能這樣與他們耗下去，皇上快撐不住了……蹇碩想到此立刻起身道：「不准！這是皇上的意思。」

「大人說是聖命，詔書何在？」馮芳腦子很快，馬上問道。

「會有的……馬上就會有的……改改規矩，莫等十日，三日後再議！」蹇碩頭也不回地去了。

五個人各自歎息，總算又闖過一關。如今他們不敢分開一刻，劍不離身，心腹護衛相隨，衣服裡時刻套著軟甲。曹操回想剛才蹇碩的舉動，頗感不安：「蹇碩如今已是強弩之末，弄不好會狗急跳牆。他說詔書會有的，但據我所知皇上已經不能理政了。他這一去必定矯詔行事，三日後再議，咱們更要多加小心。」

馮芳道：「以我之見，咱們不如速往幕府，與大將軍在一處。」

「不妥，若是蹇碩率兵圍困幕府，咱們就全完了。」曹操搖頭道：「別忘了，還有董重也在城中。」

馮芳想了想：「這樣吧，咱們先往幕府告知此事，然後各回各營統領人馬。從今天起，蹇碩召集咱們一概不應，管他什麼三日後！我就不信他敢來硬的。他是有權無兵，咱們有兵無權。咱就跟他耗著吧，耗到皇上晏駕為止！」

曹操聽得出來，馮芳這個主意等於是擁兵自重跟皇上公然作對，但事到如今還能有什麼辦法嗎？他看了看夏牟與趙融，對這兩個人很不放心，自鮑鴻被殺，下軍的兵馬已經劃歸蹇碩了，袁紹不在，要是再有兩個營倒戈，形勢便萬劫不復了。於是他朗聲道：「咱們先去幕府，五個人一同向大將軍講明此事，以後的事情到那裡再商量。」

五人率領親兵前往幕府，但還是晚了一步，早有西園騎包圍了幕府。曹操立刻明白發生了什麼——糟糕！被蹇碩矇騙了！他口稱三日後，其實離開西園後快馬回到省中脅迫尚書矯詔，然後率先趕到幕府了。

這時候不容多想，淳于瓊拔出佩劍，帶著親兵就要往前衝。箭在弦上不得不發，餘下四人也都把傢伙拿出來了。西園騎看得清清楚楚，但見個個都是上司，皆不知所措。這段日子他們也糊塗了，不知道究竟該聽誰的，於是不敢拔劍相向，但也不准他們過去。

「讓開道路！」淳于瓊怒喝道。

眼見有軍兵讓路，上軍司馬趙瑾擠了出來：「不能放，不能放！如今有詔書在，放進去是違抗聖命啊！」

淳于瓊眼都紅了，不容分說舉劍就刺。趙瑾也是廝殺漢，見劍光逼來，便身子一閃，順勢也拔出劍來。兩個人的劍架在一處各自用勁。兵丁都看得真真的，可是哪個敢上前幫忙？幫又應該幫誰呢？

這時上軍的另一位司馬潘隱也擠出了人群，他本是鮑鴻麾下，因為下軍併入上軍，如今已經是蹇碩的人了。他見淳于瓊與趙瑾僵持不下，便持劍在手，用力猛劈——「哐啷」一聲，兩把劍被他震開。

「你要幹什麼？」趙瑾喝問潘隱。

「快放他們進去！」

「你也瘋了嗎？現在有聖命傳達，違詔是死罪啊！」

潘隱寶劍還匣道：「趙司馬，現在天下大事還在兩可之間，你以為跟著蹇碩，事事為皇上效命，就能有好結果嗎？」

趙瑾倏然無語。

曹操擠到前面：「趙兄弟，把路讓開，大將軍若是得救，此亦是你大功一件，將來不愁升賞啊！」

趙瑾收了劍，但又不敢傳這個令，乾脆把頭一扭，裝作什麼都沒看見。那些西園騎瞧上司如此行事，趕緊不聲不響讓出一道人胡同。曹操等人匆匆忙忙闖進了幕府。

到了院中一看，蹇碩手持詔書立在當院，何進顫顫巍巍跪坐在堂口。已經有不少兵丁包圍了掾屬房，王謙等都被控制起來。這邊蹇碩二十個親信衛士刀劍在手，虎視眈眈；那邊伍宕、許涼、張璋、吳匡、鮑信、鮑韜也拔出了兵刃。短兵肉搏一觸即發！

蹇碩聽到腳步聲，面無表情地瞟了曹操等人一眼，回過頭繼續對著何進恐嚇：「大將軍，我已經宣讀完詔書，你究竟肯不肯奉詔？」

何進到現在已經徹底明白皇上的用意了，跪坐在那裡回應道：「蹇碩，你這個小人……我不上你的當！」

「抗詔可是死罪！」蹇碩往前走了兩步，「大將軍想要造反嗎？」

何進低下龐大的頭顱，一個字都不敢應，兩頰冷汗直淌。

「沒人要造反！」曹操大步走了過來，「我等不過是想重整朝綱，還天下一個清平。」

「朝廷之事皇上自會處置。」蹇碩瞪了他一眼。

「交給你們這些宦官處置嗎？還繼續讓十常侍那幫奸邪宵小，禍害忠良屠戮百姓嗎？」曹操至此是全豁出去了，「我曹孟德誓與大將軍共生死！」蹇碩掃視了一番在場的諸人：「你們都要造反嗎？都要抗詔嗎？皇上會下令把你們滿門誅殺的！」

曹操冷笑了一聲：「殺吧！身處骯髒之世，活著也是恥辱。」說罷他快步走到何進那邊，把劍拔了出來。淳于瓊見狀也罵道：「老子不管什麼造反不造反，今天豁出命跟你這沒尾巴的東西鬥了！」緊跟著曹操躥了過來。

蹇碩一愣的工夫已經有兩個校尉過去了，趕緊直盯著剩下的三人，尤其是馮芳：「你們也想跟他們一樣造反嗎？馮校尉，爾乃曹節老相公的女婿，廣受皇上的恩德。你要是造反，何顏面對你死去的丈人？你要把他們一家也都連累致死嗎？」馮芳聞此言猶豫不定，緊蹙眉頭不知如何決斷。自己安危是小，滿門老小是大。

這時候，只見掾屬房中躥出一人，推開阻攔的兵丁，跑至當院：「姓馮的！你我情同昆仲，我們家四世三公都豁出去了，你一個宦官的女婿怕什麼？曹節名聲那麼臭，你要是能輔保忠良就洗雪前恥啦！過來呀！」大家一看，出來的正是袁術。

「公路……也罷，捨命陪君子了！」馮芳一跺腳，也過來了。

如此一來，五個校尉過來了三個。夏牟、趙融對視一眼，知道倘若遲緩禍不旋踵，也不聲不響走了過來。曹操總算鬆了口氣，高聲喊叫：「蹇碩，你聽著！如今大局已定，你休想再把大將軍調出京師。回去稟告皇上，誅殺奸臣和十常侍，否則我們這些軍隊不聽你的調遣！」

蹇碩緊緊攥著詔書：「你們都是反賊！」

「不對！逆天而行才是反！」曹操冷笑一聲，「天地君親師，天地在先，君在後，恐怕你一個閹人不懂這道理吧。」

蹇碩高傲的神色霎時間蒙了一層灰塵，低下眼瞼又看看手中的詔書，無奈地將它收入袖中，轉身歎息道：「告訴趙瑾、潘隱，收兵回宮。」

蹇碩灰溜溜走了，大家卻沒有發出一聲歡呼。今天是有驚無險度過了，可誰知道明天又會是怎樣呢？

夜晚往往給皇宮披上一層神祕而恐怖的面紗。白日裡的雕梁畫棟、玉階金柱，會因黑暗而變得冰冷扭曲。玉堂殿、崇德殿、宣德殿、黃龍殿，這些莊嚴肅穆的朝堂在黑暗中顯得空曠淒涼，早春時節刮過的涼風也使得大殿內迴蕩著一陣陣厲鬼號哭般的聲音；白虎觀、承風觀、承祿觀、東觀，孤零零矗立在宮房之間，沒有一絲火光照亮這些學術的聖地；長樂宮、長信宮、永樂宮、邯鄲宮，寒冷陰森的廊閣間，只有零星幾個老宦官悽楚地守著宮燈，訴說著往昔的祕密。

嘉德殿內燈光幽暗，似乎已經預示著不詳。董太后神情憔悴地坐在龍榻邊，親自為兒子擦去汗水。劉宏已經到了最後的時刻，這個驕奢淫逸了一輩子的皇帝終於明白，《詩經》裡所謂「萬壽無疆」僅僅是一種不切實際的願望罷了。他覺得身子沉重得很，仿佛有無數雙手要把他拉入地下，喉嚨似針扎般講不出話。雖然眼前模模糊糊的，但是蹇碩的話他聽得清清楚楚。

「萬歲，奴才無能。這件事奴才沒能辦成，讓萬歲失望了。」蹇碩把頭磕得山響。

劉宏微微晃了晃腦袋：「張讓……趙忠……」

「回皇上的話，他們在皇后那裡。」蹇碩答道。

這是多麼大的一種諷刺啊！皇上就要歸天了，他親手提拔起來的十常侍卻已經跑去逢迎何家的人了。此刻他終於知道什麼是小人了，楊賜、劉寬、橋玄、陳耽、劉陶……那些曾經諍諫的老臣在眼前若隱若現，他到了那邊有何臉面見這些人呢？但劉宏還是不明白，罪魁禍首不是十常侍，正是他自己的荒淫暴虐，把正義推到了何進那一邊，原本以為何進是一個容易掌控的蠢人，誰知道到最後他卻被黨人掌控了。他想憤罵、想詛咒，但是他已經沒有力氣了，一顆晶瑩的淚珠從眼眶中毫無察覺地流了出來。

「萬歲，您要保重身體啊！」蹇碩爬到榻前。

「殺……何……」

蹇碩磕了一個頭：「奴才冒死說一句，何國舅廣有聲望，而大皇子年已十七，皇上不宜廢長立……」

「放肆！」董太后瞪了他一眼，「這種話是你該說的嗎？」

蹇碩不敢再多嘴。

董太后伏在兒子身前，淚涕橫流：「兒啊，你要是走了，為娘我可怎麼辦啊！我就你這麼一個兒呀！我那小孫子可怎麼辦，你這麼一走可對得起他死去的娘呀！」

劉宏強打精神，微微抬頭，見殿角處自己的小兒子劉協跪在那裡啼哭。是啊……他才九歲，即便立他為帝，何家想廢就能廢。但是俗話說三歲看大，這孩子必能成為一代明君，至少比自己強。

劉宏努力提起一口氣，抬起右手指了指劉協，眼睛則緊緊盯著蹇碩。蹇碩會意：「萬歲放心，奴才勉勵為之。」

「不是勉勵為之，是一定要辦到！」董太后擦去眼淚，這個老太太天生有著強硬的姿態，「蹇碩，你與我姪兒董重共扶協兒為帝，你就是開國的元勳。你想想孫程之寵、曹騰之貴，你要是剷除何家，你要什麼哀家給你什麼！」

蹇碩默然。他根本不在乎賞賜與官位，只要全心全意為皇上辦事就夠了。但是現在這件事，自己根本不可能辦到，太后和皇上也太一廂情願了。

沒有辦法，他已經把大將軍得罪苦了，殺了鮑鴻等於與之決裂。即便不接這個差事，何進等人回過手來還是要整治他。還是那句話，何進好鬥，他背後的士人力量太大。蹇碩低頭思索了半天，還是咬著牙，向皇上與太后磕頭：「萬歲放心，太后娘娘放心，奴才勉……一定辦到！」

扶立少帝

大將軍府時刻戒備著蹇碩發難，但事情過去了三日，一點兒消息都沒有。不論是何進本人，還是那些校尉、掾屬以及趕來的朋友，所有人都惶惶不可終日。

現在大家都在一條船上，只能保著何進同舟共濟。這三天裡，無一人踏出幕府半步，大家都暫把這裡當成了自己家。直到第三天傍晚，忽有天使到來，傳何進入宮託付遺詔。何進接詔，回後堂更換朝服，藉機向大家詢問。

「無常迫命，油盡燈枯。」王謙捋著鬍鬚道：「此番必是萬歲將要龍歸，囑以後事。人之將死其言亦善，大將軍可往。」

「不對，蹇碩氣勢洶洶所仗即是當今。」袁術冷笑道：「我看蹇碩必是在宮中埋伏人馬要謀害大將軍。」

曹操在堂中踱了兩個圈子，沉吟道：「此事還在兩可。蹇碩久奪兵權不下，恐也不敢隨意造次。但若是傳授遺命以史侯為尊，我看也未必屬實……」

曹操後面的話沒敢說，他覺得蹇碩是想脅迫何進立董侯劉協。只怕這位大將軍骨頭太軟，到那裡就得讓人家牽著鼻子走！於是話鋒一轉道，「既已受詔也不得不往，咱們帶領兵馬環衛宮院，再派人打探各處兵馬的消息。」

諸人計議已定，護著何進出門，正想各自回營披掛領兵，卻見一隊人馬浩浩蕩蕩而來，原來是袁紹回來了。

「本初！」何進見到袁紹，可算是有了主心骨了，眼淚差點兒掉下來。袁紹匆忙下馬跪倒道：「大將軍，您受苦了。」

大家看見袁紹無不歡喜，曹操拍著他的肩膀：「本初，真沒想到你能活著回來。」

「青州之地，有東海相薛衍、騎都尉臧霸協同我奮戰。事成之後，我怕蹇碩害我，就留下司馬劉子璜督隊，我只帶了三百騎抄小路逶迤而回，一路上連份捷報都沒敢遞。」袁紹所言不假，瞧得出他為了避難辛苦不小，滿臉灰塵，模樣憔悴，哪裡像一位得勝的將軍。

他這一來，現成的兵馬就有了，不必再往都亭調兵。袁紹這三百騎加上大將軍府的侍衛家丁，以及眾人隨身的小廝，臨時湊了五百多人，大家眾星拱月般簇擁著何進向皇宮進發。行在正陽大街，早有小黃門跑來迎候，跪道施禮：「奴才奉上軍校尉蹇大人的命令迎候大將軍。蹇大人說以往之事多有得罪，您莫要記掛；又恐大將軍見疑，蹇大人已將上軍西園騎盡數調回西園。請大將軍安心進宮，萬歲有要事相囑。」

何進聽罷放心不少，回顧眾人道：「皇上畢竟對我有情分啊！」

曹操卻提醒道：「西園騎雖去，羽林軍尚在，大將軍還是要小心行事。」何進諾諾連聲。因為未召不得入宮，所以何進只帶著吳匡、張璋隨那小黃門而去。袁紹見何進已入宮門，趕忙調動兵馬包圍皇宮。這會兒他就好比上軍校尉，曹操等人盡聽他的調遣。隨行的掾屬也都佩劍而來，三個一群五個一夥把住來往要處。按理說大兵圍宮情同造逆，但這些天的亂子京師吏民無人不知，那些守宮的羽林兵也不敢隨便招惹喝問，只是站自己的崗、守自己的門，並不與袁紹的人過話。

曹操與荀攸負責把守西門。剛來到皇宮西側，還未來得及把兵分散，只見宮門處一陣混亂，何進三人慌慌張張自西面宮門撞出。

「怎麼了？大將軍？」曹操迎上前去。

吳匡罵道：「他媽的，蹇碩要謀害大將軍！多虧潘隱在裡面通風報信，不然過了複道就成刀下鬼了！那個領路的閹人也不是好東西，已經被我宰了！」說罷晃了晃手中血淋淋的兵刃。

何進臉色煞白，看來是受驚不淺。

「先回府再說。」曹操托荀攸照顧何進，自己奔至前門報信。

袁術聽罷大怒：「咱們帶兵殺進去吧！趁這個機會把蹇碩和十常侍全宰了！」

淳于瓊、伍宕、許涼一幫武夫紛紛響應。

袁紹心裡雪亮，立刻喝止道：「不可造次！領兵入國門豈不是謀逆？皇后、皇子若有傷損，何人能夠耽待？先回幕府再做商議。」諸人紛紛相告，皇宮四圍的人馬都得知消息了，便紛紛退兵。這次來得快，回去得更快，不一會兒的工夫就保護何進又回到了幕府。

曹操見伍宕要兵士在街前落寨，簡直氣樂了：「不行！中軍營的人馬快回都亭駐守，這裡是洛陽城，不是隨便來往之地。」

那幫武夫哪管這是什麼地方，只想開開眼界，聽聞曹操這樣安排都怏怏不悅，可胳膊擰不過大腿，只得聽令出城。話雖這樣說，伍宕還是挑了一百最精幹的兵士拱衛幕府。眾人推推搡搡回到了廳堂之上。何進嚇得連連搖頭：「險矣！若非潘隱相告，已死多時，這皇宮我實在是不敢再進了。」

「可現在如何是好呢？」袁紹也不知該怎麼辦了，「皇上生死未明，皇后和儲君被困深宮，尚書屬官皆在蹇碩掌握之中。裡外不得相通，這樣僵持不下，什麼時候算個了結？」

「不要著急。」田豐安然就坐，「蹇碩陰謀已敗露，憑藉小小皇宮豈能再興風浪？此刻不必勞師動眾，時候久了必然有變。七署之眾甚至那十常侍，他們都要考慮身家性命的，誰能跟著他冒這個風險？我料變數不遠，定在這一時三刻之間。」

他話音未落，就聽外面一陣大亂。似乎有人想闖進幕府，被衛士擒住了。少時吳匡走了進來：「啟稟大將軍，抓住一個鬼鬼祟祟的宦官，好像是來私窺咱們行動的。」

外面被擒的人似乎聽到了他的話，趕緊喊：「我不是宦官！讓我進去！孟德！孟德！我有要事稟告大將軍！」

曹操聽到有人叫他，趕緊跑出去看，見張璋雙手縛住一人，乃是族弟曹純。他官拜黃門侍郎，所以頭戴貂璫冠，身披黃袍，腰繫黃漆佩刀，與大多數宦官的穿著相似。加之曹純才十九歲，年紀輕輕未曾蓄鬚，難免被誤認為閹人。

「速速放開，他是我弟弟啊！」

張璋生性粗疏也沒弄清楚，昏頭脹腦撒開手，兀自叨念：「曹兄家裡真是怪，祖父是宦官，沒聽說弟弟也是宦官呀！」

曹純哪有心情與他分辯，趕緊隨兄長倉皇入廳堂，見滿屋都是人，絕大多數都不認識，便作了個羅圈揖。

曹操忙道：「這是我族弟黃門侍郎曹純……子和，別顧虛禮了，列坐都是自己人，有什麼事你但說無妨。」曹純倒是認識何進，躬身施禮道：「啟稟大將軍，萬歲昨晚已經晏駕了。」

眾人聞聽並沒有什麼反應，這會兒皇上死活誰都不放在心上了！

「皇上立何人為帝？」何進還沒問，袁紹搶先急急渴渴說了出來。

曹純雖是剛剛入仕的書生，腦子卻甚是靈便。當著何進這些人的面，豈可說立了董侯劉協？他趕緊編了謊話：「萬歲臨終已決意立大皇子為帝，命大將軍您輔政，可是蹇碩一意孤行，要私自廢立占據朝堂。今日奸計泄漏，他已經命人緊閉宮門，軟禁了皇后和大皇子。請大將軍速速救駕！」說罷掏出一紙帛書遞給曹操，「蹇碩已到長樂宮監禁皇后，這是他寫給十常侍趙忠的祕信，被大將軍同鄉的宦官郭勝截獲了。您快看看吧！」

曹操拿過信來要遞，又想起何進不識字，轉手遞到了王謙手裡。

王謙展開念道：「大將軍兄弟秉國專朝，今與天下黨人謀誅先帝左右，掃滅我曹。但以碩典禁兵，故且沉吟。今宜共閉上閣，急捕誅之……大將軍，蹇碩這是想串通十常侍，行當年王甫害竇武之舊事！」

何進不知所措，只好看看袁紹。袁紹也不知該如何應對，猛然想起何顒經過前朝舊事，趕緊拱手道：「伯求兄，此時當如何處置？」

何顒把手一擺，冷笑道：「這等頑童伎倆莫要掛懷！蹇碩蠢賊不識時務，當年王甫、曹節有北軍之兵相助，如今兵權盡在大將軍之手。莫說十常侍不敢與他聯手，就是敢助紂為虐，這幫閹人舉著空頭的詔書又有何用？現在已經不是二十年前了。」

袁術又來了精神：「既然如此，提兵殺入皇宮，管他什麼蹇碩、郭勝，張讓、趙忠，都殺了才乾淨！」他這麼一嚷，那些何進提拔起來的武夫就跟著起鬨。

「放肆！」袁紹再次喝止道：「為臣者豈可行此非常之事？」

袁術本與他這個庶出的哥哥有些離析，頂嘴道：「動不動就拿大道理來壓人，這又不是你的府。」

袁紹一陣臉紅，又不好當眾與他爭吵。

「哈哈哈……」一陣大笑聲打斷了諸人的議論，這與緊張的氣氛頗不協調。眾人一看，廳堂角上，田豐、蒯越、荀攸三個人正有說有笑。曹操忙問：「幾位高賢可有什麼辦法？」

荀攸樂呵呵道：「方才田元皓言道當有變數，這變數不是已經來了嗎？」眾人面面相覷。

蒯越見諸人不解，信步到曹純面前：「子和賢弟，你言道禁宮已閉，何人助你逃出？」

「也是那宦官郭勝，他乃是南陽人士，與大將軍同鄉，便有意攀附大將軍，故而給我這封信，又幫我逃出來。」

「好！」蒯越點點頭，「你可還識得放你出來的兵丁？」

「做夢也識得！」曹純笑了。

「既然如此，還煩勞賢弟回到宮門，把此信送回。」

「什麼？送回去？」曹純一愣。

荀攸插嘴道：「對，送回去！這不是蹇碩給趙忠的嗎？送回去，讓郭勝還交給趙忠。」

「不過話要說明白，直截了當告訴他，是大將軍要把這封信送回去的。」田豐補充道。

諸人不明就裡低頭思考，曹操第一個恍然大悟：「幾位兄長好計策！十常侍復得此信必膽破心驚，定然圖謀蹇碩已脫已罪，皇宮之事咱們可以不戰而定。」

「若張讓等人不能剷除蹇碩呢？」

「無妨，十常侍除不了蹇碩，蹇碩除了十常侍不也是好事嗎？咱們就坐山觀虎鬥吧！」曹操說罷，仔細打量田豐、蒯越、荀攸，心道：「何進有良士而不能識，這三個人的智謀不亞於張良、鄧禹。」

「若是有辦法，那就這麼辦吧！」何進一語落地，這件事就算是定下來了。專門派了幾個驍勇的衛士保著曹純回至宮門遞書。

果不其然，轉天一早便傳來消息，十常侍率親信反攻蹇碩，郭勝趁亂手刃了蹇碩。至此，皇宮中的內亂總算是結束了。

非常之時不循常禮，眾人也未更換朝服，保著何進再赴皇宮。

這一次羽林軍盡皆放下武器，十常侍、七署將領、上軍兩司馬都在宮門口跪迎。諸士人這些天如同做了一場漫長的噩夢，直到這一刻才算醒來，何進也是喜笑顏開。

現在的十常侍已是寄人籬下，生死存亡皆繫於何進一念之間。張讓匆忙爬到何進腳邊，抬起頭笑道：「大將軍，這些天我們一直暗地裡保護著太后娘娘和皇上。她們母子倆好極了，您不必掛懷。」

新帝尚未登基，他就已經口稱何后、史侯為「太后娘娘和皇上」，諂媚之意不言而喻。而何進毫無心計，聽了十分受用：「快快請起，你們都是誅殺蹇碩的功臣啊！」

袁紹在後面聽見，眉毛都立起來了，方要說話，曹操一把拉住他，輕聲道：「現在不是時候，先定大位要緊。以後咱再收拾這幫奴才！」袁紹這才稍稍息怒。

張讓、趙忠也都一把年紀了，畢竟官拜中常侍，實指望傍著劉宏後半輩作威作福富貴無邊，哪知他性命不長久，連累他們在何進跟前低三下四猶如家奴。趙忠現在還領著大長秋之職，在前面引路，那幾乎不是走而是爬，好不容易把大家帶到嘉德殿外，累得直喘粗氣，還得抬頭稟報：「大將軍，大行皇帝梓宮在此。」

所有人行罷三跪九叩大禮，小黃門這才打開殿門。

諸人一看，無不驚詫：滿殿懸掛素白幔帳，光鏡之物皆已遮蔽，大行皇帝劉宏換嶄新龍衣停於榻上。小棺大槨兩斂俱全，暫安置在殿角處。六個桌案上設擺著東園祕器、金銀酒具、璋珪琮環、弓矢箭囊、鼎釜甑杯以及劉宏生前喜歡把玩的物件，三十丈的牽車白練疊得整整齊齊置於托盤之上。後面陪葬的編鐘、大鐘齊備，朱漆粉刷一新，虡文分日、月、鳥、龜、龍、虎、連璧、偃月，皆按禮制。靈位安排已畢，香爐不絕，燈火長明，隨侯珠、斬蛇劍、天子六璽列於供桌，最顯眼的就是當中明晃晃鑲金角的傳國玉璽！

何進不明其禮，身後站的侍御史孔融不禁讚歎：「何人安排梓宮之事？萬事齊備皆有章法啊！」

張讓趕緊湊到跟前，哭泣道：「奴才等深感大行皇帝之德，生時未能全心侍主，便越俎代庖先行此事，望大將軍與諸位大人包涵。」他一哭，後面跪著的十常侍紛紛落淚。即便他們壞事做盡，此情此景還是讓人看著心酸。

這時有黃門來報，太尉馬日磾、司徒丁宮、司空劉弘、車騎大將軍何苗已率文武百官進宮，入南宮玉堂殿候駕；御府令、內者令已經散發白衣吉服。

曹操聞聽忙問那名黃門：「驃騎將軍董重可到了？」

「還沒有。」

曹操朝何進忙使顏色，何進這次倒是準確會意：「快叫董重來，一起操辦喪事。一定得來！」

趙忠見狀，便抹著眼淚爬進殿中。施罷大禮，從供桌上取過傳國玉璽，高舉過頭頂慢慢退出，轉身跪倒，奉到何進眼前：「國不可一日無君，請大將軍速奉新皇帝正位。」

何進懵懂道：「是我外甥嗎？」

他這一句話所有人都嚇了一跳！皇帝乃是天子，父親尚且稱為上皇，哪裡能開口稱什麼舅舅外甥的？私底下說說也罷了，大行皇帝靈前怎麼能說這種話呢？大家知其愚魯，誰都沒有提什麼，十常侍的段珪、畢嵐攙扶他接駕就位，諸人紛紛退往南宮更衣。

曹操感覺有人拉他衣袖，回頭一看是曹純。曹純把他領到嘉德殿西側荒僻處，那裡捲著一扇草席。

「這就是蹇碩。」

曹操深吸一口氣，抖膽掀開了草席。第一眼看到的就是白晃晃的孝服，他沒有戴冠，白巾包頭，胸腹血淋淋的兩處刀傷，將白衣染成了紅色。那張桀驁不馴的寬額大臉已經慘白，嘴角下垂，兩隻凶惡的眼睛沒有閉上，直勾勾望著蒼天。

「你叫我看這個幹什麼？」曹操移開目光，不去看那屍體。曹純似乎有些憐憫：「張讓他們說瞎話。一切喪葬之物都是他親手操辦的，他還穿了孝服……蹇碩是個忠臣！」

曹操冷笑一聲：「哼！忠臣怎麼了？他不死就得咱們死！」

曹純垂手合上蹇碩的眼睛，歎道：「其實皇上遺詔是要傳位於……」

「閉嘴！」曹操趕忙打斷，「你昨天那個瞎話算不了什麼，誰都知道是怎麼回事，自古至今這樣的事多了。別瞎想了，快走吧！」

曹操帶著曹純快步離開，忽聽後面十常侍的幾個人在議論：「蹇碩是國賊，得把他的頭割下來獻給大將軍。快叫小子們去辦！」雖然曹操剛才訓教了弟弟，可還是回頭望了那忠臣最後一眼。

中平六年（公元一八九年）三月，漢帝劉宏駕崩，終年三十四歲，在位共計二十一年。這二十一年中，前有王甫擅政亂國，中有十常侍魚肉百姓，後有黃巾之亂。民生凋敝，忠良蒙難，奸邪為官，豪強橫行。劉宏死後諡號「靈」，是為漢靈帝——好亂不損曰「靈」！

何后之子「史侯」劉辯繼位為帝，是年十七歲。改元光熹，以何后為皇太后，封皇弟「董侯」劉協為勃海王。皇太后臨朝為政，晉袁隗為太傅，與大將軍何進參錄尚書事。

第十四章

漢靈帝的身後事

斬斷舊情

天子大喪最是繁瑣不堪，文武百官所行事務皆有禮制：太尉上謚讀策，司徒率先領喪，司空、將作監理器物，太常司儀傳哭號，宗正禮待諸侯，大鴻臚奉迎九賓，太僕監造喪車，大司農典算支錢，光祿勳、衛尉守衛梓宮……簡直把所有人折騰得腳不點地。

莫說朝廷大臣了，各地諸侯王也要千里迢迢進京奔喪，甚至洛陽城的百姓也得跟著披仨月白袍子。

在京官員不論品級五日一會臨，太后、皇帝劉辯、勃海王劉協也得跟著陪哭謝喪。每隔五天折騰這麼一次，這三個月過去，到漢靈帝劉宏下葬邙山文陵的時候，太常卿再傳令喊哭，無論王公貴胄還是文武官員，所有人都已經眼淚流乾，只剩下捂著臉啞著嗓子乾號了。

真是迅雷不及掩耳，下葬後的第二天，朝會上就爆出驚天大事。

大將軍何進、車騎將軍何苗會同三公一同上奏：「孝仁董皇后使故中常侍夏惲、永樂太僕封諝等交通州郡，收受官員珍寶賄賂，悉入西省。藩後故事不得留京師，輿服有章，膳饈有品，請永樂后遷宮本國。」董太后的一生可謂三起三落。她本是解渚亭侯劉萇之妻，乃普普通通一個藩妃，因為丈夫早喪，與獨生子劉宏相依為命。

後來漢桓帝駕崩，竇家外戚選她兒子當了皇上，母子分別依依不捨。原以為今生再無緣相見，卻托了王甫、曹節這兩個宦官的福。宦官誅滅竇氏，她才喜從天降，名不正言不順地到洛陽當了太后。作威作福賣官鬻爵，斂財揮霍欺壓忠良，她兒子每一樣暴政背後都有她的影子。實指望養兒防老，不想白髮人反送黑髮人。也怪她自己糊塗，非要攛掇兒子在臨死前廢長立幼，結果蹇碩被殺遺詔作廢，劉辯登基為帝。何家成了正牌外戚，董太后可謂人為刀俎我為魚肉，不得不難捨難分地與寵愛的孫子分別，再次回到那離開近二十載的河間舊宅。

她的車馬剛離開洛陽，何進就派袁紹、曹操等人包圍了驃騎將軍董重的府邸，皮之不存毛將焉附？董重倒是明白事理，自己把毒酒一灌，萬事了結。三天后，董太后在回河間的路上暴亡，勃海王劉協徙封陳留王。但據傳說，她是被車騎將軍何苗派人鴆殺的。

至此，一切干擾何家主政的障礙全部掃除。不知道是巧合還是因為劉宏這個昏君太招恨，天下的叛軍似乎是故意與他過不去。他活著的時候各地叛亂天天打仗，等他一死，叛軍也都隨之覆滅了：涼州匪首王國，與皇甫嵩作戰連連敗績，最終內部瓦解，王國為其麾下韓遂、馬騰所殺。韓馬二人又脅迫漢陽名士閻忠為首領，閻忠不允憂憤而死。從此韓遂、馬騰不能相容，他們彼此攻殺勢力衰退，後來不得不龜縮於西涼，不敢再踏入關中一步。

西南方面，益州刺史郤儉被黃巾所殺。當地州從事賈龍、犍郡太守任歧招募鄉勇抗擊反賊，經過幾個月的交戰，終於將黃巾首領馬相殺死。朝廷新任的益州牧劉焉等人進駐綿竹，蜀郡等地的黃巾餘黨也很快被肅清。

東北方面，張純、張舉勾結烏丸的叛亂，逐漸走向末路。雖然幽州刺史劉虞與騎都尉公孫瓚在征討策略上發生分歧，但經過幾番爭執，兩個人還是一剛一柔聯合起來。公孫瓚以武力大敗張純，劉虞則斬其首級，張舉勢窮懸梁自盡，至此幽州戡亂初步告捷。劉虞被提升為州牧，並遙尊太尉；公孫瓚也被提升為降虜校尉，兼任長史。

河內方面戰事同樣告捷，朱儁在河東僅僅招募些雜兵，就把進犯司隸的黑山軍打得團團轉。這些農民軍久戰不利士氣低迷，最終撤退到深山老林，並派人入朝求封。承諾朝廷授予他們首領官職，他們便不再興兵作亂。

青徐之地的黃巾主力多達二十幾萬，卻是同樣不成氣候的烏合之眾。袁紹將他們擊散回朝後，徐州刺史陶謙、東海相薛衍又逐個擊破。沿海之地有騎都尉臧霸處置，他招攬了吳敦、尹禮等一干地方豪強各自起兵，沒幾日的光景，就將流竄山嶺沿海的黃巾游寇消滅光了。

并州方面，丁原戡亂也頗有成效。匈奴叛軍見進不能取，只得退回北疆，扶立了須卜骨都侯充當偽單于。休屠格部更慘，幾仗打下來，被前將軍董卓收編了一大半，餘下的逃出塞外重拾游牧生活。白波軍方面，首領郭太戰死，其手下韓暹、李樂、胡才等輩才力不及，只得退居白波谷緊守。至此，并州之亂也算大體平息了。

平亂之事處處得勝，各地戰火紛紛熄滅，一時間刀槍入庫馬放南山，真有點兒新君登基天下太平的跡象。仗不再沒完沒了的打了，專門負責平亂的西園校尉的八個營也就無用處了，朝廷逐步裁軍，這些部隊只保留了三分之一。

曹操擔任典軍校尉，原來頭上還有一個上司蹇碩，不管出於何種目的，至少還是在討論戰事。如今蹇碩也死了、仗也不打了，屯守京師本就有北軍，他的這些雜兵其實已沒有實際意義，隨著裁軍的進行，他的部曲（私人武裝）也越來越少。特別是劉宏生前組建的西園騎被勒令解散後，皇家園林不再供軍事使用，諸校尉連議事的衙門都找不到了。

曹操等人見狀，也無心操練兵馬了，乾脆萬事都推給各自的司馬，自己到幕府閒坐，與大將軍的掾屬已一般無二。

何進是一個不錯的外戚國舅，憨厚、善良又講義氣，但他卻不是一個合格的大將軍。莫說處理政務沒有主見，奏章上的字都認不全。好在幕府之內全是高參，長史王謙統籌機要、蒯越掌管人事，諸曹掾屬各司其職，大將軍府儼然一個小朝廷。何進每天只需簽署機要，剩下的時間與袁紹、曹操這幫閒人暢談國事就可以了。

雖然現在大局安定，但袁紹、何顒等人還有一未了的心願，那就是黨錮的幫凶張讓、趙忠，以及以他們為首的十二個中常侍還在。可何太后臨朝之後，僅僅處置了夏惲與封諝；對於剩下的十個人，不但不追究罪過，竟然還肯定張讓等人的護駕之功，把他們也歸入了功臣行列。

自從大喪完畢，袁紹就一直在何進耳朵旁絮絮叨叨，不停地勸他誅殺十常侍，而何進卻猶猶豫豫不肯決斷。這樣的情景曹操已經見了無數次，今天又是這種情況。

「大將軍，宦官一事您還是沒有決斷嗎？十常侍禍國殃民已久，現今前朝弊政皆除，朝廷廣招賢才為官。若不除掉這些禍國小人，何以安士人之心？雪黎民之恨？」袁紹已經反反覆覆說了半天。

何進的表情有些木訥：「本初啊，我不是說了嘛，此事得要太后同意。可是她不同意啊！說句心裡話，我也不太願意這麼辦。」

「為什麼？」袁紹一皺眉。

「想當初我何進不過就是一個殺豬的，要不是張讓舉薦我妹子入宮，哪有今日這一身富貴？說不定我現在還在南陽集市上磨刀子呢！」何進的表情憨得可愛，「本初賢弟，莫看你官沒我大，可是吃的苦可沒有我多。你是公侯世家，我是屠戶世家，這是不能比的。俗話說吃了人家的嘴短，有恩不報已經很過分了，回手再把人家殺了，這說得過去嗎？」幾句大白話竟把巧舌如簧的袁紹噎得不知說什麼了。

曹操與王謙、蒯越捂著嘴笑了半天，王謙道：「現在不要議這件事了。目下還有兩件要事急需處置。一件是匈奴單于於夫羅在京請兵平亂，一件是董卓擁兵自重屯駐并涼，這兩件事必須儘快解決。」

曹操也道：「沒錯，這說是兩件事，其實也是一宗。於夫羅本應繼承單于之位的，現在匈奴叛軍另立了一個偽單于，而且占了他的牙帳和草場。他在洛陽急得跟熱鍋螞蟻一般。這些天連大鴻臚都不敢見他，袁術、鮑韜天天陪著他射獵解悶。」何進撓了撓頭道：「那他就別回去了，咱們養著他不就成了嗎？」

曹操嚇了一跳：「那可不行啊！人家匈奴是咱的屬國，咱們哪能不管呀？再說這一次是因為要幫咱們打烏丸，人家才起了內亂的。若是陷人於危難而不顧，我泱泱大國的權威何存？」

「孟德說得甚是有理，此事一定要管。」王謙又接回話茬，「但是先得把董卓的問題解決掉。前幾天皇甫嵩自涼州打來一份奏章，控告董卓擁兵自重，招募死士。這個釘子必須要拔掉！」說這話的時候，王謙故意掃了一眼袁紹。

二十多年前董卓不過是涼州刺史手下的一個從事，是因為袁隗為司空，辟他為門下賊曹，才出人頭地的，細算起來這董卓也是袁家的故吏。

袁紹方才與何進賭氣，見王謙看他，信口道：「拔就拔罷！我又不跟他沾親帶故。」

曹操卻對皇甫嵩有些失望：「皇甫老叔這是怎麼了？這可不像他做事的風格。董卓既然擁兵自重，他就應該自行處置。先奪了他的兵權，或者是伺機將其捉拿。董卓抗詔已經有一次了，擁兵自重是明擺著的事，皇甫老叔上這個奏章管什麼用啊？」

「這你都不懂，他是被朝廷嚇怕啦！」袁紹白了曹操一眼，「原先忠心耿耿替朝廷打仗，後來因為告了趙忠一狀，左車騎將軍也給撤了，封邑也給削了，還差點兒下大牢。有過這麼一番折騰，他哪還敢先斬後奏呢？歸根結柢，這也是十常侍惹下的禍，不拿掉這些誤國的閹賊，什麼事都解決不了。」

曹操聽他把話題又繞了回去，暗地好笑，卻沒順著他的意思說，只道：「不管是誰的錯，現如今要拔釘子。大將軍不妨再下一份詔書，召董卓回朝……」

「他不回來！朝裡面有十常侍這幫奸臣……」袁紹頓了一下，不冷不熱地道：「外面天高皇帝遠，他哪兒還願意回來？」

王謙也覺著袁紹這半天有些搗亂，看看他，強硬地說道：「不回來沒關係！給他個刺史、州牧的，讓他的兵歸皇甫嵩節制！再說他不是還有個弟弟董旻嗎？召到京城給個官，攥著他一口親戚也管用。」

袁紹看看王謙，沒敢說什麼，只對何進語重心長道：「大將軍，關於誅殺宦官的事情你還要再跟太后商量，這不光是為了內外的大臣，更是為了你和太后的平安。先朝的大將軍鄧騭、竇武輔政，皆是忠良的外戚，結果就是讓宦官害死的。不除了這些可惡的閹賊，對朝政永遠是有妨礙的。對大將軍一家的安全，更是威脅。」

何進別的事不懂，生死之事他豈會不知。好不容易從一介平頭百姓混到今天這一步，若是糊裡糊塗丟了性命豈不可惜？他耷拉著大腦袋想了一會兒才道：「嗯。這件事是得辦，我還得跟我妹子提。」

曹操看著他猶猶豫豫的樣子真覺得可笑：袁本初是不是有些小題大做了，竟把大將軍擠對成這樣。

正說話間，又見蒯越、劉表笑盈盈而來：「恭喜大將軍，賀喜大將軍！」何進被弄懵了：「又有啥好事？」

劉表高興得嘴都合不上了：「大隱士鄭玄奉詔入朝，現已到都亭驛啦！」諸人一聽無不歡悅，這可真是喜事臨門。

鄭玄、荀爽、陳寔乃民間三大賢士，凡朝廷三公出缺總會象徵性地向他們發出詔命，但人家卻甘老林泉從不奉詔。蹇碩覆滅新君登基，在諸人建議下，何進向昔日被禁錮的老一代名士紛紛發出詔命，可肯於回來做官的卻極少。緊接著陳寔年邁去世，何進更覺要爭取賢士妝點朝堂，便連續向鄭玄、荀爽發出徵召。可能也是工夫不負有心人，總算把鄭玄感動了。

明明是高興的事，何進卻慌了手腳，他一介屠夫出身，實不知該以何等儀式禮遇這樣的大人物。王謙見他手足無措，便建議道：「大將軍莫急，今天準備迎接儀式恐是來不及了，您就便裝去都亭見見老人家就好。」說完又向諸人囑咐道：「鄭康成也是有歲數的人了，依我說除了大將軍一人，咱們就不要去拜謁人家了。明天咱在平陽城外列隊相迎，他既然來了，以後向老人家請教學問的機會還有的是。」

曹操等人紛紛點頭贊同，不過一想到鄭玄乃經學泰斗，《易經》、《春秋》、《禮記》、《詩經》無所不通無所不精。而明天就要與他老人當面討教了，恐怕大夥這一夜要興奮得睡不著了。眾人暫把公務都拋到一邊，雞一嘴鴨一嘴叮囑何進注意禮儀，之後便各自回家，用心準備明天的腹笥高論了。

第二日，曹操起了個大早，把嶄新的深服撣了又撣、髮髻梳了又梳、鬍鬚修了又修，要見大隱士自然得精益求精。他對著鏡子照了好半天，確定一切妥當，剛要走卻見老父拄著杖來到他門前：「你小子又幹什麼呢？」因為大喪守靈受了不少罪，曹嵩又添了腰疼的毛病。

曹操攙他進來，笑道：「兒子要去迎接鄭康成……您別一口一個小子，我都這等歲數了。」

「這歲數怎麼了？你就是當了大將軍也是我的兒呀！」曹嵩晃晃悠悠坐下，「聽說不少何進的人都在上書言董卓意欲造反之事，是不是也有你一份呀？」

曹操一心惦記出門，只揶揄道：「是朱儁勸說大將軍的。」

「別聽朱儁那幫人瞎吵吵，董卓反不了。」

「哦？您怎麼知道？」曹操甚覺詫異。

曹嵩擺弄著拐杖：「那董卓今年也有五十多歲了，他又沒個兒子，他給誰反呢？」

「哼！」曹操覺得父親這個理由很牽強。

「你別笑啊，他董仲穎與當年的段紀明一樣，都是老兵痞，這幫人就是西涼武夫出身，不入清流士大夫的法眼。他們這輩子就為了作威作福能讓人瞧得起，你看馬騰、韓遂、王國這幫子人，有那麼三兩千的兵就敢亂來，這就是民風剽悍！」

「您這麼說可就有偏見了。」

「這不是偏見。」曹嵩捋著花白的鬍鬚，「當年光武爺打江山，隗囂割據涼州首鼠兩端，這邊跟光武爺稱臣，那邊與白帝公孫述勾勾搭搭。結果光武爺平了他，也是從那時候起，涼州之民不准遷籍入關，涼州人剽悍可是出了名的。」

曹操低頭沉思：「那您說董卓他……」

「別管董卓的事情了！」曹嵩皺眉道：「該操心的不操心，不該操心的瞎操心……我要辭官啦！」

「唔。唔？」曹操才反應過來，「辭官做什麼？」

曹嵩開玩笑道：「你這雜牌子校尉都拿二千石俸祿，我這個諫議大夫才六百石。兒子欺老子，我臉上不好看，所以不幹嘍！」

曹操這會兒顧不得出門了，怕父親心裡難受，趕緊勸慰道：「爹，怎麼與我玩笑呢？怎麼無緣無故就不幹了，您比馬日磾的歲數小多了。您老又不是不知道，諫議大夫非威望之臣不能任，那楊賜、劉陶退下來的時候不都當過嗎？您這可是個體面官。而且您任過太尉，一次為公，有了名望後面就能再任。說不定三公再出缺，您就能補上。」

「你少拿這話哄我寬心啦！」曹嵩撇撇嘴，「原來先帝貶斥的人都起復了，黃琬升了豫州牧，趙謨當了衛尉卿，朱儁回朝了，王允也無罪開釋了。你們天天還攛掇何進招賢納士，連荀爽、申屠蟠、張儉這幫老傢伙都要請入朝堂，如今連鄭玄都來了。有這些人擋著路，我還能往哪裡擺？這輩子我再也摸不到三公啦！」

他說的都是實情，曹操不禁點點頭：「爹啊！您說的不假，過去的事情一風吹啦！現在朝廷要啟用那些年輕才俊和威望之士，賣官的事情以後不會有了。」

曹嵩卻冷笑道：「什麼年輕才俊？我也瞅不出他們哪裡過人，孔融那等狂生為侍御史，鄭泰當了尚書郎，周毖算個什麼就任為侍中。最可氣的，劉表當北軍中侯、胡母班為執金吾，孔伷、袁遺都放出去當郡守，他們都會領兵嗎？坐而清談還差不多，關鍵時刻百無一用！」

曹操不得不承認這些人是沒有什麼經驗，但都是幫大將軍立過些功勞的，又是地方上的清流名士。何進這個白地大將軍要往自己臉上貼金，再加上袁紹、何顒引薦，他當然得用這些人。

曹嵩見兒子出神，又道：「孟德，聖人說『和光同塵』，說白了也是一朝天子一朝臣，在這一朝就為這一朝的天子盡忠，別的無需多想。你爹我就是這樣，是非對錯我心裡也清楚，但是有些事不那麼做是辦不成的！過去憑錢，現在看出身。向上的路都堵死了，我不辭官幹什麼？前天我去跟樊陵、許相商量了，想勸他們與我一起辭官，他倆還不願意走。哼！人家現在給你臉了，就趁著現在有張整臉趕緊告老；等人家不給臉了，再想走都晚啦！一把年紀了，要知道好歹啊……」

是啊，爹爹也算是混到頭了。當年宦官得勢，他也就得勢。如今宦官都俯首帖耳了，他這匹老馬也就沒草料了。一朝天子一朝臣，有先帝那樣荒謬的君主，才會有爹爹這幫和光同塵的臣子。我現在也算是立起身來了，他今後也幫不到我了……曹操低頭不語。

曹嵩似乎把兒子的心境看得清清楚楚，又嘿嘿笑道：「小子，你也別把你爹看扁了。你以後可得好好孝順我，我如今早早辭官也是為了你小子好呀！」

「嗯？」曹操一愣。

「你別裝糊塗，這幾天何進謀劃什麼呢？」

「沒什麼呀！」

「胡說，你們計劃著要除掉十常侍呢！」

曹操更覺詫異：「您怎麼會知道？」

「哼！」曹嵩氣哼哼道：「張讓把城東的宅子都賣了，你猜那些錢都哪兒去了？」

「不知道。」

「都到車騎將軍府了。」

「何苗？」

「嗯。張讓為了保命如今把撈的錢都給了何苗，就求何家饒他們一命。趙忠、段珪他們也紛紛典賣家產四處託人情。我跟他們也算是老關係了，萬一他們拿著錢送到我這裡，讓我叫你替他們去求情，我怎麼辦？不幫這忙他們得罵我不顧交情，答應下來不是給你找麻煩嗎？」曹嵩歎了口氣，「所以，我趕緊辭官不幹了。我都不頂事了，他們也就尋不到我頭上了！」

「爹！你為了孩兒我……」曹操攥住父親的手，不知道該說什麼。

「小子，我可已經斬斷舊情啦！以後咱家跟任何一個宦官也沒有瓜葛了。該殺誰你就只管跟著去殺，你要是能跟那幫清流混熟了，將來你也就算個清流了——前程似錦呀！」

「謝謝您……爹！」一時之間，曹操不知道說什麼好了。

「但是我還得給你提個醒……何進這人不太成事，還沒殺呢人家就知道了。將來要是事有不決，你們可得幫他快刀斬亂麻！什麼事情都怕拖延，拖來拖去，好事也能成禍！」

本來是幾句好話，但曹操聽罷感到有些惴惴不安。

他呆立在那裡，瞅著老父拄著杖篤篤而去，好半天才想起今天的要緊事，趕緊邁著小碎步出了府門。哪知還未上車，又見崔鈞騎著高頭大馬而來。

曹操皺眉道：「元平啊，你難道要騎馬去見鄭康成嗎？這好好的深服不都弄褶子了？」

「唉……」崔鈞未說話先歎氣，「見不成了，老頭子已經走了。」

「走了？」曹操一條腿剛邁上車，又下來了，「怎麼回事兒啊？」崔鈞苦笑著搖搖頭：「老人家根本就不願意來，是郡縣的官吏取媚何進，硬把鄭玄拖來的。昨天何進到都亭去見了一面，老人家僅僅身著布衣朝他一揖，待他走後老頭趁著夜深人靜就溜了，就留下一個叫郗慮的弟子解釋情況。」

這事兒真叫人哭笑不得，曹操歎息道：「早知如此，昨天就該去湊湊熱鬧。這倒好，遇高人而交臂失之，可惜啊可惜……」

「我看此事詭異得很。」崔鈞的神色凝重起來，「如今不單是鄭玄、荀爽不來，就連黨錮的名士張儉、申屠蟠也都回絕詔命了。這一早上我就在想，袁紹昨天的話很有道理，宦官必須要除。不掃除那些宦官，有德之士便不願意回朝效命。長此以往，於國不利啊！」

曹操點點頭，現在他父親已經撇清與宦官的關係了，他也大可以跟著何進、袁紹放手一搏了。鄭玄一揖而去，又留下弟子郗慮解釋，也算禮數周全，何進也不好再糾纏，直把郗慮拜為郎官草草了事。

另一方面，經過太傅袁隗與諸尚書的籌措，朝廷下詔調并州刺史丁原為武猛都尉；調前將軍董卓出任并州牧，並讓他交出軍隊歸皇甫嵩調遣。但是結果出人意料，董卓再次抗詔，這個老兵痞上書說：「臣既無老謀，又無壯事，天恩誤加，掌戎十年。士卒大小相狎彌久，戀臣畜養之恩，為臣奮一旦之命。乞將之北州，效力邊陲。」不過董卓的弟弟董旻倒是喜氣洋洋到了洛陽，即刻被晉封為奉車都尉。

矯枉過正

過了幾天，何進一反常態，鄭重其事地把袁紹、曹操、何顒等人都召集到幕府。

「我已經把誅殺宦官的事情與太后說過了。」何進不知道該怎麼措辭，停頓了一會兒才道：「太后還是不同意，畢竟張讓對我們家有恩情，而且……」

何顒第一個怒氣沖沖打斷了他：「大將軍！您怎麼能夠因私而廢公呢？十常侍雖然對您有恩，但他們卻與天下吏民有不解之仇！我輩士人被冠以黨人之名，生生禁錮十七年之久！這十七年裡，多少人被他們殺死？竇武、李膺、杜密、陳球、劉郃、劉陶、陳耽，那都是我大漢朝的擎天白玉柱啊！」他說到這兒突然仰天大哭，「二十多年前，王甫、曹節之變，陳蕃老太傅帶著八十多個太學生闖宮，就剩我一個人活著逃出來，這麼大的冤屈難道就不了了之嗎？他老人家七十多歲的高齡讓宦官活活打死了，難道就白死了嗎？」

逄紀逄元圖扶住他說：「大將軍！伯求兄字字泣血啊！我等士人之所以雲集在您府內，就是為了匡正社稷，您要是如此處事不公，我們實在是難以再……」

何進雖然愚魯，但是也掂量得出自己的斤兩，自己無德無能，這些人之所以保著自己，無非是為了兩件事：一是剷除宦官，二是自圖進取。如今自己做不到，他們可就要各自散去了。想至此他馬上打斷逄紀的話：「我不是這個意思……我是說……十常侍已經老實了，他們不會再做壞事了。」

何顒擦擦眼淚，抬頭道：「這些宦官之所以可恨，就在於他們善於矯情偽飾。請大將軍和列位兄弟細想一下，幾個傳書遞簡、掌燈獻食、捧冠疊衣的小人，為什麼能迷惑聖心干亂國政呢？就是因為他們能裝！就是因為他們能在皇上面前裝作忠誠，能在皇后跟前裝作恭敬，能在朝堂之上裝作膽怯，能在大將軍面前裝作可憐！」說到這兒，何顒提高了聲音環視眾人，「可是考其所作察其所為：收受賄賂談何忠誠？妄議廢立談何恭敬？賣官鬻爵談何可憐？陰謀弒君談何膽怯？小仁乃大仁之賊！大將軍萬萬不要被他們這點子鬼魅伎倆騙了，到頭來報國不成，反被這幫下作奸賊害了！」

「對！對！不能饒了他們！」

「宦官不除，天無寧日！」

「除掉宦官再議他事！」

「為陳老太傅報仇啊……」

幕府廳堂上人聲鼎沸，所有人都扯開了嗓子，曹操瞧每個人都像瘋了一樣。這也難怪，這些人除了地方名士，就是黨錮受害者，那些軍官也受過蹇碩的欺壓，有的人跟宦官有仇，甚至有的是幾代的世仇，他們吞了十常侍的心都有，怎麼會放了他們？

「大將軍，您聽我說。」袁紹一說話，大家便都安靜了，「自古內廷之官本用士人，至於齊桓公之世，才有豎刁自閹以幸進。豎刁卑鄙小人禍國殃民，害齊桓公不得善終！這樣的小人該不該殺？」

「該殺！」眾人異口同聲。

「我高祖爺開漢，內廷之人也未盡用閹人，至於孝元皇帝一朝才有弘恭、石顯亂政！毀我西京社稷根本的，還是在這幫宵小！」

曹操覺得袁紹有些強詞奪理了，怎麼能把西京社稷之敗歸咎於宦官呢？恰恰相反，不是王莽這等外戚之人篡權亂政嗎？當然，這話絕不能當著何進的面說。

袁紹還在那裡慷慨激昂道：「我朝自光武爺中興以來，內廷皆用宦官。可是結果是什麼？是一代一代的宦官亂政！所以宦官一定要徹底鏟除，不但十常侍要殺，所有禁宮之內的宦官都要殺！」

這會兒贊同的聲音參差不齊了，王謙叫住他：「本初，這不是要改祖宗之法嗎？」

「沒錯！」袁紹吶喊道：「而今皇帝已立，親生母舅輔政，不會再有什麼王莽之事了。內廷用宦官這一條大可廢除！這不是有悖光武爺的大政，而是為了延我炎漢之血脈，為了匡正朝綱屏棄小人！大將軍請速速決斷誅殺宦官！」

「速速決斷誅殺宦官！」廳堂上又是一陣大亂。

曹操看著眼前這些人，袁本初、何伯求、逢元圖，似乎自己對這些人從來就不認識。但恍恍惚惚又覺得這些面孔似曾相識，那是在宛城戰場上，那些明明得勝卻還在屠戮逃亡者的官兵！欲望這種東西實在是可怕……正在煩悶間，曹操又見荀攸、田豐、蒯越等臉色陰沉，又湊在一個角落裡嘀嘀咕咕，便任由別人喊叫，自己穿過人群，擠到了他們身邊，拱手問道：「幾位又有何高見？」

「孟德太多禮了。」蒯越本就是容長臉，今天耷拉著腦袋，撇著嘴，實在是難看，「我們幾個本是大將軍辟來的掾屬，家世殷實，跟宦官也談不到什麼仇恨，關於此事沒有什麼可說的。」

曹操聽他這樣的口吻，便明白他明哲保身，微笑道：「我還是宦官的孫子呢！剛才伯求兄說『妄議廢立』，那指的不就是我爺爺嗎？我都敢在這裡說話，你們怕什麼？」當年先朝孝質皇帝被大將軍梁冀毒害，太尉李固主張立劉蒜為帝，梁冀主張立劉志，關鍵時刻曹操的爺爺曹騰代表內廷偏袒梁冀，這才使桓帝劉志榮登大寶。

荀攸點點頭：「孟德兄若不棄，咱們到外面聊兩句。」

四個人出了廳堂，來到一處僻靜所在。荀攸回頭道：「孟德兄，大將軍一向對咱們言聽計從，但這件事之所以久久不能決，實在是有難言之隱。」

「願聞其詳。」曹操拱手道。

「大將軍與太后乃是同父異母之兄妹，而車騎將軍何苗與太后則是同母而異父。現今大將軍之父母已喪，而太后與何苗之母尚在。」荀攸捋捋剛蓄起來的鬍鬚，「孟德兄你想一想，大將軍為政諸事皆逆於太后，而何苗行事則恭順太后。太后臨朝決斷，而兩個兄弟一逆一順。這樣持續下去，會是什麼樣的結果？」

「大將軍位置不保！」曹操恍然大悟。

「豈止是位置不保？」蒯越冷笑道：「皇上已經十七歲了，親政之期漸近，若是大將軍事事有悖太后與皇帝，將來的日子更不好過。莫忘了孝武帝是怎麼對待他舅舅田蚡的！君王自有君王之道，莫看大將軍此刻呼風喚雨，恐怕也只是曇花一現。」

曹操經他們點撥如同撥雲見日，強笑道：「那諸位有什麼辦法嗎？」田豐搖頭晃腦道：「簡簡單單的事情叫這幫人搞得複雜，只要上書一份奏章，表露十常侍之罪，將他們繩之以法就行啦！何必這樣大費周章呢。」

「如此行事豈能將宦官誅絕？」曹操搖頭道。

豈知田豐反問道：「為什麼要誅絕呢？」

這一句話把曹操問住了：是啊，為什麼非要把宦官誅絕呢？袁紹的剛才那番話真的有道理嗎？田豐冷笑道：「天下人行其事，而不問其何以行其事。他們剛才一直在提陳蕃、竇武那檔子事，那我倒想問問，竇憲、梁冀那幾檔子事又該算到誰頭上？矯枉過正啊！」

蒯越為人甚是小心：「孟德，我們這些話你聽去也就罷了，可千萬不能講出去，是要犯眾怒的。」

「異度賢弟，你也忒多事。講出去又何妨？咱們該走了！」田豐歎息道。

「走？去哪兒？」

「從哪兒來，回哪兒去。我回我的河北，你去你的荊州。」

蒯越一頓，隨即點頭道：「嗯，看來咱們是該走了。」

「兩位要走？」曹操更為詫異。

「不走等什麼？還沒兵戎相見就已經沸反盈天了，這等事情還有什麼機密可言？再這樣鬧下去，是要生出變故的！這何進胸無點墨處事懦弱，也絕非可保之人，即便做成此事，以後還不知會是怎樣呢！」田豐說罷也不待諸人答對，低頭而去。

「那……我也走了。這幾日與諸位兄弟相遇若風雲際會，他日有緣再得相見。」蒯越拱拱手也去了。

曹操眼瞅著這兩個精明之人拂袖而去，不禁悵然，回頭確見荀攸插手而立臉上帶著笑，問道：「你不走嗎？」

荀攸微笑道：「田元皓與蒯異度都能想得通的道理，本初怎會想不通呢？」

「你的意思？」

「袁紹另有圖謀。」荀攸說罷轉身而去。

「什麼圖謀？」

「我現在還不清楚，但是這裡面肯定有問題，說不定與他叔父袁隗有關。孟德兄，你有沒有想過，所有的宦官都被剷除了，那何氏一家又豈能長久？不說了，我也得趕緊走了。」

「你還是要走呀？」

「我不是離京，是回家睡覺啊！睡上一兩個月，等風平浪靜再出來。袁紹要弄險了，他想螳螂捕蟬黃雀在後，不過保不齊樹下還有人『思援弓擢而射之』。」荀攸邁出幾步突然又回頭道：「孟德兄不必慌張，你手裡有兵，大可以穩如泰山！」

雖然聽著這樣說，曹操仍是覺得洛陽城又要鬧出一場大亂。

這次會晤一直進行到很晚，袁紹等人一直千萬百計給何進鼓氣，待諸人離開大將軍府已經過了亥時。崔鈞、王匡等人始終尾隨在袁紹身邊，暢想著肅清宦豎振興朝綱的未來。

曹操低頭勒著轡繩，一言不發地跟在他們後面。行至街口處，待諸人紛紛告辭，他卻道：「本初，行此大事恐有危險。公路現在是虎賁中郎將，宿衛中宮，不能保護你，今晚我送你回府吧。」

袁紹感激地一笑：「孟德多慮了，憑我的本事還不至於讓一兩個尋常刺客得手。再說張讓等人肝膽俱裂，又怎麼敢造次？」

「你明知十常侍肝膽俱裂，為什麼還要把他們全都殺了？」

袁紹一揚馬鞭：「為了安我輩士人之……」

「本初兄，此處並無他人，你不必跟我冠冕堂皇的。夜靜更深，出爾之口，入我之耳，也就罷了。」

袁紹低頭不語，曹操也不好再問，兩個人各自沉默，信馬在黑黝黝的街上走著。這夜幕下的洛陽城是如此寂靜，也不曉得白天的熱鬧喧囂都躲到哪兒去了。此時此刻，一種莫名的恐怖縈繞在曹操腦海裡，似乎袁紹在醞釀著一場血雨腥風。

過了很久，袁紹才長出了一口氣，低聲道：「孟德，如果宦官和外戚都沒有了，只是我輩士人輔保天子該多好呀！」

曹操一愣：「你說什麼？」

「外戚畢竟是外戚，莫看他如今站在我們這一邊，將來還是會樹立親黨干亂朝政的。就算何進不會，何苗也會這樣做……天不可以不剛！」黑暗中，袁紹的眼神熠熠放光。

「你是說，要把宦官和何氏都剷除嗎？」曹操試探道。

袁紹沒有回答，只是拱手道：「我到家了，咱們明日再會！」

曹操看著他的背影拐了一個彎，消失在夜幕當中。外亂方息百廢待舉之際，行這樣的險事值得嗎？他無奈地歎息一聲，駁轉馬頭回府。

走了幾步突然意識到不對，拐彎處的那所閃著燈火的宅邸，不是老袁逢留下的老宅，袁紹不應該住在那裡。

那座宅子的主人是袁紹的三叔，當朝太傅袁隗！

第十五章
袁紹的餿主意把董卓引來了

引亂入京

一眨眼又過去半個月，何進還是沒能說動太后。與之相反，何苗那邊卻是連連告捷如火如荼。十常侍當年搜刮來的金銀財寶如今都到了車騎將軍府，何苗的每一句話都在太后心目中舉足輕重，甚至何苗還把他和何后共同的老娘接到了洛陽城，在十常侍的逢迎下被冊封為舞陽君。張讓、趙忠吮痔獻媚，不惜口口聲聲喊差不多同齡的何老娘為奶奶。

大將軍府夜夜燈火通明，謀誅宦官之事簡直就是在堂而皇之地進行，全洛陽的人都知道何進他們想要幹什麼，哪裡還有什麼祕密可言？

何進那張雍容的胖臉瘦了一圈，眼裡布滿了血絲，這些日子他受著雙重折磨。他只要一進宮，準會遭到妹妹的斥責，她堅決不允許誅殺宦官，內廷換成士人，孤兒寡母怎麼好跟一群大男人打交道。可是出宮回到家，袁紹為首的這幫人又滿腹慷慨激昂等著他——受這樣的夾板氣，還不如回到南陽集市上殺豬呢！

幕府廳堂裡的掾屬越來越少了，有的當面告辭，有的留書而去，有的求了外任，還有的像田豐他們一樣，什麼招呼都沒打就悄悄去了。何進明白，自己太懦弱無能了，他們不願意再跟自己混了。他曾經嘗試過擺脫袁紹，想把自己的女兒嫁給王謙的兒子王粲，靠兒女親家的關係維繫現在的幕府班底，可王謙卻嚴詞拒絕。看來不殺盡宦官，早晚這些人會一哄而散。

「大將軍，時至今日，您還不能決斷此事嗎？」袁紹已經不再喊嚷，這些天都折騰夠了。

「我這個大將軍是靠妹妹得來的，怎麼可以背著她先斬後奏呢？」

逄紀聽了半天了，這會兒乾脆把話挑明：「大將軍是顧及車騎將軍把您取而代之吧？」

何進也曉得家醜不可外揚，歎息道：「都是一家子親戚，他……」

逄紀懶得聽他廢話，打斷道：「大將軍應該明白，皇上遲早是要親政的，您應該趁早剷除奸佞，不要再讓他們禍害新君。自古為帝王除奸，為黎民清君側，是最大的功勞。大將軍若辦成此事，日後必得皇上信賴。」

關於何家的私事，曹操一句話都不敢多說，現在他已經逐漸看清袁紹的如意算盤了。只要宦官除掉，太后和皇上身邊就只能用士人，能夠幫助外戚壓制群臣的盟友也就不復存在。到時候何家也就失去與皇上的紐帶，何進、何苗也將被孤立，宦官外戚都被解決，最終獲益的是士人。曹操眼睜睜看著何進這個憨厚的漢子被袁紹利用，他心中有所不忍。

袁紹拍了拍有些發脹的腦門，似乎很無奈：「既然大將軍不能與太后爭執，那咱們……咱們就給太后施加些壓力，使她迫於形勢不得不殺掉宦官。」

「有這樣的辦法？」何進似乎看到些解脫的希望。

「大將軍放心，我這個辦法定不會叫大將軍與太后反目，到時候太后自然而然就會除掉宦官。」

袁紹低頭撫弄著佩劍。

「有這樣的好主意何不早講？你說說，是什麼辦法？」何進頓時兩眼放光。

袁紹放下劍，環視眾人道：「咱們祕密調遣四方兵馬，以清君側討宦官為名興兵入京，逼太后決斷！」

在場之人頓了一會兒，才想明白這件事的可怕性。陳琳陳孔璋第一個站出來反對：「不行！如此行事乃引火燒身。」

「為什麼不行？咱們暗地裡節制，不許他們入京城不就可以了嗎？」袁紹沒理陳琳，卻直勾勾看著何進，「大將軍，現在只有這個辦法，能夠保全您跟太后的體面。從前齊國為亂，孝景帝先斬晁錯！」

曹操實在是聽不下去了：「本初！孝景帝雖斬晁錯，可那並沒有平息叛亂！況且現在本無叛亂，你這是挑動災禍無事生非。」

「這也是無奈之舉。」逢紀立刻駁道：「孟德你太不體諒大將軍的難處了。況乎只有如此行事才能左右保全，大將軍以後還得輔政呢！你們就不能替他想想嗎？」

「逢元圖！你少要巧言令色！」馮芳在一旁壓不住火了，「口口聲聲效忠大將軍，你可知各路兵馬一進河南，京師就亂了。」

「虧你們還是廝殺漢，連這點事情都怕，還不如我這一介書生呢。」逢紀譏笑道：「你們帶兵是幹什麼吃的？不會拱衛洛陽嗎？你們倆是不是難斷舊情，還捨不得那些宦官的性命呀？」

曹操與馮芳原本都是通情達理的，但是說話就怕揭短，逢紀用他們最在意的事情挖苦，他們豈能忍受？馮芳一著急，把劍拔了出來：「你再說一遍，我先宰了你！」

廳堂裡立刻炸了鍋，大家你言我語頃刻間分為兩派，一派支持袁紹，一派反對這麼幹，雙方爭執不休。何進看著眼前的情景，實在是忍不下去了：「你們別鬧了！我……我……本初，你這個計策有把握嗎？」他支支吾吾半天，還是要諮詢袁紹的意思。

袁紹立刻施禮道：「有！今丁原之兵近在咫尺，召他速速進京，高呼清君側之言，傳至京師，太后必然就範。」

「不行不行！」曹操立刻反駁，「并州軍皆是匈奴、屠格，這些人不服管教勢必生亂。」

「那就再招董卓進京，二人互相牽制不就行了嗎？」逄紀信口道。

「董卓擁兵自重包藏禍心，你不知道嗎？」

「你懂什麼，多招幾路人馬，他們互相牽制，也就鬧不出什麼大亂了。鮑信不是在泰山拜了騎都尉嗎？叫他也領兵入京，你們總得信任他吧？」逄紀滔滔不絕道：「東郡太守橋瑁，名門之後你總該信得過了吧？還有在外領兵的幾位掾屬張楊、毌丘毅，叫他們都領兵逼近河南，這些人你們總該信任吧？」

曹操一時語塞，這辦法聽起來還真像那麼回事，但是事到臨頭會怎樣誰都無法預料。他思考了片刻，緩了口氣道：「即便如此，這件事還需慎重籌措。兵者，凶也，能不用還是儘量不用的好。」

何進或許是想早點兒擺脫自身的尷尬，滿口應承道：「既然本初有把握，這件事就這麼辦吧！本初，就有勞你火速招諸將入京，叫他們打足了旗號，一嚇唬，我妹子就答應了。」

「大將軍怎麼能行這等謬舉呢？」陳琳跪倒在地，「《易經》有云『即鹿無虞』，民間有諺『掩目捕雀』。夫微物尚不可欺以得志，況國之大事，豈可以詐立乎？如今大將軍總統皇威，手握兵要，龍驤虎步，若有意誅滅宦豎，此猶如鼓洪爐燎毛髮耳！夫違經合道，無人所順，偏偏委釋利器，更徵外助。大兵聚會，強者為雄，所謂倒持干戈，授人以柄。到時候大事不成，天下就要亂了！」說罷他連連磕頭，把腦門都撞破了。

何進趕緊走過來，雙手攙起陳琳：「你這又是何必呢？咱們把這件事早些了結，也就罷了。」

「了結？」陳琳都快哭出來了，「大兵一到洛陽，必然各自為政，哪兒還有個了結啊！」

「我看本初說得頭頭是道，就試試吧。你給我個面子吧！」

「面子？天下大事竟然就是面子？」陳琳一把推開他的手，瞪大了眼睛搖頭道：「我不跟你說了……不跟你們說了……」他失魂落魄蹣跚到堂口，又回頭道：「大將軍，您好自為之吧！」

馮芳見陳琳走了，也寶劍還匣，吼道：「好啊，我也走！我一個宦官的女婿，不配與你們這幫乾淨人說話。自以為是！呸！」說罷瞪了逄紀一眼，甩甩衣袖，揚長而去。他這一走，夏牟、趙融這兩個校尉也吃不住勁了，皆拱手道：「大將軍，我等營中還有要事，暫且告退。」說完不待何進答覆，匆匆忙忙就躲了。

曹操見他們如此武斷，把諸校尉都逼走了，便也拱手要退。袁紹一把攥住他：「孟德，你我相交多年，曾經共過患難，難道連你都不信任兄長我嗎？」

瞧他凝重地看著自己，曹操的去意漸漸打消，慢吞吞道：「本初……我勸你慎重。」

「大家坐下講話，坐下講話吧！」何進趕緊打圓場，「本初，我看大家也沒弄明白，你詳細說說你的辦法。」

袁紹落坐，娓娓道來：「十常侍所恃乃車騎將軍與舞陽君也，此母子進言於太后，故太后不能決斷。為今之計，以雄兵入關，逼近洛陽，遍插旌旗，口稱清君側誅宦官。皇上尚幼，太后女流，聞聽此訊必然驚怖，誅宦官以退重兵。況朝廷官員聞訊亦有取捨，必進言太后誅殺佞臣，此一箭雙鵰也！」

說著他從袖中取出河南地輿圖與三輔黃圖來，展開指指點點道：「如今丁原轉任武猛都尉，他的兵最近，可令他率部渡河至孟津，舉火示警大造聲勢。此若不成，可再發并州兵，董卓尚未赴任，可命坐鎮并州的西園司馬張楊、并州從事張遼舉兵南下，至河南之地。」

「他們這些胡人兵來了，京師安危怎麼確保？」王謙插嘴道。

「這不妨，我與孟德等幾位校尉以及北軍列營各自戒備。」袁紹輕鬆地笑笑，「其實都是商量好的，大家作戲罷了，不會有亂子。」

曹操點點頭道：「戒備京師沒有問題，可要是到時候太后還不能應允呢？」

「沒關係，咱們可以再多發幾路兵。」袁紹指著地圖，「鮑信在濟北，讓他也發兵前來。東郡太守橋瑁乃橋玄族侄，這個人頗可信賴，叫他領兵屯駐成皋，顯耀兵勢。王匡賢弟久往東州，給他一份手札，叫他到泰山郡發其強弩作修備狀，佯作鮑信、橋瑁之後援。最後南發在丹陽辦事的毌丘毅，讓他自南來；修書給自涼州往并州赴任的董卓，讓他從西面來。這樣東南西北四面起兵，太后一定會害怕的，只要她一害怕，這件事就算成了。」袁紹說完喘了一口大氣，「誅殺完宦官，咱們再各自修書叫他們罷兵。」

「要是他們不肯退呢？」曹操接著問：「尤其是丁原、董卓這兩個老兵痞，他們的部下都是胡人，不是容易調遣的。」

「這個倒也無妨，他們兩人若是到了洛陽也是互相節制，到時候讓咱們的幾路兵馬也進來。」袁紹回頭看了看逢紀，「正如逢賢弟所言，都來了他們就不敢鬧了。孟德，咱倆手中也有兵啊！咱們幾個加上北軍，難道害怕他們臨時反水？」

何進這會兒笑了：「對，如此行事至少我和我妹子不傷和氣。我看這辦法好！」

曹操心道：「好什麼呀？這不成了烽火戲諸侯了嗎？國家的兵馬是為了保國安民的，為了你們兄妹搞這樣荒唐的鬧劇，你把我們這些將領當什麼了？」他原先覺得何進可憐，自這一刻起，突然覺得這個人可恨，那種無能和優柔寡斷太令人厭惡！

袁紹見他們不言語，又笑著補充道：「大家不必緊張，這些路人馬到不了洛陽。就比如這董卓，他現在遠在三輔之外，督著大隊人馬行進緩慢。咱們現在發書，等他到這兒，事情恐怕早完了！」

曹操還是笑不出來，看看在座的諸人，王謙、何顒、崔鈞皆低頭不語，大家的心裡還是沒底呀！

「大將軍，速速決斷吧！」逢紀趁熱打鐵。

「好吧，」何進倒是信心滿滿了，「這裡面的事情我也不太明白……王長史，你就順著本初的意思去辦吧！」

「諾。」王謙起身應道，「不過大將軍，這件事似乎不能以朝廷的名義調遣吧！」

「當然不能啊！」袁紹一挑眉毛，「明發詔書豈不是全告訴太后了？就以大將軍的受札印璽行事吧！」

王謙是長史，職責所在，醜話必須說在前面：「沒有朝廷的詔命就私自調兵，一旦出了亂子，這個責任誰擔呢？」

何進似乎已經放寬了心：「哎呀，這件事就這麼辦吧！也拖了這麼久了，早弄妥了，我也好睡個踏實覺。」

京師震怖

光熹元年（公元一八九年）七月末的一個夜晚，沖天的火光映紅了半邊天。那大火的源頭就在洛陽東北的孟津，乃是八關之一，黃河最重要的渡口，離洛陽城僅僅邙山相隔，近在咫尺！

京師頓時陷入一片混亂，眾官員和百姓不知所措。有些膽小的官員以為出了叛亂，連夜收拾東西準備棄官還鄉。大街之上所有人都低頭往來憂心忡忡，他們似乎預感到有塌天大禍將要來臨。

因為事情緊要，曹操回家沒跟任何人提起何進的計畫。因此孟津火起，家裡都亂成一鍋粥了。老曹嵩差出樓異去打聽，樓異不明就裡，掃聽了個糊裡糊塗，回來添油加醋一念叨，更熱鬧了。

「老爺，并州刺史丁原反了，聽說朝廷調他為武猛都尉，他不願意赴任，就帶了并州的十萬大軍殺過……」

「多少兵？」曹嵩打斷他，「并州豈有十萬帶甲之眾？」

樓異跪在地上叩頭道：「具體多少說不準，街上有說十萬的，有說二十萬的。我覺得二十萬不太可信，所以我就說……」

「十萬也不可信吶！」曹嵩跺著拐杖瞪了他一眼，「然後呢？」

「他們殺過河，把孟津渡一把火給燒了，聽說是要殺入京師，自立為帝，想要改朝換代呀！」

「胡說八道！」曹嵩並不糊塗，「他丁建陽是個傻子嗎？要造反就應該直入洛陽，強行突襲尚且不成，難道還蠢到火燒孟津，這不是明擺著告訴大家要造反嗎？」

樓異也不明白，嚅嚅道：「街上的人都這麼傳言，我也不知道是真是假。」

「這些話都不能信，孟津離洛陽這麼近，他要是真反了，這會兒早他媽殺到都亭了。」曹嵩歎口氣，扭頭看看兒子，「孟德，你有沒有接到戰報？」

曹操的心都提到嗓子眼了，就怕爹爹問他話，忙回道：「沒有啊，一切都好好的。」

「活見鬼啦！難道是守關的兵丁走水了？真不像話，八關重地乃是防衛緊要之處，怎麼能如此玩忽職守，讓這麼重要的……」曹嵩說著一半覺得不對：如此重要的軍情，朝廷和幕府豈能毫不知情？他惡狠狠瞪著兒子喊道：「不對！你給我實話實說，到底怎麼回事？」

曹操見瞞不住了，便打發走樓異，將袁紹所定計策，一五一十全說了。哪知還未說完，父親一口唾沫啐在他臉上：「呸！你們這幫沒用的東西！」

曹操連臉都不敢抹一下，慌慌張張跪倒在地。

「你是啞巴嗎？袁紹那小兔崽子出這主意時你幹什麼去啦！由著他們胡折騰嗎？他何進算個什麼東西，這樣的餿主意也敢答應，你還不搧他倆耳光！」曹嵩氣得直哆嗦，簡直怒不擇言，「我為你小子把官都辭了，你們就這麼除宦官嗎？丁建陽也是個沒腦子的蠢貨，還真聽你們的鬼話，把孟津都燒了。這是他媽誰出的主意？」

「並無人提議燒孟津，說是舉火相嚇，恐怕是丁建陽約束部下不力致使起火吧！」

「哼！還沒到京師就約束不力，到了京師會是什麼樣子？你們不會動腦子想想嗎？真他媽的不成器，都是一幫三十多歲的爺們了，怎麼還辦這等蠢事啊！」曹嵩說著舉起拐杖，照著兒子屁股上就拍，「滾！滾！滾！滾到幕府去！」

「做什麼？」

「趕緊叫何進收兵！夠瞧的了，別再鬧下去了。真要是大隊人馬來到洛陽，這天下就亂了！他何進可以欺人，不可欺天，那丁建陽帶的是匈奴、屠格，過了都亭再約束不住怎麼辦？你別忘了，這河南不太平，於夫羅還帶著一幫匈奴人呢！借兵借不到，丁原一來，到時候他們倆兵和一路將打一家，大漢朝不就完了嗎？你剛才說還有董卓，那狗都不睬的東西，你們招惹他做什麼？湟中羌人到了河南，再跟匈奴打起來，那更熱鬧啦！你們那點兒雜兵根本彈壓不住。」

「這、這……」曹操也有點兒慌了，這些問題他從未深入考慮過。

「磨蹭什麼呢？快去啊！不成材的東西。」

曹操一臉晦氣出了家門，堵著氣趕奔大將軍府。到門口正遇見崔鈞騎馬趕到，也是怒氣沖沖。兩人都是為一件事來的，守門兵丁瞧他們臉色不正，連招呼都沒敢打就把他們讓進去了。

二人火燒火燎來至廳堂，見何進與袁紹正坐在一處說說笑笑，似乎一點兒也不著急。

曹操無名火起：「你們且住了吧！孟津到底是怎麼回事？」

袁紹看看他，笑道：「孟德別著急，昨晚丁原帶三千人馬渡河，為了震懾閹人，在孟津放了一把火而已。」

「放了一把火……還而已？」曹操越聽越有氣，「孟津乃是八關之地，豈可說燒就燒？這豈止是震懾閹人，整個洛陽城都震動了！你現在上街看看去，金市、馬市都散了。」

「這只是暫時的。」袁紹勸道：「等丁原清君側的上疏到了，大家就安定下來了。一切安好，沒有什麼亂子。」

「好什麼呀？我可告訴我爹了。」

袁紹一皺眉：「你怎麼能洩密呢？」

「這還用洩密？」曹操鄙夷地望了他一眼，「這點小事我爹一猜就明白了。」

「我爹也是。」崔鈞抱怨道：「這辦法根本騙不了人！真要是想清君側，這會兒早就打上仗了，這一看就是假的。」

何進也覺著不對了，看著袁紹：「本初，這不會有什麼妨礙吧？」

「哎喲！是我的疏忽。」袁紹嘖嘖連聲，「這些兵馬不應該同時通知，有先有後就造不出聲勢來，要是事前籌劃一下，遠的提前通知，近的最後舉事就好了。」

「現在機靈了，你早幹什麼去啦！」崔鈞一屁股坐下。

「我看趁現在亂子沒鬧大，趕緊收兵吧！」曹操建議道：「該回哪兒的還回哪兒去，別叫他們瞎起鬨了。我原本就不同意這個辦法，丁原那些胡人兵真過了都亭可怎麼辦？」

「三千人馬能鬧出什麼亂子來？咱們幾個營一衝就趟平了。」袁紹不屑一顧，「再說大將軍的手札又沒叫他進京，無緣無故他敢過來嗎？大家都不要慌，這是暫時的，等各路人馬都鬧起來就好辦了。」曹操與崔鈞對視了一眼，又軟語勸道：「本初，咱不要再弄險了，趕緊叫他們都散了吧！」

「不行，大將軍手札已經都傳出去了，現在喝止算是怎麼回事兒呀？事已至此，絕無更改。」袁紹拱手道：「請大將軍速速入宮打探消息，說不定太后已經改變主意了。」

「好好好！我這就入宮請示太后，我那妹子要面子，這會兒可能心眼活了，我再勸勸也就成了。」何進喜不自勝。

袁紹又道：「還有一事，您最好派人去跟車騎將軍談談，莫叫他再護著那些宦官，他惹出來的亂子夠多了。您兄弟兩個和解一番，以後同心秉政，不要因為宦官這點事兒鬧得不往來。」

「是是是。」也不知道誰才是大將軍，這會兒何進倒像是袁紹的部下。袁紹見他回後堂更衣，便走到曹操他們身邊道：「孟德、元平二位賢弟，你們不要著急，現在既然跟著何進謀劃，咱們暫且順著他的脾氣來。你們回去勸勸二位老人家，請他們不要慌張，此事也萬萬不可聲張，很快就會過去的。再過幾日各地的檄文就要到了，到時候還要請他們帶頭倡議，上疏彈劾宦官呢！」

崔鈞也賭氣道：「我爹都辭官了，還上疏什麼呀。」曹操一甩袖子。

袁紹深深地給他二人作了個揖：「二位賢弟！我袁紹求求你們了，咱們都是多年相交，為了朝廷社稷、為了我大漢江山，你們就幫愚兄這一次吧。最多也就是一個月的工夫，一切都會好的。咱們還有更大的事要做呢！」二人無可奈何，到了這會兒，還能說什麼呢？

曹操回到家時，父親已經開始收拾金銀細軟了。他倉皇跪到曹嵩面前，叩頭道：「孩兒無能，不能挽回何進、袁紹之心。」

曹嵩沒再指責他，歎了一口氣道：「這才叫是禍躲不過呢！」

「恕孩兒直言，我冷眼旁觀，那丁原按兵不動皆有節制，此事未必就會惹出亂子來。」

「是未必會出亂子，可是軍國大事不能憑藉僥倖啊！」曹嵩看著兒子，覺得既可憐又可氣，「無論是福是禍，我不願意再冒風險，還是回鄉躲躲吧！」曹操想攔又不好說出口。

「阿瞞，爹都這個歲數了，恐怕這一去，以後再沒有機會來洛陽了。以後你要自己保重，論才幹論學問，爹信得過你。但是你不能自以為是得意忘形，這可是你從小到大改不了的毛病。」曹嵩滿面憂慮，「其實你都三十多了，輪不到我這老棺材瓤子教訓你。」

「不。爹說的都對，孩兒銘記您的教訓。」

「唉……樊陵、許相真乃庸人，他們誰又有我這樣的兒子！」曹嵩欣慰地笑了，「但是我還得囑咐你，無論到何時，兵權萬萬不可以撒手！不論誰當政，有兵權有你命在，進退左右皆可行。若是朝廷以外的人想要奪你的兵權，你就得速速脫身。」

「孩兒明白。」

「沒什麼可說的了，去看看你媳婦孩子，最好跟我一起走。」

曹操火速轉入後堂，見卞氏還抱著丕兒若無其事。

「妻啊，你還不收拾東西，隨父親回鄉？」

「噓……小聲點兒，咱兒子睡著了。」卞氏嫣然一笑，「你不走，我為什麼要走？」

曹操也笑了，捋捋她的鬢髮道：「如今洛陽風聲緊，妳暫且回去避一避，等風平浪靜了再回來。」哪知卞氏捂著嘴咯咯直笑。

「妳笑什麼？」

卞氏在他額頭戳了一下：「我笑你一個大男人，見識太短。咱們腳底下乃是國都，這地方要是真亂了，那整個天下豈不是都要亂？現在躲到家鄉，到那時候還能往哪兒躲？」

曹操不禁感歎：「是啊……天下大亂無處可躲。」

卞氏笑著笑著，眼角卻閃出了晶瑩的淚花：「此間雖危險，但至少事態分明，禍福可見。若回到譙縣，兩眼一抹黑，什麼都不知道了。我怎麼對你放心得下？夫啊，我在譙縣盼了你這麼多年，如今好不容易在一處，不能和你再分開了……」她一頭扎到丈夫懷裡。

「不走就不走吧……叫環兒隨爹回去。」

「環兒妹子也不會走的，你已經納她為妾。她回去見了阿秉說什麼呀？」說這話時卞氏眼露埋怨之色。

曹操拍著她的肩膀：「不願意走，那就算了。咱們一家子生死與共！」他這句話聲音有些大了，小曹丕嚇醒了，哇哇啼哭起來。

「你看你，把兒子都嚇哭了。」卞氏嗔怪他一句，拍著兒子哄道：「丕兒丕兒快睡覺，娘我給你唱兒歌……侯非侯，王非王，千乘萬騎上北邙……」曹操見丁氏哄孩子哄多了，卞氏這個當媽的只生下這一個孩，哄孩子的樣子都不太熟練，笑道：「交給他奶娘不就成了嗎？」

卞氏一撅嘴：「人家不幹啦！收拾東西也逃了。」

曹操哭笑不得，抱過兒子來：「我哄他吧！」

「君子抱孫不抱兒。」

「我不是君子，是專搶歌姬的小人。」

「去你的！」卞氏啐了他一口，「我還是給兒子唱歌謠吧……侯非侯，王非王，千乘萬騎上北邙……」

「妳這是什麼歌謠？」

「咳！他奶娘教的，說是現在洛陽大街小巷的孩子都唱這歌……侯非侯，王非王，千乘萬騎上北邙……」

曹操搖晃著孩子，越聽這歌謠，越覺得不祥。

萬事齊備

就在曹嵩離開的當天，并州軍征討宦官的檄文就打到洛陽來了。但是這樣假惺惺的舉兵豈能欺瞞太后和何苗，誅殺宦官之事不允，也並不派兵理會。

丁原手裡只有一份何進的手札，可謂名不正言不順，也不敢輕易進兵。他每天帶著兵十里八里往前蹭，眼瞅著都蹭到都亭驛了，實在是不敢再向前，便把三千人交與心腹主簿呂布統領，自己灰頭土臉進了城。何進、袁紹抱著一肚子歉意，只得滿面含羞勸慰丁原一番，並將其晉升為執金吾，暫且在朝廷聽用。

丁原私自帶兵入京，不受斥責反授官職。滿朝文武明明知道這事做得沒道理，但大將軍的主意哪個敢反對？只能是裝糊塗，跟著大將軍高喊著殺宦官。不久東郡太守橋瑁兵屯成皋，王匡在泰山發其強弩，董卓也改道東南趕奔京師。洛陽城越發人心惶惶，百姓不知所措，官員一片懵懂。在這種情況下，何進再次入宮請太后決斷。

如今可是使出全身解數了，何太后要還是牙關緊咬，大家一點兒辦法都沒有，一切又得從頭開始，而且還得想辦法打發那些無緣無故招來的兵。王謙、曹操皆心急如焚，幕府廳堂裡急切地踱著步子，等何進回來。可是袁紹卻在邊上一坐，穩如泰山地吃著橘子，還沒話找話跟他們閒聊。

「本初，你一點兒都不著急嗎？」曹操越看他越有氣。

「急管什麼用？大丈夫講究泰山崩於前而不驚。」袁紹說著吐出一枚橘核。

「泰山要真是崩了，活活砸死你……」

話說到一半突然有人跑進廳堂，跪倒在王謙面前道：「啟稟長史官，現有董卓上疏表章。」說罷呈上一卷皂囊封著的竹簡。

「這老兵痞名堂還真不少。」王謙取過竹簡並不拆看，將之放在幾案上，揮揮手打發那兵去了。

曹操見狀忙招呼道：「快打開看看。」

「不行。」王謙連連搖頭，「這是官員給朝廷的表章，若不是大將軍臨時輔政，都應該交付省中的。現在交給幕府倒也罷了，大將軍不在，絕不能輕易拆看，這有干朝廷的制度。」

曹操急道：「哎呀，我的大長史，都到什麼時候了，還不緊不慢的。董卓幾天前就過扶風郡，眼瞅著就快要到了。再不派人喝止，他也要學丁原一樣嗎？」

袁紹卻笑道：「這倒不打緊，大不了洛陽城外再屯三千兵。」

曹操賴得理他，一把抓起桌上的竹簡道：「這罪過我耽待了！」扯開封套就看。王謙見阻止不及，便也湊過來看，但見董卓言辭道：

臣伏惟天下所以有逆不止者，各由黃門常侍張讓等侮慢天常，操擅王命，父子兄弟並據州郡，一書出門，便獲千金，京畿諸郡數百萬膏腴美田皆屬讓等，致使怨氣上蒸，妖賊蜂起。臣前奉詔討於扶羅，將士饑乏，不肯渡河，皆言欲詣京師先誅閹豎以除民害，從台閣求乞資直。臣隨慰撫，以至新安。臣聞揚湯止沸，不如滅火去薪，枚乘諫吳王曰：欲湯之滄，一人炊之，百人揚之，無益也。不如絕薪止火而已，滄音則亮翻寒也。潰癰雖痛，勝於養肉，及溺呼船，悔之無及。

「董卓已經過了澠池，到新安了。」曹操把這份奏章交與王謙，估算著路程，「若是他急速行軍，不過兩日的時間必至洛陽，咱得想辦法叫他停下來。」

王謙表情愕然：「你們有人識得董卓嗎？」

曹操搖頭，袁紹笑道：「你又怎麼了？想認識他？」

「我有些擔心。」這會兒反正已經拆開，王謙就索性把竹簡遞給袁紹看，「觀其文如見其學識。

朝廷之人皆言董卓粗疏無學，可此表所言皆有出處，前引趙鞅除奸之事，後取枚乘華美之辭，這樣的人豈是無才無謀之輩？」

袁紹接過來一看，「噗哧」笑道：「此表必是賴掾吏捉筆代勞。我的大長史，咱們大將軍的表章不少還是你的手筆呢！」

王謙卻還是憂慮不已：「我心裡還是不踏實，這表章雖然言辭有度，但細細想來說的都是他軍隊的那點事兒。與其說是他為朝廷討宦官，還不如說是替兵士來討閹人。」

「有沒有辦法制止他前進呢？」曹操提醒道。

「這倒是簡單，只要大將軍下一道手札，或者是朝廷明下詔書就行。但只怕……」王謙眉頭擰了個大疙瘩。

「只怕那些西涼人不聽號令，得找一個能震懾得住西涼兵的人。」曹操絞盡腦汁，冥思苦想有什麼人選可以勝任。

袁紹又把橘子拿了起來，邊吃邊笑道：「你們也真多事，剛才還不讓拆看呢，這會兒又操心下詔之事了。你們放心吧，董卓不過三千人馬，成不了大禍。而且他是我叔父的掾屬故吏，即便來到洛陽，我叔父自有應對。」

曹操正在想人選，突然聽他道掾屬故吏，眼睛一亮：「我有一個人選可堪此任！孝順帝朝有西涼刺史重种暠种景伯，甚得涼州人心，遷任之際百姓都跑到洛陽要求他留任。」

「种暠前朝就去世了！」王謙一愣，頃刻間如夢方醒，「他的後人是……」

「他孫子种劭种申甫剛轉任諫議大夫，現就在洛陽，叫他去不是正適合嗎？」

「孟德啊！你可真是博聞強記呀！」王謙讚歎不已，「這麼瑣碎的官場犄角你都注意到了。」

「我可沒這麼大本事，那老种暠乃是當年我祖父舉薦給孝順皇帝的。」曹操笑著瞥了一眼袁紹，「用我祖父舉薦之人的孫子，會會本初叔父的故吏吧！」

袁紹聽這話來氣，似乎曹操故意占他家的便宜，可是又無可辯駁，只道：「你們都是瞎操心，這裡面的情由你們根本就不曉得。」

「你知道，可是你又不肯說。你倒是說說明白呀，到底為什麼給何進出這樣的主意？」曹操早就想問個清楚了。

袁紹還是欲言又止。

王謙見狀道：「既然如此耽擱不得，我這就去省中以大將軍之命起草詔書，若能即刻差种劭出京，必可以在河南境外止住董卓。」

王謙剛出去不一會兒，就有人報說大將軍回府。曹操、袁紹忙整理衣冠出門迎接。只見何進面帶喜色，走路都顯得格外輕快。曹操懸著的一顆心總算是落了下來，恭恭敬敬將他迎入府中落坐。

「太后總算是點頭應允了，哈哈哈……」何進仰面大笑。

「咱們何時上疏參奏，要動用七署拿人嗎？」曹操生怕再有變故，馬上問道。

「不是，我沒說清楚，不是答應殺他們。」何進解釋道：「太后是答應將宦官遣出皇宮，只留下一兩個像郭勝那樣親近的內侍，改由羽林三署的人代替大部分宦官。」

曹操與袁紹對視了一眼，倆人有點兒洩氣。

何進卻兀自笑著：「這次你們都滿意了吧，宦官出了宮，他們也就害不了人了。」

曹操強耐著性子拱手道：「大將軍，宦官雖然出宮，但只需一道詔命，日後還可召還。太后如此行事不過是拖延一番而已，待四方兵馬一撤，她必會將宦官召回，此事斷不可草率行事。若大將軍未曾言及誅殺之事也倒罷了，如今已經言及，恐不單是太后、車騎將軍，已經是天下皆知，此後宦官回宮必然伺機報復。若那時大將軍已不在宰輔之列，豈不徒受小人所害？」

「啊？」何進瞪大了眼睛，「我上當了……這可……」

「哈哈哈……這些閹賊滅門矣！」袁紹仰天大笑，聲音都有些扭曲了。曹操被他犀利的笑聲嚇了一跳，甚是不解：「本初這是何意？」

「屬下請大將軍封我一個官。」袁紹鄭重其事地作揖。

「你要什麼官？」

「屬下願出任司隸校尉，司隸校尉有監察官員之權，宦官出宮一切行為皆可檢舉。這些人在任貪賄，沒有一個可逃國法，到時候我只需將罪行上奏，將他們按國法治罪即可。」

「對呀！」曹操腦子一轉，「本初此法可行。」

何進點點頭道：「這倒可以，不過上奏其罪，我妹子要是還不願意治他們的罪呢？」

袁紹又是一揖：「屬下再請假節。」

曹操感覺胸口像被什麼東西撞了一下：有何進撐腰先斬後奏也就罷了，可若是假節，等於把朝廷的最高權柄給了袁紹，他想調動兵就調動兵，想殺哪個人就能殺，到時候恐怕連何進都奈何不了他了。

這位屠戶國舅似乎不太明白假節的分量，只是懵懂地問：「那樣你就可以不經過太后殺宦官了嗎？」

「是。」袁紹謹慎答覆，並不像以往一樣解釋其含義。

「好！那我就吩咐王謙他們去辦。」何進點點頭，使勁捏了捏眉頭，「哎呀……這件事總算是完了，快要熬死我了。」

曹操暗笑：快熬死你了？都快急死我們了！他掃了一眼袁紹，只見他神情嚴峻，方才的談笑風生已經倏然不見，嘴角處卻露出一絲令人不易察覺的微笑，袁紹再次躬身施禮：「大將軍，誅殺宦官一事需廣尋宦官贓罪，恐我一人不能勝任。此事還要有河南尹相助，屬下再請一人出任河南尹。」

「還沒完嗎？真麻煩，你想舉薦誰？」何進有些不耐煩。

「王允王子師。」

「可以，他被十常侍陷害下過大牢，用他辦事，一定不會心慈手軟。一切事務你看著安排就行了，還有什麼事去跟王謙商量吧！」何進不耐煩地擺了擺手，還打了一個哈欠。

「既然如此，那屬下告退了，我回去等著詔書。」袁紹恭恭敬敬退了出去，臨出門時矜持地對曹操笑了笑。

曹操有些困惑了：袁紹的笑意為什麼那麼矜持？好像是故意保持威儀不敢笑出來……等等！袁紹原本就是這樣矜持作態的人。難道這半年多的日子裡，他的散漫灑脫，他的嘻笑調侃都是裝出來的嗎？這究竟是怎麼回事？袁紹到底想幹什麼？司隸校尉與假節的身分都被他要去了……或者說是被他輕而易舉誆去了？下一步他要幹什麼驚天動地的大事嗎？曹操還沒來得及再多想下去，突然有下人進來通稟：「車騎將軍過府議事。」

聽說何苗來了，曹操知道自己身分多有不便，趕緊躬身告辭。何進恐是怕家醜外揚，也沒執意相留。出了廳堂的門曹操並沒有離開，見吳匡正挺胸抬頭把著門口，便衝他一揖，不聲不響站到了他後邊。吳匡這幾個月與曹操混得頗熟，料之是想偷聽，僅僅一笑置之，並不理會。曹操穿的是便服，就這樣堂而皇之地往門邊一站，誰看見也只能認為是普通的一個侍衛或令史，不會深究。

何進並不出去迎接，少時間只見門口的諸侍衛列開，將車騎將軍讓了進來。只見何苗個子不高，相貌倒很英俊，舉止動作皆成體統，比何進要莊重得多。

其實這個人與何進一點兒血緣關係都沒有，他本姓朱，是何后的母親改嫁朱家以後生的。而何進與何后也非一母所生，何進乃何氏嫡妻所生，如今已經亡故。何后與何苗的母親尚在，即那位舞陽君老太太。

曹操注意到，何苗身後還不聲不響跟著另一個人。此人身穿一襲舊衣服，頭上沒有戴冠，以一根普普通通的木簪子別頂，始終低著頭彎著腰，渾身上下透著一股落魄的氣息——正是十常侍之首的張讓。何苗對待張讓如同對待一個家奴，就讓他低著頭跪在當院，自己則整理衣袖邁步上堂。

曹操恍然大悟：何苗一定是來給十常侍求情的，張讓穿得這麼寒酸是要博取何進的憐憫。只聽裡面傳來何苗緩慢的聲音：「小弟給兄長見禮了。」何進似乎沒有回答，足見他對這個毫無關係的兄弟十分不滿。

「大哥，您最近可好，我怎麼瞧您瘦了呢？」

「沒有啊，我吃得飽睡得著，不勞你費心。」

「大哥，咱倆是什麼出身不用我說。想當初您就是老何家屠戶掌櫃的，我不過是南陽一個賭徒無賴，我無有著落的時候就到您家蹭吃蹭喝。如今您已經是一人之下，萬萬人之上。小弟當年惹不起您，現在更加不敢與兄長爭鋒。」何苗的聲音頗為謙恭。

「姓朱的！」何進從未把他看成是家人，「你嘴裡沒有一句實話，你當年是個無賴，現在還是個無賴。」

「張手不打笑臉人，您又何必與我動怒呢？」何苗不氣不惱，「沒有外人，咱哥倆說說良心話。」

「你小子有良心嗎？」

「您別這麼說呀，嘿嘿……」何苗笑了，「好好好！你不信我的良心，您得信您自己的良心吧？您憑良心想一想，咱們當初都是貧賤之人，多虧了張讓、趙忠兩位內省之官，咱們才有今天的富貴，這您不能否認吧？」

何進默然不語。

「咱們受了人家的恩惠就應該報答人家，您不但不報答人家，如今還要殺了人家。這是怎麼了？您是不是怕過去的醜事傳出去叫人家笑話呀？」何苗笑道：「您再想開些，這年頭誰有勢力誰吃香的喝辣的，誰能笑話誰呀？」

「你少說這等話，我可不怕人笑話。」何進氣昂昂道：「我是為了朝廷社稷才這麼做的。」

何苗嘖嘖連聲：「你還為了朝廷社稷？你會寫這四個字嗎？你是不是天天跟那幫讀書人混在一起，讓他們給捧糊塗了？國家大事是那麼容易管的嗎？別忘了覆水難收，殺了那些宦官你可別後悔。」

「這有什麼好後悔的。」何進反譏道：「你小子說我沒良心，你更沒良心，董太后是不是你殺的？」

「是又怎麼樣？毒死那糟老婆子，不也是為咱家好嗎？她跟那個蹇碩差點兒把咱都害死。」

曹操聽了一哆嗦：這還有意外收穫，董太后真是何苗派人害死的。

「行！算你小子有理。可是我要殺宦官，你幹嘛了？你雖然不殺他們，可是你把他們的錢都詐走了，你現在家裡的錢快趕上府庫了吧？」

「大哥，你說這話就沒意思了。你要是想要，一句話的事兒，我全轉給你都行！」

「我不稀罕。」何進怏怏不悅，「廣廈千間臥眠七尺，我他媽有個地方睡就夠了。當年沒錢我也沒覺得苦，回去當個殺豬的我都不怕。」

「你！你……你這是吃了什麼迷魂藥了？」

何進歎了一口氣：「老三啊！我今天叫你一聲老三，就當你是我的親弟弟。我一不圖錢二不圖權，我就是想力所能及為朝廷辦點兒事。我今天掏心窩子跟你說，你不在乎你自己姓什麼，可我在乎！咱們老何家多少輩沒出過一個當官的，可如今咱倆又領兵又當官。而且這一當就是比三公九卿還大的官呀！咱他娘的都欺祖啦！」

曹操憋著想笑，吳匡衝他擺擺手，示意他矜持。

何進繼續往下說：「人活一輩子容易嗎？就不能給子孫積點兒德嗎？是啊，學竇武我做不到，咱肚子裡沒墨水，那他娘的也不能當梁冀呀！咱大外甥都十七了，咱倆還能在朝堂上蹦幾天？等他親政了，誰還能記得咱老何家？所以咱得趁現在積點兒德，好歹咱也在這個位子上。我前些日子想給我閨女求門親事，跟我那個長史王謙結親，人家不答應！為什麼？我是大將軍，人家一個長史都不答應。就是因為咱是大老粗，咱沒讀過書，沒學問，沒出身。咱倆這輩子就這樣了，可是咱兒孫可不能再這樣了！咱們為朝廷出點兒力，將來咱們子孫出了門橫打鼻梁子，說起『我是何遂高的兒子』那都高高興興，叫人高看一眼。兄弟啊，哥哥多想叫人看得起呀，你怎麼就不明白我的心呢？你怎麼就不知道上進呢？」

這一席話只聽得門外的曹操心裡酸酸的。

何苗卻毫不買帳：「行啦吧你，哪兒這麼多鹹了淡了的？我告訴你，真殺了宦官，咱家也沒有好日子過了，你也不好好想想！」

「你瞎扯！」

「你說我沒長進，我看你才沒長進呢！」何苗冷笑道：「宦官一旦沒有了，何人在宮中伺候你妹子？到時候咱們想找個傳話的人都沒有了。她們孤兒寡母等於叫人家看起來了。莫看現在這幫當官的叫你一聲大將軍，等宦官沒有了，他們就該反手對付咱了，咱的兵有人家管著，咱的筆叫人家攥著，到時候人家跟咱一翻臉，說什麼外戚干政有礙國法，咱還能怎麼辦？派兵派不動，下令人不聽，太后都讓人家控制著。他們再合起夥來找個有頭領的官出來一招呼，人家君是君臣是臣治理天下了，咱就讓人家趕出洛陽啦！」

何苗幾句粗話不亞於至理名言，曹操聽罷才想明白，袁紹之所以誆去假節之權，就是為了除去宦官之後，轉手對付何家。

「我認了！」何進賭氣道：「大不了回南陽，我不當大將軍又怎麼樣啊？」

「你不想過好日子，我還想過好日子呢！」

「你已經撈了那麼多錢，還不夠你過好日子嗎？」

「我他媽是想避禍。」

這哥倆爭執起來，剛開始還聽得懂，後來就都是南陽土話了。張讓跪了半天了，這時候見他們兄弟吵架，慢吞吞爬進了廳堂：「兩位國舅爺別吵了，都是老奴們的錯，求你們開恩饒了老奴們吧！我們都這把年紀了，錢也都沒了，大將軍就放我們一條生路吧……」說罷，這老閹人哭起來，似乎不像是假裝的。

「天下洶洶，就是因為你們。」何進歎了口氣，「唉……老百姓也好，當官的也罷，有不恨你們的嗎？你們都把天下人得罪盡了！如今丁原兵至都亭，董卓也殺到河南了，你們趁早出宮，有侯位的就國[1]，沒有的回家老實待著去吧！」

「你就不念他對你的恩德了嗎？」何苗又提這話。

何進不耐煩道：「我念恩德的人多了，豈止他一人？當初蹇碩要害我的時候，多少人幫了我的忙？那邊我還欠著人情呢！」

「你……大哥！大哥！你回來呀！」何進似乎是回轉後堂了，曹操不再聽下去，朝吳匡拱手道謝，信步向幕府大門走去。臨出去的時候他張望了一眼：何苗正伸著脖子罵何進，張讓則跪坐在地上，哭得跟個淚人一樣。禍國殃民的老閹賊，現在才知道哭，太晚了！

何進這個猶豫不決的人總算是徹底下了決心了，宦官一出宮，有袁紹、王允磨刀霍霍等著他們呢。到時候甚至不再需要什麼贓罪，憑袁紹假節的身分，見面一殺就全都了結了。曹操心裡泛起一陣輕鬆，不管袁紹誅殺宦官以後怎麼打算，至少這一兩天可以稍微輕鬆一下了。

就在曹操放寬心的時候，弘農與河南交界上，奉命喝止董卓進軍的种劭卻不甚輕鬆。西涼兵不聽詔命想要繼續前進。最後种劭也撒開野了，把佩劍拔出來，擋在大路上扯著嗓子一頓喝罵，總算是控制住了那幫羌胡之兵。董卓懾於種氏在西涼的威望，不得不駐兵弘農夕陽亭。

即便如此，這個距離在曹操看來還是太近了。

---

① 就國，受封王侯之人前往自己的封地享受供奉，實際上大多數「就國」是被剝奪實權、排擠出朝廷。

第十六章

皇宮大屠殺，新皇帝嚇得逃進荒山

背後陰謀

就在太后許諾逐宦官出宮的轉天，袁紹晉升為司隸校尉、假節，王允也被任命為河南尹，兩道鐵網罩到了宦官頭上。

大將軍修了一份奏章彈劾宦官貪賄、請求將他們遷出皇宮，太后也在朝會上當著文武群臣點頭同意。這只不過是一個冠冕堂皇的過場，兄妹之間的妥協早已經達成。

雖然朝堂上彬彬儒雅，可是洛陽的守備卻不輕鬆。原先就來了丁原的三千并州軍，如今董卓的三千涼州軍也到河南邊上了。他們的部卒多是羌胡、匈奴、屠格，不似漢人服管教。所以只要有這兩支軍隊在，京師的防衛就不能有一刻鬆懈。

若不是曹操一再提醒，何進還沒有想過西園校尉的部署。他將五校尉招到幕府，在曹操的幫助下進行了一番指派，淳于瓊、馮芳的兵馬在洛陽以東駐防，趙融、夏牟的兵力在洛陽以西駐防，曹操則與伍宕、許涼率領的幕府直屬兵馬在城南屯守，洛陽城北是邙山不必設防。按理說，這樣布置應該不會出問題了。

從幕府出來，五校尉各歸其營調兵。曹操回他的典軍校尉營裡，仔仔細細將全軍上下巡察了一番。大體上還說得過去，至少在他不太專注軍營的日子裡，營司馬將部下約束得很嚴格。曹操親自帶隊將兵馬遷至城南，按照計劃好的部署與伍宕的軍兵組成一道嚴實的屏障。安營已畢，又把營司馬、別部司馬都召集起來，叮嚀囑咐了許久，直到天色漸黑，他才離開軍營回府休息。

到家別的都顧不上，曹操先命人打一盆熱水燙腳。這些日子太累了，準確點兒說，自從他出任典軍校尉那天起就一直沒有輕鬆過。先是跟蹇碩鬥智鬥勇，後是忙先帝大喪，又因為宦官的事跟何進著急，如今終於一切定音，總算是可以睡個踏實覺了。隨著心裡的輕鬆，身體也鬆弛下來，曹操雙腳泡在熱水裡，竟坐在胡床上睡著了。

「阿瞞，有人要拜見你。」卞氏親自晃醒了他。

曹操閉著眼睛，連頭都懶得抬：「少來煩我，不見不見！」

「你快醒醒吧，好像有要緊事。」

曹操打了個哈欠，揉了揉惺忪的睡眼，皺眉道：「誰這麼討厭啊？大晚上串門子，還讓不讓人睡覺？」

卞氏勸他不要惱，把一份特大的青竹名刺遞到他手裡。曹操使勁搓了搓臉，才聚攏眼神在燈下觀瞧那名刺——南陽袁次陽。

「咕咚！」曹操手一哆嗦，青竹名刺掉在了洗腳盆裡，趕緊趨身撈出來：「了不得！這可是當朝太傅袁隗的名刺，我哪兒敢留下？快拿布來。」卞氏也慌了，兩口子忙活半天總算把那名刺擦乾淨，再仔細看看，似乎墨跡淺了一點兒。

「這不要緊吧？」

「沒事沒事！黑燈瞎火的，我遞回去他也看不出來。」曹操的盹兒算是徹底醒了，「袁老爺子親自來了嗎？」

「人家是太傅，你當自己是誰呀？打發來一個僕人遞他的名刺，這是什麼意思？」

「大晚上差一個僕人遞他的名刺，這是什麼意思？」曹操滿腹狐疑，但衝著太傅的面子，還是仔細整理衣冠，親自迎了出去。來者只有一人，是個普普通通的家丁，見曹操恭敬施禮：「小的拜見曹大人，奉我家老爺之命，請曹大人過府議事。」

「袁公夤夜相請，有何要事？」

「小的只是奉命前來相請，並不知是何要事。」不愧是袁隗調教出來的手下，講話頗為含蓄，口稱「不知」，卻點名是「要事」。那人說罷又深施一禮，「時辰不早了，請曹大人速速隨我前往吧。」

太傅曖昧相召，曹操不敢不去，忙吩咐樓異備車。那袁府僕役見了忙阻攔：「大人切莫乘車而行，此事甚是機密衝要，我家老爺再三囑咐，所請之人皆不可乘車，以免引人耳目。」他很用力地說出那個「皆」字，明顯是要告訴曹操，所請絕不止他一人。

曹操連連點頭，隨便披了件外衣，牽了大宛馬跟著他去了。那人手裡打著小燈籠，一聲不響地在前面走，曹操在後面騎馬緊隨，氣氛甚是詭異。說來也怪，京師之地即便是夜晚也應該巡查森嚴，可今夜自出家門一直到袁府，曹操連半個巡夜的兵丁都沒看見，細想之下方悟其理——看來，老袁隗已將城東之地的巡夜兵設法撤去了。

那僕役恭敬地接過韁繩，將曹操讓進府門。又有二門上的人垂首相迎，不入正堂，卻把他引入側院，指著一間燈光閃閃的屋子讓他進去。那僕役自己卻不再跟著，默默無語退出院子去了。

曹操心裡有些打鼓，但又一琢磨，自己與袁隗無冤無仇，他一個太傅也不會害到一個校尉的頭上。於是緊走兩步，故意在窗前咳嗽一聲，推開了房門。

這門一開，明亮的燈光直刺眼。曹操衣袖遮光，才見裡面高朋滿座，朝中不少大臣皆在其列。司徒丁宮、司空劉弘、衛尉趙謨、大司農周忠，還有崔烈、朱儁、王允、桓典等一干有威望的大臣各自端坐不語。與他同輩分的，有何顒、鄭泰、崔鈞、孔融等人；除了他之外的那四個西園校尉早已經就坐。太傅袁隗白髮蒼蒼，穿著一身便衣坐在正當中，他左右離得最近的，卻是奉車都尉董旻與執金吾丁原。袁紹在他身後，卻沒有坐席。

「下官拜見太傅！」

「孟德請坐。」袁隗並不多言。

「下官拜見諸位大人！」曹操作了個羅圈揖，便坐了早已給他留好的位子。所有人都似泥胎偶像不發一言，氣氛十分凝重，彷彿是在肅穆的朝堂之上。

袁紹的三叔袁隗雖然官拜太傅，參錄尚書事，但自新皇帝繼位以來，他臥病在家，不參與任何政務，所有事情皆由何進一人處置。可今天一見，他精神矍鑠，雙目有神，哪裡像個有病之人？曹操猛然想起父親的預言，事情到了最後，果然是袁隗這個老狐狸要現身了。

「既然人已到齊，老朽就直說了吧！」袁隗的嗓門不高，但聲音很厚重，「宦官與外戚乃我朝兩大弊政！今日宦官勢微，將不久於朝堂。我想請各位大人與老朽協力，再把何氏兄弟一併剪除。」

曹操心中一凜，雖然朦朦朧朧已想到這一層了，但是親耳聽袁隗說出來，還是覺得有點驚心動魄。他看看身邊的人，雖有少數變顏變色的，但與自己一樣緘口不言，竟無一人反駁！

袁隗點點頭：「既然大家都心領神會，那就聽聽老朽的計畫！首先，我小姪本初已有假節之權，專斷擊伐，由他與王子師搜集宦官贓罪，盡皆處置。」他頓了一會兒，見大家沒有異議，又道：「宦官族滅後，小姪公路以三署之人進駐皇宮，隔絕何后與何進、何苗的聯繫。」

所有人依舊盡皆不語，袁隗欣慰地笑了：「好！下一步，因宦官所得財貨多賄賂於何苗，咱們參他收受賄賂、結黨營私、有不軌之心。老朽錄尚書之事，一概准奏，將其捉拿下獄草草治死。」

眾人依舊是沉默。

「然後，」袁隗望著曹操，「請孟德等五位校尉統領人馬控制何進之兵，將其黨羽伍宕、許涼、吳匡、張璋等人拿下。咱們逐何進出朝堂，將其殺之。」

這一次，曹操心有不忍，插嘴道：「何遂高乃一無能之人，逐出朝堂即可，何必取他性命？」

對面坐的王允冷笑道：「哼！百足之蟲死而不僵，不殺了他，將來讓皇上想起他還有這麼一個舅舅也是麻煩，死灰可以復燃的。」

「沒錯。」袁隗連連點頭，「何進要殺，不殺則不可以警後人，不殺則不可以樹皇威！」

曹操明白了：政治就是這麼個破玩意。即便你懦弱、無能、與人為善，但只要站了你不該站的地方，到時候就會有人要你的命。政治不允許懦弱和無能的出現，更不因為你的與人為善就手下留情。

袁隗見他不再干預了，又向身邊的丁原、董旻道：「最後，請兩路勤王之師上表逼何后還政，以後再做理會。」

今晚這個密議已經很可怕了，但當他說出「再做理會」四個字的時候，所有人都不禁悚然。這四個字的含義如何解釋，因為她袒護宦官，就將她趕出皇宮嗎？還是要軟禁起來？或者……

袁隗見大家表情驚愕，朗朗道：「我朝自光武爺中興以來，宦官、外戚皆擅幹國政，皇帝不能乾綱獨斷。權移於外戚之家，寵被近習之豎，親其黨羽，用其私人，內盈京師，外部州郡，顛倒愚賢，侵擾百姓！此二種不除，則我大漢社稷必危矣！今日之機千載難逢，我們將其一併剷除，日後明修法令，以為朝廷定制。凡閹人不得給事宮中，凡外戚不得參領朝政。大漢復興自本朝開始，自列位大人開始。以後咱們共保皇帝決斷國事，不准奸邪玷汙朝堂。」

董卓之弟奉車都尉董旻拱手道：「我家兄長乃老太傅之故吏，素仰慕您老四世三公之貴。想必由您老人家輔佐皇上，當今天子必可以為一代明君。我兄弟願效犬馬之勞。」曹操不知什麼緣故，一直覺得這個董旻很討厭，一舉一動都顯得很做作。

袁隗一擺手：「我都已經這把年紀了，又做出以疏間親之事，將來必定不見容於天子。待此事做成，諸位大人共立朝堂，國事萬不可再出於一人之心。」

袁紹卻接過他叔父的話：「天不可以不剛，不剛則三光不明。王不可以不強，不強則宰牧縱橫。列位大人，如若天子不剛咱們一起叫他剛。今後，咱們……」「嘩啦！」一個小廝推開門闖了進來。

「什麼事？這麼慌裡慌張的！」袁隗捋著鬍子大為不悅。

「回稟老爺，大將軍被宦官殺了！」

「何進死了！？」在座之人一片大亂。

「死了！」報事之人又道：「公路少爺帶兵攻打皇宮，要殺宦官呢！」

袁隗氣不長出面不改色，只是冷笑道：「沒關係，宦官外戚都要殺，只不過先後順序顛倒了而已。」

「沒關係？」曹操起身白了他一眼，「老人家！宮中禍起，皇帝若有安危閃失，則天下亂矣！您還扶何人親政治國呀？您這等保國的主意，實在是殺雞取卵！」說罷拂袖而走，出袁府策馬直奔皇宮而去。

血洗皇宮

大將軍何進在袁紹等人的煽動下決心誅殺宦官，於宮外布置了司隸校尉與河南尹兩層鐵網，並且借四方之兵脅迫其妹何太后遣出宦官。

在這種情況下，以十常侍為首的宦官被逼上了絕路，他們決定與何進同歸於盡！

張讓率領段珪、畢嵐等數十人埋伏宮中，假傳太后詔命，令何進夜晚入宮。待其入宮後，宦官將所有宮門緊閉，就在漢靈帝晏駕的德陽殿前將何進斬首。事後，張讓矯詔以侍中樊陵為司隸校尉、少府許相為河南尹，妄圖奪回京畿兵權。宮外大將軍部曲吳匡、張璋見何進久不出宮，便在外呼喊，守宮門宦官竟將何進的頭顱擲出，高喊：「大將軍何進謀反，現已伏誅！」吳張二人懷抱頭顱，不禁大怒，聯合虎賁中郎將袁術率兵攻打皇宮，欲誅殺宦官為何進報仇。

當曹操單人獨騎趕到時，火把已經照亮了皇宮。大老遠就看見袁術指揮著百十名虎賁士衝撞皇宮的九龍門，雖說袁術是虎賁中郎將，名義上管著一千多人，但虎賁軍是良家子弟充任的宿衛，只有在朝會儀仗的時候才會湊齊，他臨時只找到這些人，而且攻打皇宮豈是尋常的事情，這些人都不甚出力。真正衝在最前面的是吳匡和他帶來的大將軍侍衛，吳匡像一頭被激怒的獅子般，呼號著撲向大門。無奈皇宮龐大的九龍門乃是千年古樹所造，不但沉重而且堅硬，莫說衝撞不起作用，就是用利刃猛砍，也只能留下一道淺淺的痕跡。

「公路！」曹操焦急地催馬喊道：「不要再攻啦！」

袁術回頭道：「人太少，快去帶你的兵來！」
「興兵攻闕如同造反！」
「他媽的！何進都叫人家宰啦！咱們若不問不究，何苗和那幫宦官就要合謀主政了！」
曹操聞此言猛省，若是十常侍復起，幕府的士人都要蒙難。正在猶豫間，忽然「嗖」地一枝冷箭不知從何處飛了過來。曹操情知不好，忙伏在馬上躲避，只聽「咔」的一聲響，那箭正射中他的武冠上。抬頭再看諸兵士，已有十多人中箭。他趕緊勒馬後退。
袁術立刻趴下，來個就地十八滾，直翻到曹操馬前，顧不得爬起來，抬胳膊指道：「在那裡！」原來是宮門右邊的樓閣。
諸人眼瞅著樓上十幾個黃門搭弓在手還要再射，可身在樓下，還隔著宮牆，一點兒還擊的辦法都沒有。聰明的立刻貼到宮牆上，還有的蹲在宮門邊閃躲；沒有經驗的轉身就跑，其中五六個人連中數箭栽倒在地。緊接著，宮門左側的樓閣也登上了敵人，那邊又是一陣狂射，又有七八個人措手不及被射倒。
眾兵士再也不敢在宮門前駐足了，眼瞅著弓箭不停地射，倒地的十多個人兀自在地上爬行掙扎，最後統統被射死了。
死了十多個人，剩下的不是退出一箭之地，就是緊貼著宮牆不敢動彈，吳匡貼著九龍門氣得拿腦袋往上撞。袁術在後面跳著腳罵：「這幫狗娘養的閹賊，竟私開武庫掠奪兵器，看我衝進去將你們全殺光！」曹操沒有想到宦官敢負隅頑抗，早知如此他就該先去城外搬兵。
這時只聽身後一陣大亂，平陽門已然打開，遠處無數的步卒高舉著刀劍和火把向皇宮衝來。
「包圍皇宮給我殺！給大將軍報仇啊！」何進的司馬許涼縱馬奔到前面，後面緊跟著張璋與伍宕。原來吳匡、袁術攻門，張璋奔出城外調兵。曹操仔細一看，就連自己的隊伍都被他們稀裡糊塗拉來了。

這些軍兵都是久經沙場的，況且又是何進的嫡系人馬，哪管有沒有弓箭，拚命向前衝，舉著刀槍就往九龍門上招呼，無奈就是撞不開宮門。這會兒裡面的敵人也越來越多，沿著宮牆所有的閣樓都攀上了黃門和內侍，箭如飛蝗一般撲向官軍。

皇宮的外牆既堅硬又龐大，而且地處在城中，四圍還有不少其他建築，一兩千人的隊伍根本形成不了包圍之勢。不但攻不進去，而且死傷更多。袁紹見狀還要再招其他營的兵，曹操立刻攔住：「這樣不行！再這麼硬拚下去也是白費力。」

突然，一個舉著火把指揮的兵頭被冷箭射中咽喉，死屍栽倒在地，手中火把燒著了其他人的衣服，人擠人頓時燒了一片，眾兵丁紛紛扔下武器就地打滾。曹操眼睛一亮，高喊道：「大家用火燒宮門！」

袁術這會兒也豁出去了，第一個舉起火把，冒著箭雨就往九龍門上扔。一個扔全都扔，九龍門頃刻間被整個點著。有人見此法管用，也隔著牆向一座座閣樓扔火把。那些閣樓都是木結構的，比之宮門更容易起火，轉眼間就都竄起了火舌。眾軍兵這時齊退出一箭之地，靜等著大火焚燒宮門。

那九龍門兩側的閣樓，不僅自身著了火，還被宮門的火焰燎到，頃刻間變成兩個大火團，那些阻擊的黃門根本來不及下樓，就被火海困住了。上天無路入地無門，有的被燒成了焦炭，有的從閣樓跳下，活活摔死。後來只聽轟隆轟隆兩聲巨響，高大的木閣樓被徹底燒塌。右邊的閣樓竟倒向了宮門外，宮牆也熏黑了，還連累幾個擠在最前面的軍兵喪了性命。但是閣樓一除，宮門再沒有其他掩護了。眾兵士一擁而上，刀槍並舉，饒是如此，又費了不少力氣才將燒焦的九龍門砍倒。

宮門一開，曹操就是想喝止兵士都不成了，那些兵卒潮水般往裡湧。曹操等人別無他法，只得各自下馬也跟著衝了進去。那些宦官知道自己沒活路了，今天也玩了命，明知不是對手，硬是舉著刀往上迎，都被砍翻在地。可苦了那些守宮的羽林兵，他們的職責是守備皇宮，雖然是宦官殺死大將軍，但是兵入國門如同造反，交手不是，不交手也不是，方才一番鏖戰不知該幫誰，可宦官們一死，他們還在猶豫間就被衝上來的兵士結果了性命。官兵都殺紅眼了，只要看見戴貂璫冠沒有鬍鬚的人，二話不說上去就砍，也不管是不是閹人了。頃刻間，哀嚎聲和廝殺聲四起，也不知道有多少人無辜喪命了。

曹操忽然想起，自己的族弟曹純還在宮中呢！他年紀輕輕又是黃門侍郎的服色，若是撞見這些兵，豈還能有性命？於是邊四處張望邊扯開嗓門大喊：「子和！子和！你在哪兒啊！」可他那點兒喊叫在偌大的皇宮裡算得了什麼，而且四下裡已經沸反盈天。曹操眼瞅著吳匡、張璋等人赴省中而去，連忙在後面也追了下去。那些省中的屬官令史皆手無寸鐵，看見那麼多氣勢洶洶的兵殺進來，嚇得都尿褲了，最倒霉的是那些年紀輕輕沒鬍鬚的人，被誤殺的人數不勝數。吳匡等人搜的是十常侍，曹操找的是弟弟，全都瞪大眼睛舉著兵刃亂竄。

正匆忙間，突見一個戴貂璫冠、穿黃袍的年輕人跑了出來。吳匡見了舉刀就要過去劈，卻見那人把衣服一敞，他竟早把褲子褪到腳踝，那玩意扎眼地在外面耷拉著——正是曹純！

「我不是閹人！」他這一嗓子吳匡還真收了刀。

「子和！你這是幹什麼？把褲子穿上！」曹操一把攬住他。

「都到這時候了，保住命要緊，還顧什麼羞呀！」曹純說著提起褲子，又把頭上的冠戴摘了。

曹純這一鬧，算是給吳匡出了主意啦！他聽罷連連點頭：「別亂殺了！所有官員都給我聽著，全把褲子給我脫了，要是不脫老子就當閹人殺。」

那些令史、屬官聞聽，嘩啦啦脫了一大片，挺著腰給當兵的看。真有七八個不敢照辦扭頭就跑的，兵士立刻趕上去就剁，將屍體排開，又見其中兩人黏著假鬍鬚，扯下去細瞧，是十常侍的宋典和高望。

曹操如今顧不得十常侍：「子和快隨我走，先尋個安全的地方將你安置了！」曹純披頭散髮提著褲子在後面相隨：「你的兵呢？宦官逃過複道奔北宮了，恐怕這會兒已經劫持了聖駕。」

「我的兵都殺散了，先回去想辦法。」哥倆說話間趕到南宮嘉德殿前。又見來了許多的文武官員，一個時辰前在袁府議事的人幾乎全到了，以太尉袁隗為首，正在喝止軍兵不要亂殺，其中崔鈞竟還在混亂中尋到了曹操的大宛馬。

「孟德，軍兵都亂啦，怎麼辦？」崔鈞把馬交還給他。

「我也不知道……」曹操放眼望著四下裡混亂的情景，「何進麾下的兵完全失控了。」大家正不知所措，忽見打宮外又衝來兩隊人馬。一支是袁紹所率的司隸兵馬，一支是車騎將軍何苗帶來的親兵。兩隊人馬進駐，各鳴金鼓，混亂的軍兵才漸漸歸攏過來。

吳匡、張璋舉著刀，拿著宦官的人頭也來了。一眼望見何苗站在殿前耀武揚威，吳匡心中大怒，高聲吶喊：「兄弟們聽著！害死大將軍的就是何苗，因為他袒護閹人，事情才會鬧到這一步！殺了他給大將軍報仇啊！」何進生前雖然懦弱無謀，但卻憨厚坦誠，頗得手下這些武夫們的尊敬。大家聞吳匡這一聲倡議，紛紛呼應：「殺了他！殺了他！」不容分說就往前衝。何苗大驚失色，趕緊叫手下幾個親兵招架，自己轉身想逃。奉車都尉董旻見了，堵住去路，一刀刺入他的腹中。

「你為……為什麼……」何苗捂住傷口顫抖著。

「你不是殺了董后嗎？我得為老人家報仇，這天下一筆寫不出倆董字啊！」董旻咯咯笑道。

「你……你……」何苗還未說完，身後又被人砍了一刀——正是秦宜祿！小人永遠是小人，這會兒他要弒主以求自保了。秦宜祿將何苗砍翻在地，踏上一腳，假模假式招呼道：「吃裡扒外作威作福，早就看這小子不地道，大家剁了他呀！」其實這話說他自己比說何苗更合適。後面吳匡等已經追上，眾人亂刀齊下，將其砍成了肉醬！

董旻擦擦刀上的血，湊到袁紹、曹操跟前冷笑道：「何進死了，何苗也死了，這次外戚徹底完了！」曹操越看此人，越覺厭惡。抬頭又見一隊兵馬捆著兩個官員押到袁隗面前，乃是「笑面虎」樊陵和「不開口」許相，他二人被宦官矯詔任命為司隸校尉和河南尹。

樊陵一見袁隗立刻跪倒，再也笑不出來了：「老太傅！我等冤枉啊！十常侍矯詔之事我等全然不知，偽詔我們也沒有接到。這不是閉門家中坐，禍從天上來嘛！」袁隗反倒笑了：「你們倆冤枉嗎？」

兩人連連磕頭：「冤枉啊！」

「呸！」袁隗轉笑為怒，「你們這兩個諂媚宦官沒骨氣的東西！就算這次冤枉，以往的事情也冤枉嗎？你們從王甫的時候就是閹人的狗腿子，早就該殺！你們有什麼臉面活在世上？」

一向笑容可掬的「笑面虎」樊陵竟然哭了起來：「冤枉啊……我沒害過人呀！我不過就是想混個官當……我都六十歲的人了，最後竟是這個結局嗎？嗚嗚……」他一抬眼皮看見了曹操，「賢姪啊！悔不聽你父親的良言，早早辭官何至於有今天！你救救我吧……」

曹操見他如此撕心裂肺地哀求，不禁生出一絲憐憫之意，還未來得及張口，袁隗便道：「休想！今天誰都救不了你們這兩個小人！」

「袁次陽！你這老匹夫！」誰都沒有想到，從來默默寡言的「不開口」許相竟然破口大罵，「你算個什麼東西！也敢說我們是小人？你不過仗著四世三公的名氣罷了！我們諂媚宦官？你倒是不諂媚，你整日在府裡算計你的陰謀，你是條毒蛇！你是個畜生！樊兄在京兆給老百姓修過渠，可謂造福一方。我給國家舉薦過賢才，你一輩子幹過什麼叫人佩服的事兒？七十多了還要出來害人……你得不了好下場，你們家都得叫人斬盡殺絕了！」

袁隗臉上鐵青，被罵得直哆嗦：「快殺！殺！殺！殺！」

「笑面虎」叩頭哭哭啼啼，「不開口」兀自罵個不休——人的本性原來可以與日常表現這樣的大相徑庭！眼見二人斃命刀下，曹操斜眼瞪著袁隗，心道：「樊陵許相雖然諂媚，但是為百姓做過好事，一輩子沒有害過人；可你今天一晚上，就謀害了多少性命？許相說的不假，袁隗你不會有好下場！」

正在此刻，中軍司馬劉子璜抱著兩顆血淋淋的人頭匆忙跑來：「壞了！趙瑾與潘隱被亂兵誤殺了！」這兩個人雖是蹇碩帳下的司馬，卻也保護過何進，實在是死得冤枉。

袁紹不忍看那兩顆人頭，擺手道：「可惜了……好生安葬了吧！」

「死人太多，我找不到他們屍身了……」

劉子璜話未說完，又見一人披頭散髮奔來，一把抱住袁紹大腿：「袁大人，救救我！他們要殺我啊！」來者乃是宦官郭勝。他雖是宦官，但是有意攀附何進，背著蹇碩與十常侍幫了不少忙。

袁紹一腳蹬開：「宦官一律不赦！」

幾個兵一擁而上，扯著郭勝的腿，將他拖走動刑。郭勝被人拉著雙臂掙扎，無助地嘶嚷著：「冤枉啊！在下何罪之有啊……」

曹操心頭一凜——殺戮太過了！

「救命啊……救命啊……」又有一陣淒慘的叫聲傳來。原來是何苗的掾屬應劭，吳匡舉刀要殺他，曹操趕忙一個箭步竄上去，以青釭劍相迎。「噹」的一聲，吳匡的刀斷為兩截，曹操一把護住應劭：「別殺，他與樂隱乃是大將軍差至何苗府中的人。」

吳匡一愣，往邊上閃了兩步，只見樂隱早已經身中數刀倒在血泊中了。後邊何苗的親兵全被亂刀砍死了，只有秦宜祿一人因背主而生還，而且還在幫著屠殺別人。

今天到底殺了多少不該殺的人呢？曹操感到一陣惱怒，立刻騎上大宛馬，奔上嘉德殿的殿階，放開喉嚨大叫道：「都別殺啦！咱們是來救駕的，不是來這兒仇殺！皇上在哪兒？你們還記得皇上嗎！」

眾人聽罷一陣愕然，這才默默放下了屠刀……

漁翁得利

光熹元年（公元一八九年）八月戊辰，洛陽發生大暴亂。十常侍誅殺何進，劫持了皇帝劉辯、何太后，以及陳留王劉協。救駕的各路兵馬衝入皇宮，結果卻激發了對宦官、外戚的大屠殺，殉難者多達兩千多人。

張讓、段珪劫持王駕，緊閉北宮不出，官兵只得放火焚燒宮殿寺舍，逼他們出宮。何后自閣樓跳下逃脫，張讓、段珪則帶著劉辯、劉協兄弟，偷偷溜出洛陽北門，趕奔小平津再做打算。可悲的是泱泱救駕大軍，全在自顧自地報復仇殺，只有盧植一人夜馳追趕聖駕。

早就過了子時，皇宮的斷垣殘壁間，屍體堆成了山。曹操已經在這個血腥不堪的地方轉了無數圈了，根本沒找到皇上和陳留王的線索。最後不得不拉著馬回到德陽殿前，又坐回到人堆裡。

「怎麼樣？還沒發現什麼嗎？」曹純怕被誤殺，已經從死人身上扒了一套衣服換上，「太后受驚過度了，就是沒完沒了地哭，什麼都問不出來。宮女們都各回各殿，嚇暈了不少呢！」

曹操一個勁搖頭歎息。王允見狀，連忙遞給他一個水袋：「孟德，喝口水吧！很快就有消息了，我已經派兵把守在河南各個要道口，十常侍就算逃出皇宮也跑不了。」

「但是皇上和陳留王究竟在不在他們手中呢？」

王允默然良久才道：「至少現在查點的死人中沒有皇上他們，可就怕……」說到這兒，他回首望了一眼諸多坍塌的閣樓與宮殿。

曹操心中一陣刀絞：這叫他媽什麼事兒呀？宦官造反沒逮著，錯殺了這麼多人，還把皇宮燒了一多半。我幹嘛多這麼一句嘴，告訴他們放火呢！想至此曹操左右開弓給了自己兩耳光。這時突有一匹快馬奔過滿地的瓦礫，來到殿前，馬上之人高喊：「王尹君何在？王尹君！」

王允認出是自己麾下的斥候，騰地蹦了起來：「有什麼消息？」

那兵丁連忙下馬給王允跪倒：「啟稟大人，中部掾閔貢閔大人在北邙山堵截到了十常侍餘眾。」

他聲音清脆，在場的人聞聽都站了起來：「然後呢？」

「經過激戰，張讓、段珪投河自盡，其他人都被閔大人所殺。閔大人還遇到了盧尚書，盧大人他一直在獨自追趕……」

「少說那些沒用的！」王允吼道：「聖駕呢？」

那小兵低頭道：「萬歲和陳留王在戰亂中走失了……但肯定就在北邙山裡。閔大人已經帶著人入山去尋找了。」眾人一聽，又都洩氣了。

「這樣不行！」王允跺著腳，「北邙山多狼蟲虎豹，咱們去找！你還有多少兵？」他看看袁紹。袁紹這會兒眼睛一亮：「我的人都已經派出去了，零零散散都在京城四圍找皇上，我現在給他們傳令，叫他們都去北邙山！」

太傅袁隗面色慘灰，他畢竟是快七十歲的人了，這半宿折騰得上氣不接下氣，坐在地上閉著眼道：「光指著他們不行，人太少了，咱得把洛陽駐防的兵都派出去才行啊！」

「這可不行！」曹操即刻反對，「南邊布防的兵已經抽調過來攻皇宮了，大將軍差派東西兩路可是拱衛京師的，絕對不能離開。」

「現在哪還有什麼大將軍？」袁隗拄著拐杖站了起來，「國不可一日無君，咱們現在得先找到皇上，找不到皇上，拱衛的又是誰？如今我說了算，把所有的兵都調往北邙山，一起尋找聖駕！」

「叔父，方才孟德說得有道理。」袁紹一把攙住袁隗，在他耳邊低聲道：「莫忘了董卓、丁原二人。」

「哼！他們一共才六千人，咱們各路兵馬加起來何止一萬？怕他們做什麼？」袁隗跺著拐杖，「快去啊！咱們的罪過夠大的啦，皇上若有閃失，咱們怎麼跟大漢列祖列宗交代啊！」說著他竟流出幾滴眼淚來。

袁隗是太傅，如今沒有人比他官大，諸人只好按他說的辦。一會兒的工夫，命令傳至城外，夏牟、趙融、淳于瓊、馮芳，四個尚在駐防的校尉各率人馬趕奔北邙山。文武公卿親兵侍衛，只要是走得動的全都出了洛陽北門，沿著邙山山脈呼喊著萬歲。

一時間，北邙山上密密麻麻，有官有兵，還有不知所終的帝王。正應兒歌之言——侯非侯，王非王，千乘萬騎上北邙！漢家官員講究威儀，可到了這會兒，連自己的皇上都給混丟了，還有什麼威儀可言？公卿大臣們也顧不得體不體面了，撩著袍襟扯著脖子一通喊，在黑暗的山坳中，回聲傳出去老遠。有馬的騎著馬在山下找，沒有馬的就跟著兵丁上了山，前山找遍了找不到，大家又紛紛奔後山。有的老臣實在是爬不動喊不動，也哭不動了，就倒在滿是露水的地上睡去……

就這樣，昏昏沉沉過了近兩個時辰，才傳來消息，皇上和陳留王已經駕至洛舍驛了。原來兄弟二人在宦官與閔貢等拚命時趁機逃脫，躲到了北邙山的荒草之間。後來聽到有人呼喊，又不知是何方得勝，便一路向北跑了下去。一個十七歲的嬌柔天子，拉著一個九歲的小王爺，哥倆忍著饑渴竟摸著黑徒步翻越了整個邙山。到黃河邊尋到一戶普通民家，坐上一輛光板馬車，才筋疲力盡到了官驛。閔貢苦尋了一夜，最後終於找到了洛舍驛。群臣兵士聞知，無不歡呼雀躍！

一夜的疲乏霎時間一掃而光，催馬的催馬、奔跑的奔跑，都往洛舍驛接駕。曹操、袁紹等眾校尉也不顧自己的兵了，縱馬趕在了最前面。剛自正北面下了邙山，果見小路上走來一隊稀稀拉拉的人馬，為首有二騎：前面的一馬雙跨，端坐一員風塵僕僕的將官，身前還坐著一個衣衫破碎的小孩——乃閔貢帶著陳留王劉協。

後面一騎是匹瘦骨嶙峋的瘦馬，馬上坐了一位面容憔悴的青年，冠冕皆已丟失，只穿著滿是口子的錦繡龍衣——正是當今天子劉辯。

曹操、袁紹等盡皆下馬，見駕三呼萬歲，又特意讓出好馬給皇帝騎乘，恭恭敬敬在後面相隨。一行人繼續南走，接駕的人越來越多，老崔烈最細心，還自宮裡帶來一襲嶄新的龍衣。劉辯就於邙山上更換新衣。然而小劉協才九歲，倉促之中未能找到小王衣，就只有勉強穿著舊衣服了。不到半個時辰，大隊的官員兵馬盡皆趕到，大家見到皇上，嘩啦啦跪倒一大片，那些老臣有的哭有的笑，真可謂悲喜交加。

既然大家都到了，就要講朝廷的威儀了。由崔烈在前面引路開道，眾官員簇擁聖駕在後，眾兵丁則逐漸相隨。

曹操與袁紹、袁術、崔鈞等並轡而行，幾個人總算是輕鬆下來。累了一夜，疲勞感漸漸襲來，曹操摸了摸酸痛的脖子，小聲道：「昨天就想好好睡一覺，今天看來又不行了，回營還得清點兵馬，我現在連自己的兵都找不到了。」說著回頭看了一眼後面散亂的軍隊，什麼旗號什麼服色都有，北軍五營、西園諸校尉營、七署、司隸校尉營都已經混雜在一起了。

袁紹卻笑道：「今天再忙一天，以後天天都可以睡好覺了。宦官殺乾淨了，何家也完了，而且不是咱們僭越而為，這個結果不是也不錯嗎？」曹操不得不承認，雖然死了許多人，但這確實算是個圓滿的結果。縱貫大漢王朝數代的宦官、外戚兩股干政勢力，至此全部滅亡。更難得的是皇帝還年輕，還有更多希望，他與以往的小皇帝不同，他將不再長於宦官婦人之手，不會再是先帝那樣驕奢淫逸的昏君。真乃天將降大任於斯人也！這心境恰如此時的天空，黑暗漸盡，萬物朦朦朧朧已轉明亮，新的一天又開始了。

群臣漸漸都意識到這一點了，不再抱怨哀歎，而是有說有笑，計劃著回去重修宮殿輔佐新君。剎那間，突聞金鼓大作，又見旌旗耀眼。自正南方山下殺氣騰騰迎來一彪人馬，這支隊伍真是扎眼：兵如魑魅，馬似魍魎，一個個騎著長毛野馬，手使長槍大戟，強弓硬弩盡背在身，多有披髮左衽者。為首一將五十餘歲，身高八尺，虎背熊腰，粗胳臂粗腿，肥頭大耳，一雙犀利的鷹眼，嘴似八字般撇著，黑黝黝的臉上滿是橫肉，臉上花白的鬍鬚打著捲，頭戴鐵兜鍪，身披鎖子大葉連環甲，外披皂羅袍，騎著一匹紅火炭般的高頭大馬，有奉車都尉董旻在他旁邊緊隨不離。

崔烈正在前引路，見此人帶著羌胡之兵迎面湧來，高聲喝罵：「何人兵馬敢擋聖駕，速速退避一旁！」

哪知那人非但不躲，反而回敬道：「崔烈，少跟我擺架子！因為何進的一道小小手札，我不分晝夜辛苦趕來，到了這裡你他娘的卻叫我退避，避個屁！姓崔的，再嚷一句我砍了你的腦袋！」

崔烈本是不怕的，他早年久戰涼州，這等陣仗見得多了。他冷笑一聲：「他媽的！張奐老將軍過世了，如今沒人管得了你這挨千刀的老兵痞了，是吧？」

天子群臣早已被那些羌胡嚇得膽戰心驚，真有膽小的從馬上掉了下來，曹操、袁紹、袁術等校尉各拉刀劍護住聖駕。諸人聽崔烈還敢與他對罵，都捏了一把汗！

哪知那人卻仰天大笑：「哈哈哈……崔兄你還是這臭脾氣呀！軍馬退至一旁，待我見駕請安。」說罷他挺著大肚子下馬，趾高氣揚走到聖駕前跪倒：「臣并州牧董卓迎駕，萬歲！萬歲！萬萬歲！」

他這三呼萬歲與其說是問安，還不如說是挑釁，真喝得前面幾位大臣的馬不由自主往後退。董卓猛然一抬頭，兩隻犀利的鷹眼直盯著皇帝。劉辯從未見過這樣野蠻的臣子，嚇得臉色蒼白，體似篩糠。群臣敢怒不敢言，曹操等人緊緊握著手中劍，看他是否有僭越之舉。

袁隗見狀覺得事情不對，對董卓喊道：「皇上有詔，叫你退軍。」別的大臣聽太傅說話了，也順勢跟著喊退軍。

董卓輕蔑地看了一眼袁隗，笑道：「公等為國家大臣，不能匡正王室，致使國家播蕩，有何臉面叫我退兵？」

他這話雖然有失體統，但卻在理，諸人確實無言可對，即便有話又豈敢說？劉辯見群臣披靡越發戰慄，董卓則越發鄙視。眾校尉兀自壓著火氣，眼瞧著一場衝突又要一觸即發。

突然，傳出一陣尖銳而又稚嫩的聲音：「董卓！你是來接駕，還是來劫駕？」曹操舉目一尋，原來是閔貢馬上的陳留王劉協。

或許是童言無忌，亦或許這句話問得太直接了，董卓一愣，竟然低下了腦袋：「臣誠心接駕，不敢有他心。」

「既來接駕，快請平身。孤王命你……」劉協眨麼著小眼睛，伸出一隻小手撓著腦袋，想了好一會兒才道：「命你速速帶領人馬，保護皇帝哥哥回京。」董卓緩緩起身，盯著這個九歲的孩子，臉上流露出驚訝的神色，看著看著突然哈哈大笑：「臣領王家千歲之教！」說完邁著大步回去，上了他的大紅馬傳令，「爾等兒郎聽真，休要聒噪，下馬接駕！不得騷擾聖駕和公卿，讓開道路到後面一同護駕！」

「諾！」那些羌胡兵一聲吶喊，震得人腦袋發脹。緊接著那些耀武揚威的騎士彷彿變成了一群綿羊，不聲不響都下了馬，把大路閃開，跪倒在地，供聖駕通過。曹操不得不佩服這董卓的厲害，這樣參差野蠻的兵士，竟叫他管束得服服帖帖。

即便如此，文武百官走過這群胡兵身邊時還是有些神不守舍，目不斜視加緊腳步；皇帝劉辯則以袖遮面，頭都不敢多抬一下。

董卓兄弟歸入官員隊伍中，只見他高人一頭、胖人一圈，細看之下又見他鬢角已經有幾縷斑白了。董卓對別人一概不理不問，湊到閔貢馬前小聲說道：「王家千歲，休要與他擁擠，臣這匹赤兔馬乃是一等一的好坐騎，過來與我共乘吧！」

劉協畢竟還是九歲的孩子，玩心甚大，咧著小嘴笑道：「咦？紅色的大馬啊！」只見董卓二話不說，探臂腕一把抱住劉協。閔貢大驚，伸手欲奪，董卓卻早將王家千歲安置在了自己馬上。劉協可能是年紀小，不懂得什麼叫害怕，坐在那裡，時而擺弄著赤兔馬的鬃。時而戳戳董卓的大肚子，董卓滿臉帶笑，哄著這個小王爺。

百官見狀這才算把心放到肚子裡，又過了一會兒就不再驚懼害怕了。袁紹在馬上也安了心，衝曹操笑道：「有驚無險，這董卓也是個怪人。喜歡別人頂他，卻不喜歡別人哄著他。」

曹操可沒心思琢磨這些，急切問道：「董卓帶來多少兵？」

「三千啊！」袁紹脫口而出。

「你自己看看這有三千嗎？」

袁紹不禁回頭：「這也就是一千多人吧，他看到洛陽火起，恐來不及，只帶了這些人來。」說話間太陽升起，天已經大亮。又有不少洛陽的小卒零零散散加入隊伍，過了一會兒助軍右校尉馮芳也來了。他見大隊行進未敢施禮，匆匆忙忙在聖駕隊伍後面繞了個圈子，來到曹操、袁紹面前，說道：「事情不太對勁。」

「怎麼了？」

馮芳神色很慌張：「董卓的涼州軍趁亂已經進入洛陽了。」

「什麼！」曹操大驚失色，「進去多少？」

「城裡城外得有兩千人。」

曹操頭皮發麻：「怎麼會這樣呢？不是還有大將軍部下在洛陽嗎？咱們能容那些涼州兵入國都嗎？」

「哎呀！」馮芳連連叫苦，「不提他們還好，何進手下這幫粗人，見了涼州武士反倒臭味相投，竟是他們將人讓進去的。現在大街上點上火把，喝酒吃肉，兩邊混得跟一家人似的，我管都管不了呀！」

「你們看！」袁紹突然指向遠處。眾人這時才發現，丁原督著他的并州軍也到了，他手下那幫匈奴、屠格身披裘皮手持彎刀，亂七八糟的就擁到了護駕大軍之中。如今洛陽諸軍建制已亂，奔跑了一夜，軍兵都垂頭喪氣的；再看涼州、并州之軍，馬上步下氣勢洶洶精力旺盛。

「完了！阻止不了他們進城了！」曹操不禁出了一身冷汗。

馮芳又道：「還有一件怪事，清點皇宮寶物時，發現傳國玉璽不見了！」曹操、袁紹更覺驚駭——象徵皇帝高貴威嚴的傳國玉璽丟失，這是極大的不祥之兆。他們幾個人灰頭土臉，各自排遣著恐懼，誰都沒敢再說什麼。

「他媽的！」忽聞董卓那粗莽的聲音響起，他對身邊的大臣道：「老子要進洛陽，你們哪個敢管！弄丟了皇上，你們他媽的還有理了。惹急了我，一個個把你們都宰了！」太傅袁隗此刻已經慌不擇言：「仲穎啊，你也是老朽的掾屬故吏，賣老朽一個人情吧！」

「去去去！老子有今天，是在戰場上真刀真槍玩命玩來的，與你這老傢伙何干？洛陽城我去定啦！」說罷董卓丟下聖駕，打馬載著小劉協奔到前面與崔烈同行。曹操又回頭看了一眼士卒：那些西涼的羌兵、湟中義從，并州的匈奴、屠格縱馬在官軍間隨意衝突，看誰有水袋奪過去就喝，有乾糧搶過去就吃，丁原竟與部下說說笑笑毫不約束。

曹操又看到皇帝劉辯以淚洗面啼哭不止，袁隗等眾官員默默不語全低著頭，心中一陣憤慨：「這些愚蠢的傢伙，為了窩裡鬥，費盡萬般心機，反而給別人做了嫁衣！外戚完了，宦官完了，可是赳赳武夫來了！吃人的禽獸董卓來了！」

INK PUBLISHING

從前 30

卑鄙的聖人 曹操2

作　　者　王曉磊
總 編 輯　初安民
導　　讀　陳明哲
責任編輯　孫家琦　陳健瑜
美術編輯　陳淑美　黃昶憲　林麗華
校　　對　孫家琦　陳健瑜

發 行 人　張書銘
出　　版　INK 印刻文學生活雜誌出版有限公司
新北市中和區建一路249號8樓
電話：02-22281626
傳真：02-22281598
e-mail:ink.book@msa.hinet.net
網　　址　舒讀網 http://www.sudu.cc

法律顧問　巨鼎博達法律事務所
施竣中律師
總 代 理　成陽出版股份有限公司
電話：03-3589000（代表號）
傳真：03-3556521
郵政劃撥　19785090 印刻文學生活雜誌出版有限公司
印　　刷　海王印刷事業股份有限公司

港澳總經銷　泛華發行代理有限公司
地　　址　香港新界將軍澳工業邨駿昌街7號2樓
電　　話　852-2798-2220
傳　　真　852-2796-5471
網　　址　www.gccd.com.hk

出版日期　2018年 6 月 初版
ISBN　978-986-387-207-8
定　　價　370元

國家圖書館出版品預行編目(CIP)資料

卑鄙的聖人：曹操. 2：鎮壓黃巾起義，理想破滅 / 王曉磊著. -- 初版 --新北市：INK印刻文學，2018. 06
面；　17 × 23公分. --（從前；30）
ISBN 978-986-387-207-8（平裝）

1.（三國）曹操 2.傳記 3.三國史

782.824　　106021329